男《ナン》旦《タン》（おんながた）とモダンガール

二〇世紀中国における京劇の現代化

田村容子

中国文庫

口絵１　戯園の四柱方形舞台
（1921 年 3 月 24 日）

口絵２　新明大戯院（1920 年 10 月 8 日）

口絵 3　第一舞台『岳家荘』（1921 年 2 月 2 日）

口絵 4　第一舞台『長坂坡』（1921 年 2 月 2 日）

口絵 5　吉祥園『長坂坡』（1921 年 3 月 5 日）

口絵 6　吉祥園『麻姑献寿』（1920 年 10 月 24 日）

口絵 7　緑牡丹（1925 年 7 月 14 日）

口絵 8　梅蘭芳の『天女散花』
（1919 年 5 月 2 日）

口絵 9　吉祥園・梅蘭芳の『思凡』
（1921 年 3 月 19 日）

口絵 10　三慶園・尚小雲の『思凡』（1921 年 3 月 28 日）

はじめに

とある京劇の男旦《ナンタン》（おんながた）を主人公とした映画に、『さらば、わが愛　覇王別姫』（一九九三、陳《ちん》凱歌《がいか》監督）という作品がある。「京劇」とは中国の伝統劇の一種であり、「男旦」とは中国語で女形《おんながた》を意味する。この映画では、京劇の男旦の生きざまに、一つの時代の興亡盛衰が凝縮されている。というのも、二〇世紀前半の中国において、彼らはたしかに多くの人びとを熱狂させ、その欲望や情念を映し出す、鏡のような存在だったからである。

映画の主人公・小豆子《しょうとうし》が京劇界に足を踏み入れるのは、一九二〇年代のことだ。男旦となった彼は、自分を庇護してくれた兄弟子に思いを寄せるが、成人し、人気俳優の程蝶衣《ていちょうい》と名乗るようになると、兄弟子が娼家で見初《みそ》めて娶《めと》った妻への嫉妬にさいなまれる。彼らの三角関係は、やがて一九四九年に中華人民共和国が成立し、一九六〇年代から七〇年代にかけて、文化大革命によって伝統文化が破壊される時代がくると、思いも寄らぬ形でおのおのの人生の破滅を招く。とりわけ、男性でありながら女を演じる程蝶衣の社会的な位置づけが、華麗なるスターから醜悪な怪物へと価値を転ずるさまは、フィクションといえども、二〇世紀の京劇がたどった道のりを如実に物語っている。

映画の中の三角関係は、舞台の下の人間模様をあらわしている。だが、男旦と娼妓の競合という点に目を向ければ、これはそのまま、二〇世紀前半の京劇の舞台上で繰り広げられていた、男旦と女優のたたかいを象徴しているようにも見える。男旦と娼妓、あるいは女優には、いずれも「女」を演じるという共通する役割があるが、ただ男旦のみが女の身体をもたない。にもかかわらず、実在した京劇の男旦たちは、男の身体によって、いかに女優に対抗し、二〇世紀にふさわしい女性像を創り出すかということを追求したのである。

本書は、二〇世紀の京劇がたどった現代化の道のりを、男旦と女優に焦点をあてて考えようとするものである。手がかりとなるのは、彼らの舞台を見た観客や記者、劇評家が書き残した記録だ。京劇の現代化を物語る現象は、劇場の構造や舞台装置といった物理的な設備面《ハード》から、脚本や演出といった舞台上の内容面《ソフト》にいたるまで、多岐にわたる視点から論じることができるだろう。その中で、とくに取り上げたいのは、女役を演じる俳優の身体が、男旦から女優へ、すなわち男性から女性に交代したことについてである。

現在、京劇の女役は、基本的に女優によって演じられる。これは、中華人民共和国成立後、京劇が中国共産党の管理下におかれるようになり、女役を女優が演じるよう方向づけられたことが影響を及ぼしている。だが、本書が目を向けたいのはそれよりも前、一九世紀末から二〇世紀にかけて、京劇に女優なるものが登場した時期だ。二〇世紀前半における男旦と女優の関係、そして彼らに向けられたまなざしの変化は、京劇の設備と内容の両面にわたる革新と同時に進行しており、それぞれと深く関わっている。

また、女役の演じ手が男旦から女優へと移り変わったことは、二〇世紀中国社会の女性観およびジェンダー観の変遷を映し出す現象でもある。では、その過渡期におかれた中国の男旦は、二〇世紀の女性の身体をいかに表現しようと試みたのか。そして、二〇世紀の舞台にあらわれた女優の身体には、男旦との比較のもと、いかなる意味が見いだされたのか。

これらの問題について、映像の残っていない当時の上演の状況をさかのぼって論じることは容易ではない。本書では、主として新聞・雑誌の記事などから当時の人びとによる記録をひろい上げるという手法によって、二〇世紀の京劇の舞台と、それを見た人びとの様子を復元することを試みている。取り上げる記録には、劇評などの観劇記のほか、劇場の新聞広告や、スケッチなどの図像資料が含まれる。印刷技術の発達により、二〇世紀の中国では、新聞・雑誌におけるジャーナリズムが空前の活況を呈していた。当時の主要な視聴覚メディアであった舞台芸術と活字メディアの間には相互影響の関係があり、新聞・雑誌などの印刷物には、演劇に関するさまざまな記録が残されている。それらを複合的に組み合わせて用いることによって、京劇が現代化に向かう様子を、順を追って見ていくことにしたい。

ところで、京劇とはなにかということについて、最初に簡単に述べておく必要があるだろう。先に京劇のことを「中国の伝統劇」と述べたが、この呼び方は誤解を招くかもしれない。本書における伝統劇とは、中国語で「戯曲《シーチュー》」と呼ばれる、うたと型のある演技を特徴とする歌舞劇のことを指している。「戯曲」には中国各地にさまざまな種類があり、それぞれの土地で親しまれている民謡や方言によって演じられるのが特徴だ。京劇はその一つにすぎないが、首都北京で発達したため、一地方にとどまらない劇団と観客の広がりをもつ。国内外に広く知られているという点では、中国を代表する演劇といえるだろう。

一方、二〇世紀に入ると、日本や西洋の影響を受け、うたを用いず、せりふを中心とする「新劇」や「話劇《わげき》」と呼ばれる近代劇が中国にあらわれた。こうした外来の様式をもつ「うたなし」の演劇は、「戯曲」には含まれない。したがって、中国の演劇は、伝統的な「戯曲」と近代以降の「新劇」や「話劇」に大きく分けることができる、とひとまずはまとめておきたい。むろんミュージカルやオペラ、バレエなど、そのいずれにも属さない演劇も中国には存在しているが、これらも二〇世紀以降に中国にもたらされたものだ。

清代乾隆《けんりゅう》年間（一七三六〜九五）に形成され始め、およそ二〇〇年の歴史をもつ京劇は、日本の能や歌舞伎に比べればそれほど古い歴史をもつとはいえないものの、中国各地の伝統的な演劇を継承している「戯曲」である。男旦の歴史も京劇に始まるわけではなく、明の万暦年間（一五七三〜一六二〇）には、京劇よりも長い伝統をもつ「戯曲」である、崑劇《こんげき》の男旦が隆盛期を迎えている。しかしながら、留意しておかねばならないのは、京劇をはじめとする中国の「戯曲」が、「新劇」や「話劇」と同時代に上演されつづけ、二〇世紀の間に現代化を推し進めていくということだ。したがって、伝統劇とはいうものの、その実態は伝統的なルーツをもちながら、たえず革新していく演劇といったほうがよりふさわしいだろう。

二〇世紀の京劇に関する主要な先行研究のうち、とくに俳優の性別に言及したものとして、男旦については幺書儀『晩清戯曲的変革』（二〇〇六）、女優については吉川良和『北京における近代伝統演劇の曙光』（二〇一二）、また中華人民共和国建国後の京劇については牧陽一・川田進・松浦恆雄『中国のプロパガンダ芸術』（二〇〇〇）があげられる。本書も、これらの研究に多くを負っている。その上で、男旦の衰退とモダンガールの出現という中国の二〇世紀を象徴する二つの現象が、時期的に交差することに着目した点が、本書のささやかな試みである。舞台の上で演じられる女性の身体の変遷と、その変化をうながした外部からの影響について論じることで、京劇がめざした現代化の一端を明らかにしたいと考えている。

以下に、全体の構成を簡潔に示しておく。まず、序章では、二〇世紀の京劇の男旦がモダンガールをめざす過程を概観し、小翠花《しょうすいか》、梅蘭芳《メイランファン》、欧陽予倩《おうようよせん》、小楊月楼《しょうようげつろう》といった男旦たちの事例を紹介する。つづく第一章から第三章にかけては、女優の登場と新聞における劇評の発展について論じている。

第四章から第六章にかけては、演劇とジャーナリズムの関係、舞台装置の変遷、京劇と日本との接触など、京劇の現代化の諸相を、京劇を取り巻く外部環境の変化とからめて見ていく。

第七章から第八章にかけては、戦時期および中華人民共和国の建国後、男旦にかわり女性役を演じるようになった女優の身体に焦点をあてた。舞台の上の、あるいは映画に撮影された女性像が、国家のイデオロギーといかに結びつき、プロパガンダとして改革されていったのかについて述べている。

最後に、終章では、ふたたび中華民国期の男旦を取り上げた。男旦とモダンガールが交差した時点に目を向け、男旦から女優へと交代した舞台の上の女役の変遷と、中国における女性の身体観の移り変わりについて論じている。

それでは、まず、モダンガールをめざした男旦たちを紹介し、一九一〇年代から一九四〇年代にかけての彼らの試みの軌跡を、序章でたどっておきたい。

目次

【凡　例】

・本書に掲載した中国語による演目・記事などの名称は、適宜日本語に翻訳し、原題を付記した。
・ルビは、人名・地名などは通常の日本語音にもとづくひらがなルビ、中国語の原音を示す場合はカタカナルビを付した。
・漢字は原則として日本の常用漢字を用い、引用文は俗字を含め原文の表記にしたがった。引用者注は、〔　〕で示した。
・京劇について、中華民国期の新聞雑誌記事では「京戯」、「平劇」、「皮黄」、「旧劇」、「老戯」などさまざまな呼称が用いられる。本書では基本的に「京劇」を用い、引用文においては原文の表記にしたがった。

男旦《ナンタン》（おんながた）とモダンガール

——二〇世紀中国における京劇の現代化

序章　男旦はモダンガールをめざす

女に扮する男旦

歌舞伎十八番に、『鳴神《なるかみ》』という演目がある。鳴神上人《なるかみしょうにん》という徳の高い僧侶のもとに、絶世の美女、雲の絶間姫《たえまひめ》がやってくる。実は彼女の任務は、上人を誘惑し、彼が封じこめた竜神を解き放ち、雨を降らせることであった。雲の絶間姫は、上人の前で突如胸をおさえ、「アイアイ……」と大仰に苦しみ出す。するると鳴神上人は、彼女の懐《ふところ》に手を差し入れ、しばらくさすってやるのだが、ふとしたはずみにあるものに触れてしまう。「あじなものが手に触った。……ありゃなんじゃ」。雲の絶間姫は、すかさずこう答える。「お師匠様としたことが、あれは乳でござんすわいなあ」。

この名場面で、あでやかな雲の絶間姫を演じているのは女形で、むろん男性である。同じく女形の伝統を有する京劇と比較してみると、立役《たちやく》が女形の胸をまさぐる歌舞伎の演技は、いささか生々しく、型破りなものに感じられる。というのも、京劇の場合、女に扮する男旦《ナンタン》が色っぽさを表現する身体の部位は、長年にわたり、胸ではなかったからだ。纏足《てんそく》の習慣のあった中国では、小さな足の先こそが、観客のエロティックな想像を喚起するものであった。

男旦とは、男の演じる旦《たん》という意味で、旦とは女役のことだ。京劇には、大きく分けて「生《せい》（男役）」、「旦（女役）」、「浄《じょう》（隈取りをした、常人ならざる男役）」、「丑《ちゅう》（道化役）」という四つの役柄がある。しかし、二〇世紀初頭まで、衆目の集まる劇場では、すべての役柄が男性のみによって演じられることが一般的であった。したがって、京劇の旦の演技は男旦によって作り上げられたといえ、男性が女役の身体を表現するために、さまざまな技巧が凝らされた。

その一つが、纏足をあらわす「蹺《きょう》」である。纏足とは、幼いうちに女性の足を布できつく縛り、小さな足を人為的に作り上げる中国の風習だ。親指以外の足の指を折り曲げた状態で幾重にも巻き、爪先の尖った華奢《きゃしゃ》な足を作り上げることがよしとされた。「蹺」は、京劇で纏足を表現するための一種の義足で、極端に底の厚いハイヒールのような形をしている。

実際に纏足をした女性の場合、そのおぼつかない足どりが「蓮歩《れんぽ》」と称され、しとやかで好ましいものと見なされた。一方、京劇の男旦たちは「蹺」を足に装着したまま、舞台上でしゃなりしゃなりと歩くことはもちろん、女武者を演じる際には、たちまわりをしてみせることもあった。先の『鳴神』のように、見る者に女性のなまめかしさを感じさせる場面は、京劇ではこの「蹺」を用い、小さな足を見せることによって表現されたのである。

たとえば、「蹺」の技芸に定評のあった名優に、小翠花《しょうすいか》（一九〇〇〜六七）という男旦がいた（図1）。

一九二一年、上海で彼の演技を見た芥川龍之介は、その足もとを次のように観察している。「そう云えば今でも忘れないが、小翠花が梅龍鎮を演じた時、旗亭の娘に扮した彼はこの閾《しきい》を越える度に、必ず鶸《ひわ》色《いろ》の褲子《クウズ》の下から、ちらりと小さな靴の底を見せた。あの小さな靴の底の如きは、架空の閾でなかったとしたら、あんなに可憐な心もちは起させなかったのに相違ない(1)」。

伝統的な京劇の劇場には、写実的な舞台装置や背景はなかった。そのため、敷居をまたいで室内に入るといった動作は、基本的に俳優のしぐさによって説明される。芥川は、京劇が虚構の空間で演じられるものであることを知った上で、小翠花が「褲子（ズボン）」の下からちらりと見せる小さな靴の底の魅力を、たしかに感じとっていたようだ。

図1　「蹺」をつけた男旦・小翠花

しかし、女に扮する男旦のこうした演技も、二〇世紀に入り、中国の女性観が変化するにしたがい、次第に形を変えていく。とくに、一九世紀末に纏足廃止運動が起き、やがて中華民国期に突入すると、前近代的な社会を変革せんとする進歩的な思想は京劇にも影響を与え、「蹺」の演技は衰退していった。

男旦と女優のたたかい

二〇世紀に入ると、清朝がほろび、一九一二年に中華民国が成立した。清代には、皇帝のお膝元であった北京では、芸妓が劇場の舞台に出演することは禁じられており、個人の邸宅での宴席など、彼女たちは私的な場所で芸を披露していた。だが、中華民国期になると、これが解禁となる。上海や天津など、先進的な気風の港湾都市では、北京よりも早く、劇場で演じる女優が出現していた。そうした港町から、大挙して北京に乗りこんできた女優の存在は、男旦にとってはたいへんな脅威だっただろう。実際に、北京の舞台に女優があらわれると、生身の女を拝むことができるというので、女優劇の一大ブームが巻き起こった。

同時期の北京に住み、ほぼ毎日のように劇場に通い、新聞に劇評を連載していた日本人に、辻聴花《つじちょうか》（一八六八～一九三一）という「支那通《しなつう》」がいた。彼は、女優劇についてしばしば劇評で取り上げ、当時の女優の人気ぶりを伝える貴重な文章を残している。だが、それらの冒頭には必ず、「わたしはあまり女優劇を見ないが……」という言い訳めいた前置きを加えるのが常であった。辻はまた、女優劇を好む観客のことを、「劇を聴かず劇を見ず、ただ女を見るのみ」と揶揄《やゆ》してもいるが、このあたりに、中華民国初期の男旦と女優のおかれた立場の差をうかがうことができるだろう。このころの女優は、男旦に比べると芸の修業が足りず、正統でないと見なされることが多かった。しかし、一九一〇年代の新聞紙上でしばしば開催された俳優の人気投票を見るかぎり、彼女らは確実に男旦をおびやかしていたようだ。

こうした女優の台頭を目のあたりにし、男旦たちは自らの存在意義を問い直したようである。たとえば、男旦の筆頭であった梅蘭芳《メイランファン》（一八九四～一九六一）は、いち早く女優劇にならい、「時装戯《じそうぎ》」なる新作劇に挑戦している。「時装」とは、同時代の最先端のファッションという意味だ。中華民国期の最先端ファッションといえば、身体の線を強調する「旗袍《チーパオ》」、すなわち今日でいうチャイナドレスであるが、女優劇ではこうした流行の衣装を身につけた、現代物の新作劇が演じられていた。芸を学んで日が浅く、伝統物を演じていては男旦にかなわない女優にとって、現代物は「生身の女」という自身の強みを生かせる演目だったのである。

男旦が女に扮する際、この「生身」の身体の処理はなかなかの難題だったようだ。たとえば、美貌の男旦として名を馳せた馮子和《ふうしわ》（一八八八～一九四二）でさえ、三十路《みそじ》にさしかかると太り始めたため、特製の「束胸《そっきょう》背心（シャツ）」をあつらえ、びっしりと並んだボタンできつく胸を締めつけたという[2]（図2）。「束胸」とは、胸を束縛することであり、中国の女性は一九二〇年代ごろまでは、胸を布で巻いて平らにすることを身だしなみとしていた。そのため、肥満による男旦の豊満な胸も、小さく見せるための涙ぐましい努力が行なわれていたの

図2　馮子和の「時装戯」

図３　梅蘭芳の「時装戯」

である。

梅蘭芳の場合、その痩身によって、男だてらにチャイナドレスを着こなしている（図３）。その胸は平坦であるが、一九一〇年代から一九二〇年代にかけては、これが流行のスタイルであった。むしろ彼にとって、「生身」の身体よりも深刻な問題だったのは、演技の型が変わってしまうことだったろう。現代の衣装を身につければ、身のこなしやしぐさも変わる。男旦が幼少期から稽古してきた、伝統的な衣装の長い袖、長いすそを優美にさばいて「女らしさ」を見せる技芸を、封印しなくてはならなかったのだ。

そこで、梅蘭芳が新たに考案したのは、「古装戯《こそうぎ》」という新作劇だった（図４）。これは、中国古代の絵画に出てくる美人の恰好をして、神話劇を舞踊で演じるというものである。衣装をよく見ると、上半身は身体の線を強調していて、当時の流行にあわせているが、袖やすそは長く作ってあり、男旦の学んだ身のこなしを生かせるようになっている。伝統的な京劇の衣装は、羽織のようにゆったりとした形状であったが、こちらは腰が絞られ、「柳腰《りゅうよう》」を強調する作りになっているところが決定的に新しい。二〇世紀には、照明技術の発達など、劇場設備の変化もあり、男旦にも視覚面での身体美が求められるようになったのである。

この梅蘭芳の「柳腰」は、中国で人気を博しただけではなく、海を越えて日本の観客の視線をも釘づけにした。一九一九年、梅蘭芳は初の訪日公演を行ない、東京の帝国劇場を皮切りに、大阪、京都で京劇を上演した。『品梅記《ひんばいき》』という、京都の中国研究者らによって編まれた観劇記には、梅の演技について、次のような感想が述べられている。「其腰のなよやかさ、其の歩の優しさ、實に女としてもあのやうな女が世にもあるものかなと思はせ乍《なが》ら、又眞の女たるを失はぬ處、たゞ理想的といふ外《ほか》語があるまい」[3]。当時の日本の観客の視線も、梅蘭芳の腰つきに注がれていたことがうかがえる。

梅蘭芳は、京劇でもっとも著名な男旦であり、進取の気風に富んだ俳優でもあった。したがって、彼は舞台上で纏足の演技を見せるような旧時代の女性像ではなく、二〇世紀にふさわしい、新たな女性像を作り出す必要に迫られていた。梅蘭芳が女優のまねを捨てて、男旦ならではの女性像を模索し、いにしえの美人の「柳腰」にたどり着いたという事実は、「男の扮する女」が幻でしかありえないことを象徴するエピソードといえよう。

図4　梅蘭芳の「古装戯」

図5　欧陽予倩（左）扮する潘金蓮

男旦から女優へ

梅蘭芳と同時期に活躍した男旦に、欧陽予倩《おうようよせん》（一八八九〜一九六二）がいる。彼は、湖南省の学者の家に生まれ、日本留学もした知識人である。劇作家として数多くの作品を残した一方、留学時代には東京で新派劇を学び、一九二〇年代までは京劇の俳優としても活動していた。

一九二七年、欧陽予倩が自らの俳優生活に終止符を打つ作品として執筆したのが、『潘金蓮《はんきんれん》』という新作劇だ（図5）。潘金蓮とは、『水滸伝《すいこでん》』に登場する美貌の人妻であり、姦通のあげく夫を毒殺したため、義弟の武松《ぶしょう》に仇討ちされる。このくだりは、伝統劇で演じられることはもちろん、『水滸伝』から枝分かれした『金瓶梅《きんぺいばい》』というポルノグラフィーを生み出してもいる。原作の潘金蓮は、堅物の武松に言い寄る淫蕩な嫂《あによめ》だが、欧陽予倩の脚本では、彼女を一九二〇年代後半の新しい女として描いている。

欧陽予倩の『潘金蓮』は、一九三〇年代後半に、女優によっても演じられた。その継承者の一人・白《はく》玉霜《ぎょくそう》（一九〇七〜四二）は、同時期の上海で、妖艶な演技で一世を風靡した。『潘金蓮』は、舞台の上で演じられる女役の解釈と、男旦から女優へと移り変わる身体、その双方の変遷を示す画期的な作品といえるが、これについては終章で詳述する。

男旦はモダンガールをめざす

二〇世紀にいま一人、新たな女性像を演じようとした男旦がいる。小楊月楼《しょうようげつろう》（一九〇〇〜四七）は、浙江省紹興に生まれ、上海で活躍した。彼は、もとは男役を専門としていたが、のちに声変わりのため男旦に転向した。歌唱がとりわけ重視される京劇では、変声期に喉をいため、役柄を途中で変える俳優も珍しくはない。

小楊月楼も、一九二六年に訪日公演を果たしており、当時『都新聞』に掲載された劇評家・伊原青々園《いはらせいせいえん》の観劇記には、「男が女に扮して、あれほど色つぽくて女らしい、わたしは日本の女方や若衆方といふものが昔はやつぱり斯《か》うであつたらうと思つた」と述べられている。(4) 彼は美貌の男旦であったが、その日本巡業は、同時期に来日した女優の十三旦《じゅうさんたん》の公演と重なってしまったこともあり、興行成績がふるわなかった。『東京朝日新聞』の報道では、「差押へられた名優小楊月樓君　食費二千余圓未拂ひのため　芝居が出來ぬ本郷座」との見出しで、彼が日本公演の際に、各地で負債を抱えてしまったことが伝えられている。(5)

小楊月楼が活躍した一九二〇年代後半から一九三〇年代にかけての上海では、女性の身体観に大きな変化が起きていた。とくに、外国租界のおかれた上海では、海外の文化がいち早く紹介され、雑誌や広告といったメディアを中心に、「モダンガール」なる新しい生活様式を示す像が大量に流通していた。

モダンガールとは、第一次、第二次世界大戦の戦間期に、複数の地域をまたいで流行した新しい女性のイメージである。(6) 上海におけるモダンガールの特徴は、纏足からの解放を示す「天足」、すなわち自然のままの大きさの足に、ハイヒールを履き、太ももや胸をはだけ、身体の線がはっきりわかるファッションに身を包んでいることだ。こうしたモダンガールは、女性の主体性をあらわすと見なされる一方、西洋の植民地支配に追随するものとして、批判的な視線を浴びせられることもあった(図6)。

図6　モダンガールを描く漫画(魯少飛作)

上海の京劇は、保守的な北京の京劇とは異なる独自の発展を遂げており、男旦もまた、いささかのためらいもなくモダンガールを表現しようとした。小楊月楼の場合は、京劇の舞台上でセミヌードになったという記録が残っている。

図7は、上海京劇の『封神榜《ほうしんぼう》』という一九二〇年代後半から一九三〇年代にかけての一大人気シリーズで、小楊月楼が妲己《だっき》に扮した写真である。その衣装は、セパレートのビキニのようなものの上にコウモリ柄の上着を羽織っており、むきだしの足を見せ、ハイヒールを履いている。

小楊月楼の演技を見た記者は、一九三六年の雑誌に、次のような感想を述べている。

小楊月楼が『三本封神榜〔封神榜シリーズ三作目〕』で妲己に扮し、伯邑考《はくゆうこう》をからかう一場面は、あふれんばかりのみだらな姿態がたえがたい。その上衣服を脱ぎ去り、腕をむきだし胸をあらわにし、一糸まとわず、モデルと見まごうばかり、その身のこなしと姿を白玉霜が見れば、必ずや九十里も退却するだろう。一昨日、すでに社会局の警告を受けたほどだ。[7]

図7　小楊月楼（右）扮する妲己

この一文で「モデル」とあるのは、一九二〇年代、中国の美術学校や美術展でしばしば物議をかもしたヌードモデルのことを指していると思しい。明治期の日本においても、洋画をめぐって「裸体画論争」なる議論が交わされたように、一九二〇年代初頭の中国では、西洋美術の裸体画やヌードモデルは、まだいかがわしいものと見なされていた。

だが、この文章が発表された一九三六年には状況は変わり、女性の身体はもはや隠すべきものではなくなる。文中でも名前があげられているように、すでに白玉霜は『潘金蓮』を上演し、生身のモダンガールが舞台に出現していた。現存する写真からは、小楊月楼がはたしてどこまで「胸をあらわにし」たのかはわからない。女優を引き合いに出し、男旦の「みだらな姿態」を「たえがたい」とするこの記事には、本物の女性が肌をあらわにすることが珍しくなくなった時代に、モダンガールの向こうを張ってセミヌードに挑む男旦を揶揄する筆致が感じられる。

京劇において、衣装は人物の属性を示す約束事の一つである。そのため、男旦が女役の衣装を脱ぎ、舞台上で男性の身体をさらけ出すことは珍しい。清代の記録によれば、梅蘭芳の祖父でやはり男旦の名優であった梅巧玲《ばいこうれい》（一八四二〜八二）が、『西遊記』の一場面である『盤糸洞《ばんしどう》』という演目で、肌脱ぎになったことがあるという。その後、楊小朶《ようしょうだ》（一八八一〜一九二三）という俳優もこれを演じた。しかし、蜘蛛の精が湯浴み姿を見せるこの演目を、ほかの俳優はなかなか演じようとしなかった。書き手の羅癭公《らえいこう》（一八七二〜一九二四）は、その理由について、「おそらく、この劇は肌脱ぎになるので、真っ白でつややかな肌でなければ、似つかわしくないのだ」と述べている(8)。男旦が女に扮することがあたりまえであった清代においてさえ、「肌脱ぎ」の演技には、見る者の想像をかきたてるような「生身」の白くつややかな肌が求められるというところに、男旦の身体における幻と現実の葛藤がうかがえよう。

一九二〇年代、梅蘭芳はすでにチャイナドレス姿になる「時装戯」に見切りをつけ、舞踊と「柳腰」を見せる「古装戯」、すなわち男旦の身のこなしによって作り上げられた虚構の身体美で勝負する方向へと舵を切っていた。一方、小楊月楼の挑戦は、男旦がおのが身体をあらわにしたまま女性になりすまし、モダンガールたろうとした、中国演劇史に残る特異なイメージであるといえるだろう。同時にまた、小楊月楼のこの試みは、人びとの性別や身体というものに対する考え方が、西洋の影響を吸収しつつ現代化していく過渡期にあり、ゆれ動いていた中華民国という時代を象徴しているようにも思われるのである。

【注】

（1）芥川龍之介『上海游記・江南游記』講談社、二〇〇一年、三三頁。
（2）欧陽予倩『自我演戯以来（1907-1928）』中国戯劇出版社、一九五九年、六二頁。
（3）落葉庵「梅蘭芳劇を観て」大島友直編『品梅記』彙文堂書店、一九一九年、一〇二頁。
（4）（伊原）青々園「支那劇の初日―歌舞伎座―」『都新聞』一九二六年五月一日（一）。
（5）『東京朝日新聞』（夕刊）一九二六年六月一五日（一）。
（6）モダンガールについては、以下の先行研究を参照した。伊藤るり、坂元ひろ子、タニ・E・バーロウ編『モダンガールと植民地的近代―東アジアにおける帝国・資本・ジェンダー―』岩波書店、二〇一〇年、石川照子、須藤瑞代「近代中国の女子学生―図像と回想による考察―」および江上幸子「近代中国における主体的妓女の表象とその夭折―民国期の多様なメディアから―」、いずれも中国女性史研究会編『中国のメディア・表象とジェンダー』研文出版、二〇一六年所収、岩間一弘『上海近代のホワイトカラー―揺れる新中間層の形成』研文出版、二〇一一年、江上幸子「中国の賢妻良母思想と「モダンガール」―一九三〇年代中期の「女は家に帰れ」論争から―」『東アジアの国民国家形成とジェンダー』青木書店、二〇〇七年所収。
(7) 邵茜萍「伶人写真」『戯劇週報』第一巻第七期、一九三六年、一二八頁。
(8) 羅癭公「菊部叢譚」張次渓編『清代燕都梨園史料』下巻、中国戯劇出版社、一九八八年、七九二頁。

第一章　清末民初の女芝居

女優登場

これまでに述べたように、中国語で「戯曲《シーチュー》」と呼ばれる伝統劇は、演技に一定の型があり、型を通して人物の行動や心情をあらわすタイプの演劇だ。本書が扱う京劇の場合、男役や女役といった役柄の性別は、必ずしも演じる俳優の性別によってあらわされるわけではない。京劇では、人物を演技の型によって「示す」という考え方が前提となっている。そのため、技芸の上で男女を演じ分ける方法をもっているのである。

中国演劇史上、明末清初の江南や清代中期の北京など、男旦《ナンタン》が勢いを得た時期は幾度も見られる。清代になると、康熙《こうき》末年（一七二〇年代初頭）には、女芸人の北京城内への立ち入りが禁止される。また、北京の劇場では女性の出入りが基本的に禁じられ、女性が舞台に出演することも許されていなかった。(1)こうした男性中心の演劇環境があったため、二〇世紀にいたるまで、中国演劇の女役は男性によって担われてきた。

その一方、一九世紀末から二〇世紀初頭にかけての中国には、女優が登場しつつあった。個人の邸宅など、私的な上演の場で芸を見せる芸妓ならば、珍しくはない。それに対し、女優は劇場において、衆目の前で舞台に上がり、うたをうたうのみならず、しぐさやたちまわりなど、動作をともなう演技を見せた。中華民国成立以降は、北京においても女性の舞台出演が可能になるものの、男女が同じ舞台の上に立って共演することは禁止されていた。そのため、「男班」、「女班」という俳優の性別によって分けた一座ごとに公演を行なった。このとき男班には女役を演じる男性が、女班には男役を演じる女性がいたのである。

当時、女性の演じる劇のことを「坤劇《こんげき》」、女班のことを「坤班《こんはん》」、演じる女性のことを「坤伶《こんれい》」、「坤角《こんかく》」、「女伶《じょれい》」、「女角《じょかく》」などと呼んだ。「坤」とは易の八卦《はっけ》の一つで、すべて「陰」をあらわす記号から成るところから、地、母、女などを意味する。日本語でいえば、坤劇とは「女芝居」、坤班とは「女一座」とでも訳せよう。坤伶、坤角、女伶、女角は女優のことだが、現在の中国語では、女優はふつう「女演《ニューイエン》員《ユエン》」という語であらわされる。これらの名称は、いずれも演じる者の性別が女性であることを強調しており、そこには男性を基準と見なす社会のまなざしが反映されている。本書では、女役の俳優の性別について、男旦と女優という呼び分けを用いているが、二〇世紀前半の「坤伶」は、今日の女優とは異なる意味合いをもった存在だった。そもそも、「伶」という呼び方自体が、俳優を指す「芸員」、「演員」といった中国語がつかわれる前の、いわば前近代的な呼称である。「伶」は中国の伝統的な社会においては特殊な身分であり、一種の賤業と見なされていた。「坤伶」の社会的な立場は、その中でもさらに低かったといえる。

清末民初の坤劇については、主な先行研究に吉川良和「民国初期の北京における坤劇の研究」（一九八〇）および『北京における近代伝統演劇の曙光』（二〇一二）、張遠『近代平津滬的城市京劇女演員：1900-1937』（二〇一一）がある。吉川の研究によれば、北京における坤劇は、上海、天津などの租界地から流れてきた女優の活躍により一九一五年ごろに全盛期を迎え、一時は男班をしのぐ人気を博すものの、一九一七年には衰退し始める。

その後、梅蘭芳《メイランファン》など「四大名旦」といわれた男旦の活躍する時代を経て、従来は脇役であった女役「旦」が主役を担うようになり、男旦が演劇界の主流を占めるようになる。以降は旦に関していえば、男女の俳優が並存していたものの、男旦のほうが女優より優位であったといえるだろう。張遠の研究が詳述しているように、女優には、有力者や後援者に妻や妾となることをせまられるといった問題がつきまとい、舞台生命が短かったのである。

一九三〇年になると、京劇史においてはじめて、男女共学による俳優養成機関が北京に開設される。これを「中華戯曲専科学校」といい、その教師陣はいずれも男性であったが、女子学生には女役を専攻させるという指導がなされていた(2)。したがって、中華戯曲専科学校の学生には、女役を演じる男性はいても、男役を演じる女性は一人もいなかった。男性が女役を専攻したのは、老女役や激しいたちまわりを必要とする役など、男性の声や身体能力が、その役柄を演じるのに適している場合である。

この学校の特色の一つは、女役と俳優の性別を一致させる考えを示したことだ。同校は一九四〇年に活動を停止するが、このころにはすでに役と俳優の性別を一致させるという価値観が、京劇界の中に入ってきていたのである。

その後、一九四九年の中華人民共和国建国後から現在にかけての京劇では、役と俳優の性別を一致させることが原則となっている。女性が男役を演じる場合や、男性が女の道化役を演じる場合には例外も見られるが、女役については、中華人民共和国の俳優教育において、男旦が積極的に育成されることはなかったといえるだろう。

では、この役と俳優の性別を一致させるという価値観はどのように芽生え、浸透するにいたったのか。本章ではまず、北京にさきがけて坤劇の公演が盛んであった、上海の女優について見ていきたい。

上海は外国租界がおかれたという環境を背景に、「海派《かいは》」と称される、北京に比べて視覚的要素を重視する京劇を生み出した地域である。その上海を代表する新聞『申報《しんぽう》』に掲載された劇評を眺め、女役を演じる俳優の男女の差異が、いかにして「発見」されたかをたどってみたい。

清末上海にあらわれた坤劇

まず、清末の上海における坤劇の状況を、『申報』の記事を参照しながら確認しておきたい。京劇をうたう早期の女優の登場は、「髦児戯《マオアルシー》」が嚆矢《こうし》とされる。(3) 髦児戯とは、上海の同治《どうち》年間（一八六二〜七四）にはすでに見られる名称で、女性ばかりを集めた一座によって演じられた。中国語の発音が同じである「毛児」、「帽児」、「猫児」などとも表記されるが、本章では引用をのぞき「髦児」で統一した。これは同治年間の末期、李毛児《リーマオアル》という俳優が貧しい少女たちを集め、民謡をもとにした「徽調《きちょう》小戯《しょうぎ》」や、京劇の短い場面のみを演じる「折子戯《せっしぎ》」を仕込み、一座を組織したことに由来するという。(4) 光緒《こうしょ》年間（一八七五〜一九〇八）にいたると同様の一座が多数出現し、坤劇専門の劇場もあらわれるほどになるのだが、以下にその経緯を順に追っていく。

上海に最初に京劇が進出したのは、一八六七（同治六）年、満庭芳《まんていほう》という劇場の開場による。この劇場は共同租界内の宝善街（現広東路）に建てられ、天津から呼ばれた一座による上演が行なわれた。(5)

いま、「劇場」という語を用いたが、満庭芳は北京の様式にならって建築されており、中国語で「戯園」、「茶園」などと呼ばれる旧式の舞台である（口絵1）。上海に中国人の手による額縁式の舞台が登場するのは、一九〇八（光緒三四）年、新舞台の開業まで待たねばならない。

ただし、上海の旧式の劇場は、北京とは大きく異なる点があった。それは京劇が進出したころから、すでに舞台に対して正面を向いて座る座席が設置されていたことだ。やがて光緒年間に入ると、すべての座席が舞台と向き合う形で設置される。これは同時期の北京の座席が、舞台に身体の側面を向けて座るように設置されていたのとは対照的な現象といえよう。北京の観劇習慣が、中国語で「聴戯《ティンシー》」とい

われるように耳で聞くものであったのに対し、上海では早くから、演劇を見るものととらえていた。(6)

『申報』が創刊された一八七二（同治一一）年、「竹枝詞《ちくしし》」という地方の風俗などをうたう七言詩の形式で、髦児戯は次のように記されている。「呉の麗しい娘さん、春風の曲に断腸の思い。ただ京班の劇を聴きなれて、近ごろ二黄《じこう》（京劇で用いられるふしの一種）をもうたう。〔中略〕吉祥街はただごとじゃない、通りの両端を見物人が埋める。にわかに聴こえる銅鑼《どら》と太鼓の響き、髦児戯が始まったところ」(7)。「帽児新戯はさらに粋《いき》、刀や矛《ほこ》をもつかう。女の男装も見分けがつかず、人みな噂する杏花楼」(8)。

これらの詩から、髦児戯が人気を博していたことや、京劇がすでに流行していたこと、また、武具を用いた演目も上演したことや、男役がいたことなどがうかがえる。なお、「杏花楼」とはイギリス租界の大馬路（現南京東路）にあったといわれる髦児戯の劇場である。

この髦児戯について、吉川の『北京における近代伝統演劇の曙光』は、「北方の芝居を標榜していたように思われる」と述べ、当時、南方の曲調を用いる崑劇が飽きられ、京劇が新鮮であったことや、女性がたちまわりを見せる点が視覚を重視する上海の観客の嗜好に合っていたことが、人気を博す理由となったと指摘している。

ところで、同年六月、上海道台（地方長官）の沈秉成《しんへいせい》と各国領事は、共同租界である洋涇浜《ようけいほう》地区で、女芸人が花鼓戯《かこぎ》をうたうことを禁じている。花鼓戯とは、民間の歌謡より発展した地方劇であり、太鼓に合わせて歌い踊り、その歌詞には卑俗な内容が含まれた。これ以後、『申報』上でも風俗を乱す「淫戯」

の禁演が頻繁に訴えられるようになるが、それらの文章からは、当時の劇場の様子を知ることができる。「卑猥でみだらな演技の数々、劇場中が身なりの賤しい客ばかりで、男女混合で座っている」[9]。「花鼓戯のごときは、本物の男女が、その場でことごとくみだらなしぐさをしている」[10]。

こうした記述からは、当時の座席が男女混合であったこと、花鼓戯においては男女が共演していたことがわかる。

一八七三（同治一二）年の一二月には、人気俳優の楊月楼《ようげつろう》（一八四四〜九〇）が広東商人・韋氏の娘をかどわかし、財宝をもち逃げしたとして逮捕される事件が起こる。この事件は、韋氏の娘が観劇したことがきっかけで楊月楼に婚約をせまり、のちに楊が彼女の一族から訴えられたというものである。『申報』上に関連記事が連続して掲載されるなど社会問題に発展し、翌年一月には淫戯の禁演に加え、女性の観劇禁止の措置がとられることとなった[11]。

しかし、この決定に対しては、女性の貞操観念と観劇は関係ないとする反論がすぐさま寄せられている[12]。また、淫戯の禁演に関しても、のちに光緒年間にいたるまで何度も禁演命令が出されているところを見ると、必ずしも徹底されていなかったようだ。新聞記事には、「しかるに近日以来、戯園で淫戯をする者、なおまた日ましに盛んである。〔中略〕うら若き男性と年ごろの女性でこれを見る者は、赤面し、心揺さぶられ、月の下、花の前にいるごとく、まなざしを送り眉を動かし、あらゆることをしでかす[13]」と伝えられる。

これらの状況から、上海の観劇環境は北京に比べ、開放的なものであったといえるだろう。一八八〇（光緒六）年になると、「灯彩戯《とうさいぎ》」という照明効果や背景幕、セットを用いた演目が早くもあらわれる。ちなみに、北京で照明が用いられるのは、劇場の夜間営業が解禁された一九〇七（光緒三三）年以降になってからのことだ。[14] 一八八〇年代から一八九〇年代にかけての上海では、「真刀真槍」や「真馬」といったうたい文句で宣伝される、舞台上で本物の武具や馬を用いた試みも流行する。また、「時装戯《じそうぎ》」と呼ばれる同時代の衣装を使用した現代物や、同時代の事件に材をとった新編演目の創作も開始された。

ただし、この現象に自然主義演劇の追求といった芸術上の理由を見いだすことはむずかしい。むしろ興行のため、視覚的な刺激を求める観客の需要に応えた結果と見なすのが妥当だろう。いわば実物の使用は見世物としての機能を果たしており、このころから舞台における視覚的要素の追求が顕著になっていったと考えられる。

一八九〇（光緒一六）年一月、イギリス租界は髦児戯に停演命令を出した。[15] 停演の理由は風俗を乱すためというもので、ふたたび淫戯と見なされた演目が禁演となった。なお、淫戯の禁演の通達には、髦児戯の中に男女を分けていなかったものがあるとの記載も見られる。これはおそらく、一座が男女共演を行なったことを示しているのだろう。[16]

当局のこのような干渉を受けて、坤劇は女優だけの独立した上演場所をもつようになる。まずは一八九四（光緒二〇）年、美仙茶園という坤劇専門の劇場が、二馬路石路口（現九江路福建路口）に開業する。

以後、一八九九（光緒二五）年開業の群仙茶園など、坤劇専門の劇場が続々とあらわれた。群仙茶園は四馬路胡家宅（現福州路）に開業し、一九一六年の閉館まで、もっとも長く営業していた坤劇の劇場である。

一九〇六（光緒三二）年、『申報』に「戯曲改良と群治の関係を論ず（論戯曲改良与群治之関係）」という文章が発表される[17]。その主張は、「政治を改革せんと欲すれば戯曲の改良をもって起点とせよ」と、社会教育としての演劇を訴えるものであった。当時、潘月樵《はんげつしょう》（一八七一～一九二八）、夏月珊《かげつさん》（一八六八～一九二四）といった俳優らによって演じられた時装戯では、実在の革命家が描かれ、新聞・雑誌などの言論と相まって、世論に影響をおよぼしていた（図1）。

図1　潘月樵の時装戯『新茶花』

こうした背景のもと、募金活動と銘うった公演が頻繁に催されるようになる。一九〇七（光緒三三）年一月には、華洋義振会が江北水害のため、女優を集めてイギリス租界の大馬路でチャリティー公演を行なった[18]。一九〇九年には潘月樵、夏月珊らの呼びかけにより、病院と孤児院支援のための大規模なチャリティー公演が行なわれ、坤班を擁する群仙戯園も、この公演

のために協力したという。(19)

一九二五年にこのころの坤班の状況をふり返って書かれた一文によれば、当時、金月梅《きんげつばい》（一八八二～一九二四）など男性に拮抗する人気を博した女優が、すでに出現していた。

群仙の創立当初、金月梅（少梅の母である）が長年にわたり花衫《かさん》の筆頭であった。男班の諸伶が対抗できなかったのも、もっぱらこのゆえである。〔中略〕しかし容色と技芸でこれを評するなら、丸々と肥え、声は低く細く、長い演目を得意としなかった。毎日演じるのは『売胭脂』、『送銀灯』などの色っぽい演目ばかり、金はその美貌を頼りに、主演を倒し（一座では鬚生《しゅせい》、正旦《せいたん》、武生《ぶせい》、浄角《じょうかく》が主演であり、四台柱といわれる。演目中の主役、脇役とは異なる）、男班を破る武器とした。(20)

女優は一般に声量に乏しく、通しで演じる長い演目を得意とせず、性的な要素をそなえた短い演目を見せるのが常であった。その際に扮するのは、「花衫」というしぐさやせりふをともなう役柄であり、これは男旦の王瑶卿《おうようけい》（一八八一～一九五四）によって創始されたものである。うたとしぐさ、そしてたちまわりという、従来は役柄別に分けられていた演技の要素をすべて兼ねそなえた新たな女性像であったが、うたに重きをおく「正旦」よりは格の低い役と見なされていた。ところが金月梅は、当時一座の中心的存在であった、正旦などに扮する男性の主演俳優に対抗するほどの人気を博していたという。一九三八年に出版された徐慕雲『中国戯劇史』は、金月梅の演劇に新しい工夫があったと述べている。

彼女は天津にくるや百日間演じつづけ、しかしこの百日間一つとして同じ演目はなく、天津中の観客を沸き立たせた。彼女はそれらのレパートリーがありながら、なお満足することなく、自分で多くの家庭や社会を題材とした新演目を創作した。〔中略〕その演じ方には大きな改良はないものの、彼女は実物の道具を用いることを発明した。同時に京劇の型通りのせりふをやめ、京音を用いた。彼女の脇役にいたってはほとんど天津の方言を話し、そこで観客は大いに彼らを歓迎した。(21)

金月梅が男班に対抗するために用いた方法とは、実物の道具を用いること、そして従来は「韻白《いんはく》」と呼ばれる複雑な発音法を用いるため、難解であった京劇のせりふを、よりわかりやすい、観客にとって身近な言語にあらためたことである。それは、意識的に選択された方法というよりは、先に述べた女優の技芸上の弱点を補うために用いられたというべきかもしれない。しかし、上海における坤劇は、清末の段階で、すでにこのような新しさをそなえた女優を生み出すにいたっていたといえる。

では、それらの女優に向けられる観客の視線とは、どのようなものであったのだろう。一九一一（宣統三）年七月より、『申報』紙上の劇評は急激に増加し、一九一二年の中華民国成立以降、坤劇の劇評も少しずつではあるが掲載されるようになる。次に、劇評にあらわされた観客の視点の変遷を見ていきたい。

「見世物」としての女性

一九一二年、潘月樵、夏月珊らの発起により、「上海伶界聯合会《れいかいれんごうかい》」という俳優の組織が成立する。これは孫文の批准も受けた公式なもので、社会に「伶」という身分を正統な職業として宣言することを意味していた。中華民国以降、俳優のことを「芸員」と呼ぶ劇評もあらわれ、人びとの俳優に対する意識は変わりつつあった。同年九月一二日には、『申報』に次のような文章が発表され、女優の資格について述べられている。

けれども髦児戯とは名妓の「特別出演」にすぎず、うた中心の文戯があるだけでたちまわりをする武戯はなく、馬班とは芸妓が馬に乗ってこれを演ずるのみである。いずれも妓と優を兼ねているのならば、まだ完全な女伶とはいえない。武漢の髦児戯園からは王家班、高家班の一座が出ており、武戯に長けて一世を風靡した。ほどなく上海の髦児戯園でも、また武戯によって舞台で競い合うようになった。女伶の資格は、ここにおいて完備されたのだ。(22)

この一文では、うたのみの女優を本職扱いせず、名妓が舞台に特別出演しているにすぎないと見なしている。そして、「妓」と「優」を兼ねる者は完全な俳優としては認められず、その技芸も芸妓が宴席で余技を披露する程度にうたうだけでなく、うた中心の文戯に加え、たちまわりもできてこそ俳優としての資格をそなえると主張されている。

『申報』の劇評の主要な書き手である男性知識人が坤劇を見るとき、演じる身体が女であることに着目する視点はほとんど見られない。多くは男の演じる京劇を規範とした技芸の比較に終始しており、その価値基準は技芸の巧拙におかれている。彼らにとって俳優の性別はあまり意識されておらず、技芸の習熟度という観点から、女優の未熟さが論じられることが多い。

しかし、劇評に描かれる劇場の風景からは、劇評を書くような立場にいない一般の観客の視線が、必ずしも女優の技芸には向けられていなかったことがうかがえる。一九一二年の劇評には、当時の坤劇がどのような存在であったかが端的に描き出されている。

宝善街の某女戯園の一階席には大きな黒板が掛かっており、その上には「掛け声をかけるみなさん、大声を出さないで下さい。謹んで礼儀正しくし、自重されるようお願いいたします」などと大書してある。しかし観客はやはり「かわいこちゃん」の掛け声を絶やさない。〔中略〕ただ淫戯を多く演ずるのみであり、その上女伶のわざとらしさは男伶とくらべてさらにいやらしい。園主の意図はまさに観客を呼び寄せることにある〔後略〕。

按ずるに、この戯園の女伶の中で、喉のよい者だけは淫戯をしない(23)。

ここでは観客は多分に性的な関心をもって坤劇を見にきており、演じる側が女であるという性別を重視した掛け声が、技芸の巧拙とは関係なく投げかけられている様子が描写されている。ただ、喉のよい女優は淫戯をしなかったとあるように、ある程度技芸に自信をもつ女優は、そのような扱いに甘んじていたわけではない。

つづいて白玉梅《はくぎょくばい》の『烏龍院《うりゅういん》』である。宋江が閻婆惜《えんばしゃく》の上に足をおろすところまで演じると、ある世間知らずの与太郎が「いいぞ」、「もっと仲良く」と大声で叫んだ。白伶〈白玉梅〉はこれに目で怒りをあらわし、「この恥知らず」と小さく罵った。その与太郎は赤面して隠れた(24)。

女優はとっさに劇中のせりふに託して、それとわかるように即興的な演技で観客を罵っている。ただし、このような即興を含めた女優の反応や演技もまた、掛け声をかける側にとっては坤劇を見る楽しみのうちだったと考えられよう。

では、当時の女優の技芸とは、はたしてどのようなものだったのだろう。一九一二年一一月三〇日、「女丹桂《じょたんけい》」と呼ばれた劇場で坤劇の公演が行なわれている。同年一二月、その劇評が『申報』上に二日にわたって掲載された。書き手の「玄郎《げんろう》」とは、一九一二年から一九一三年にかけて『申報』に頻繁に劇評を発表している人物である。(25) 彼は文章の冒頭で、自らの坤劇観について、自分はこれまで坤劇を、ほしいままにふざけて規範を守らず、劇の筋もないものと見なしていたので、足を踏み入れることがなかった、と語っている。

昨晩、この戯園の客引きが客をつかまえ、各坤角が専門外の役柄を演じる「倒串《とうせん》」をするという。友人の誘いに応じ、はじめて聴きに行った。入場するとすぐに聞こえるのは場内の喝采で、鳴りつづく雷のようであり、まさしく一字うたっては「いいぞ」と叫び、一句うたってはほめるというありさまである。私が「坤班の進歩は一日千里、まさか譚鑫培《たんきんばい》をはるかに越すとは思いも寄らなかった。さもなければ、どうして観客がこのように傾倒するだろう」といぶかしんで言うと、友人は笑って答えた。「彼らは目を耳としているのだ。その掛け声も、ねらいは楽曲とは別のところにある。部外者のうかがい知れぬところだ」。私ははじめてはたと悟った。(26)

ここでは、先に述べたような坤劇の観客独特の観劇習慣に、日常的に観劇をしているはずの書き手も驚きを感じている。文中に出てくる「譚鑫培」とは、清末から中華民国初期にかけて活躍した男役の名優である。男性の名優を引き合いに出すことで、坤劇の人気がそれに匹敵するほどであったことがわかるが、「彼らは目を耳としている」と述べられることにより、観客は女優のうたを評価しているわけではないことが示される。おそらく坤劇の観客層はほかの劇場とは異なり、男性による京劇を見る層との間には、明確な棲み分けがあったのだろう。

この日の劇評によれば、張少泉《ちょうしょうせん》という女優は『拾黄金』という演目の後、自身のもつさまざまなレパートリーを披露した。そのうちの一つが、一人で『二進宮』をうたうというものだ。「また『二進宮』をうたい、一人で三役を兼ねてうたった。いずれのうたも真にせまり、目を閉じて聴けば、ほとんど一人芝居とはわからない」。

『二進宮』とは、明代の皇帝穆宗《ぼくそう》の崩御した後、李艶妃の父・李良の画策する陰謀と、それを諫《いさ》める二人の賢臣を描いた人気演目である。「青衣《せいい》」、「正浄《せいじょう》」、「老生《ろうせい》」と三つの役柄が鼎立《ていりつ》し、それぞれが掛け合いでうたうところがこの演目の見どころである。張少泉はその三者の歌唱をうたい分け、しかも目を閉じて聞けば一人でうたっているとはわからないほどだったという。劇評の結びでは、張少泉に対し、希少なものをあらわす「鳳毛麟角《ほうもうりんかく》」の称号が与えられており、当時、芸達者な女優は一人で各種の役柄をこなすことができた。ただしここでは、その技芸は一人で演じて見せることで、いわば宴席で余技を披露するような形で観客に供されていたようだ。

翌日の『申報』に掲載された劇評のつづきには、当時の坤劇にあったであろう娯楽性が、次のように描写されている。「『紡棉花』。十三旦《じゅうさんたん》は天津小曲をうたい、発声は弱々しく、さながら鶯のひなが谷を出るごとく、さえずるようになまめかしくうたう。白玉梅は蘇州小調をうたい、「楼外楼《ろうがいろう》」の実話を歌詞に織りこみ、その上に句ごとに韻もふみ、すこぶる聡明である」。

『紡棉花』とは、ある日、妻が機《はた》織りをしながら各種の小唄をうたっているところへ、長く留守にしていた夫が帰宅する。夫が外から他人のふりをしてからかい、銀一錠を投げこむと、妻は戸を開けてしまうという内容である。もっとも、この演目において筋はそれほど重要ではない。観客をひきつける要素は、劇中歌としてうたわれる各種の地方劇や小唄、それに正体を隠した夫と妻の色っぽいやりとりにあったのだろう。

白玉梅はこの演目の中で、当時開業したばかりの屋上庭園「楼外楼」のことを歌詞に織りこんだという。その押韻の巧妙さを劇評は書き記しているが、当時観客が坤劇に求めていたのは、そのような型にはまらない、ときに様式を逸脱するような臨機応変さだったのではないだろうか。

それは、やはり「見世物」を見る感覚に近い。そこに完成された型は必要なく、目の前の刺激を消費することに楽しみがある。したがって女優が予想外の機知や観客との交流を見せてくれれば、そのほうがおもしろい。だからこそ、坤劇の観客は女優の気をひくような、ときには演技の邪魔にすらなる掛け声を投げかけたのだろう。

一九一三年、上海の坤劇の状況について、玄郎は次のようにまとめている。

上海の坤班はおよそ三つ、女優の技量では、丹桂を推さねばなるまい。〔中略〕価格が常に一、二角であるというものの、席の売上はすこぶるよく、その上給金は少ないので、経費も節約できる。〔中略〕現在でいえば、坤班の芝居を見るのは、まことに価格が安くてものがいいといえる。(28)

当時の広告を見ると、夜の公演の場合、坤劇の劇場である女丹桂では、「正庁」という一階席が二角、群仙茶園は三角である。一方、男性の出演する京劇の主要な劇場では、同じ席が五角から一元だ。この価格設定から見ても、男性の演じる京劇と比べた場合、坤劇は明らかに格下の娯楽だったといえよう。そのような位置づけにあった坤劇について、玄郎は一九一三年の劇評で、女優周桂宝《しゅうけいほう》の『二進宮』を見て、次のような苦言を呈している。

全精力を出して、ただふしの抑揚を大げさにして、もったいぶり、うまくごまかしている。『アイアイ〜』といったうた声を用いないところはなく、飾りのためにうたう「花腔《かこう》」すれすれであり、まったく取るに足りない。〔中略〕しかるに坤角の体質はおおむね極めて虚弱で、完全な才能を得ることははなはだむずかしい。(29)

男性による京劇を正統と見なす観客には、当時の坤劇は技芸の未熟な、俗っぽいものに感じられたのであろう。また実際に、技芸に秀で、それのみで観客の眼と耳を満足させることができるような女優は希少な存在であった。

中華民国初期の女優の多くは、技芸よりも自身の容色や性別を頼みとしていた。坤劇の観客もまた、芸をする女性そのものを見ていたといえるだろう。照明効果や背景幕、実物の道具など、演劇に視覚的な刺激を追求した上海においては、技芸を見せる女性もまた、目新しく刺激的な「見世物」の一つだったのである。

「男女合演」のもたらした発見

坤劇専門の劇場が登場してからというもの、俳優は男女に分かれて公演するようになった。しかし、『申報』の広告には「男女合演」をうたったものがしばしば見られ、男女が舞台上で共演することがまったく行なわれていなかったわけではない。一九〇九（宣統元）年一月二五日には、坤劇の劇場であった丹鳳茶園が男班の名優を集め、男女共演を行なっている。ただしこの男女共演には禁演命令が出され、広告は二月一九日まで掲載されつづけたものの、その後はふたたび坤劇の上演に戻っている。

一九一三年九月二〇日の『申報』にも男女共演の広告が見られるが、当時、フランス租界を除き、共同租界内では中国人による男女共演は禁止されていた。比較的長期にわたる男女共演を行ない、劇評などから観客の反応が確認できる例は、一九一四年、文明戯の劇団であった民興社の公演である。

文明戯とは、京劇など型のある伝統劇の要素と、「話劇《わげき》」といわれるせりふを中心とする近代劇の要素をあわせもつ、過渡期的な形態の演劇を指す。話劇と大きく異なるのは、文明戯はその創始期においてやはり男性のみによって演じられ、女役は男旦を用いていた点だ。

一九〇七年、日本の新派劇に影響を受けた清国留学生たちによって始められた文明戯は、一九一四年の上海においては、新民社、民鳴社、啓民社、開明社、文明新劇団、春柳劇場など「六大新劇団」といわれた主要な劇団が、京劇をしのぐ勢いで演劇界の中心を占める存在となっていた。

この年、『申報』には当時「新劇」と呼ばれた文明戯の劇評が頻繁に掲載され、これまで男性のみで演じられてきた文明戯の中に、女性の劇団や男女共演の劇団が出現したことがわかる。では、文明戯の舞台にあらわれた女性は、当時の演劇界と観客にどのような影響を与えたのだろう。

一九一四年八月四日、『申報』に普化社《ふかしゃ》女子演芸団の開演広告が掲載される。それによれば、脚本は古今東西の有名人の伝記から最近の事件や政治、社会、家庭に関するものまで、勧善懲悪の内容をもつものを募集しており、照明、背景、時装を用い、洋装や古装の劇もできるという。演じる女性は「大半はみな、学のある優美な閨閣秀媛《けいかくしゅうえん》。訓練してすでに数か月の長さ」と宣伝されており、芸妓とは一線を画す存在であることがうたわれている。ここから、まず当時は舞台に立つ女優に対する蔑視があり、そのために「新劇」たる文明戯の担い手たちは、彼女らが比較的演劇経験の浅い、したがって坤劇の出身ではない女性であると強調する必要があったことがうかがえる。

普化社女子演芸団は、八月一四日に『家庭恩怨記』を上演しているが、八月三〇日には女子劇団の解散が伝えられるところを見ると、その活動は長くつづいていない。解散の理由は、次のように記されている。「上海にあらわれた女子新劇団は、人数が多いため、必ずやさまざまな人がいる。女性界の名誉に関わるだけでなく、地域の教化にも害をおよぼしている(30)」。

また、当時の女性による文明戯の様子は、次のようにも伝えられている。

上海では新劇の中興といわれた甲寅《こういん》〔一九一四年〕の後、はじめて女子が単独で新劇を演じるようになった。舞台に上がったばかりのころはしぐさもわざとらしく、歩き方もぎこちなく、動作を間違え、口ごもって一言も出てこないことすらあった。訓練してしばらくすると、少し見られるようになった。観客が次第に集まり、ついに独立して旗揚げし、別に植民地を拓いた。人はその機に乗じ、事業は半ばでも功利は倍であるのを見てとり、瞬く間に続々と興《おこ》り、数百人にも達した。ただ男の新劇家には最初発起したとき学界の人間が多数いたが、女の新劇家にははじめから名門の令嬢はいなかった。さまざまな人がいることや身分の卑しさにおいて、また坤伶らと等しいものであった(31)。

これらの記述から判断すると、文明戯の舞台にあらわれた女性たちは、必ずしも広告にうたわれたような閨秀ぞろいではなかった。また、女性による文明戯が増加した理由として、投機的な動機があげられていることにも注目したい。

九月二三日には、民興社がフランス租界で「男女合演新劇」の上演を開始する。ただし欧陽予倩《おうようよせん》の回想によれば、この男女共演も客寄せのために行なわれたにすぎないという。[32]

民興社については、徐半梅『話劇創始期回憶録』にも同様の回想があり、低俗であったという点で両者の見解は一致している。[33]その公演の様子は、『申報』の劇評には次のように記されている。

> 「教戯」の一幕。娘たちはみないくらか旧劇〔京劇〕をうたえ、またなかなか見るべきものがあった。石痴《せきち》は張瞎子《ジャンシアツ》〔瞎子は視覚障碍者の意〕を演じ、突飛ででたらめ、人を笑わせようとする。林剣粉と行き逢い、剣粉は泣いたり笑ったりしてばかげた様子が哀れであった。張瞎子はほどよく、田舎臭さが滑稽である。思うにこの一幕は、劇中の外道といえるだろう。[34]

「林剣粉」とは、この新編演目『侠女伶』のヒロインで、女性の沈儂影《しんどうえい》が扮している。「石痴」とは民興社の主宰者・蘇石痴のことで、男性である。民興社の劇にはしばしば京劇のうたが挿入され、劇中劇のような趣向でうたわれた。また、女性を起用しながらも、男性が女役に、女性が男役に扮するというように、役と俳優の性別をわざと逆転させて演じるということも行なわれており、一九一四年の段階で、文明戯の男女共演に自然主義演劇の萌芽を見いだすことには無理がある。では、文明戯の舞台にあらわれた女性の姿は、観客の審美観にまったく影響を与えなかったのだろうか。

『申報』一九一四年九月二〇日に発表された「男女合演を論ず（論男女合演）」という一文には、男性のみによって演じられていた文明戯の舞台に女性が立つことについて、次のように記されている。

四日の晩、まさに男女共演の新劇が民興社にあらわれようとしている。やがて女性もさえずるようになり、長所を発揮するだろう。女性の気概は、男性のわざとらしくふるまう者に必ずやまさるだろう。われわれ観客は、この新しい眼福を得て、どうして幸せでないことがあろうか。しかし私は民興社の主宰者に、常に実際にもとづいて正しく行動することを念頭におき、女伶を観客動員の餌と見なすことなく、反対者の危言に陥ることのないように願いたい。(35)

書き手の「鈍根《どんこん》」（王鈍根、一八八八〜一九五一）は、先にあげた民興社の劇評を書いた人物だ。彼は民興社の男女共演にさきがけてこの一文を発表し、主として風紀の点から、商業主義的な男女共演を行なうことに批判的な意見を表明した。だが、ここでは、彼が男性の演技を「わざとらしくふるまう」と述べていることに注目したい。この記述からは、彼が男女共演のもたらす演出上の効果に関心をはらっていること、そして役と俳優の性別が一致していることを自然と見なす価値観が、ある程度芽生えていたことがうかがえるのではないだろうか。

また、春柳劇場に出演し、伝統劇の劇評家としても活躍した馬二先生こと馮叔鸞《ふうしゅくらん》（一八八三～未詳）は、「男女共演をするのであれば、必ず女性が旦となり、男性が生となるべきだ。男性が女役に扮する、またはは女性が男役に扮するのは、すべて一種の不自然な状態なのである」[36]とはっきり述べている。

こうした考え方は、やがて坤劇を見るときの審美観にも浸透していったと見られる。たとえば一九一八年には、北京における坤劇の衰退が『申報』上でも伝えられ、女優が役柄を転向する現象が起きている。「北京の坤伶では、小旦を専攻しない者が、続々と小旦を演ずるようになった。そのわけを問うと、小旦は人にひいきにされ、人気があり、人を夢中にさせるからだという」[37]。

「小旦」とは若い娘役のことである。坤劇そのものが衰退した北京では、女優は若い娘役を演じることで、かろうじて舞台に立つことができた。当時北京では、梅蘭芳ら男旦がすでに活躍していた。その中で、女優の需要が若い娘役にのみ集中したということは、女性の扮する女役を特別視する感覚が生まれていたからではないだろうか。

一九一八年には、もう一つ象徴的な出来事が起こっている。それは、梅蘭芳が五作目の時装戯『童女《どうじょ》斬蛇《ざんだ》』を発表し、これを最後に時装戯の試みを断念したことである（図2）。梅蘭芳は、のちに次のような有名な言葉を残した。

「時装戯」が演じるのは現代の物語です。俳優の舞台上の動作は、できるかぎりわたしたちの日常生活の姿に近づけねばならず、歌舞劇のようにいたるところでそれを舞踊化することはできません。この条件のもとでは、京戯の俳優が小さいころから訓練して作り上げ、舞台上でいつも用いているそれらの舞踊的な動作は学んだものが役に立たず、「英雄も腕をふるう場所なし」というわけです。(38)

梅蘭芳は、この一九五〇年代の回想において、現代物では京劇の技芸を生かすことができないと明言した。ここでは、京劇が歌舞劇である以上、「日常生活の姿」に近づける方向性の衣装や演技は、男旦が女性を表現する力を弱めるという見解が示されている。

図２　梅蘭芳（左）の時装戯『一縷麻』

　序章で述べたように、これ以後、梅蘭芳は舞踊を中心とした演目の創作に力を入れ始め、一九一五年より、「古装戯《こそうぎ》」と呼ばれる神話などに取材した新作を上演するようになった。『嫦娥奔月《じょうがほんげつ》』、『天女散花』、『覇王別姫』など梅蘭芳の演じた「古装戯」は、二〇世紀の男旦が自らの虚構性に向き合うことを余儀なくされ、その実践の中で生み出された舞踊劇といえるだろう。

北京の女優が若い娘役に活路を見いだした現象と、梅蘭芳が時装戯の試みを断念した理由からは、当時の観客が京劇の女役を見るとき、芸の巧拙のほかに、俳優の身体にも注意をはらうようになったという変化が読みとれる。

観客はすでに、女性を見世物として見たがっているわけではない。むしろ一定の度合いにおいて、役と俳優の性別が一致していることのもたらす効果を感じとっていたからこそ、女性の扮する女役を認めたのである。梅蘭芳は、時装戯のように「日常生活の姿」を演じねばならないとき、男旦としての「女性らしさ」が表現しきれず、女のまがいものとなってしまうことを恐れたのではないだろうか。

さらに、一九二〇年の『申報』では、京劇の男女共演を行なった乾坤《けんこん》大劇場の劇評において、次のような感想が記されている。

> 乾坤大劇場もまた、男女共演によって客を呼び寄せている。しかしすべての男伶はいくつかのたちまわりの演目を演じるにすぎない。重要な役はすべて女伶が選ばれている。最近金景萍《きんけいへい》（景萍は男性で花衫戯ばかりを演じる）というのがおり、たまたま『虹霓関《こうげいかん》』、『武家坡』、『烏龍院』の三つの劇を見ると、東方夫人、王宝釧《おうほうせん》、閻惜姣《えんせきこう》の三人に扮していた。逆に女伶の唐秋桂《とうしゅうけい》が王伯当に、孟《もう》筱冬《しょうとう》（孟小冬）が薛平貴《せっへいき》に、陳蕙峰《ちんけいほう》が宋江に扮している。男女が逆になっていて、抱腹絶倒である。[39]

ここでは書き手は、役と俳優の性別の逆転に注目している。劇場側のねらいは、民興社の男女共演と同様、単に観客をおもしろがらせることにあったのかもしれない。いずれにせよ、京劇を見るときに俳優の性別にこだわる感覚は、それが男性のみ、あるいは女性のみによって演じられていた時期には見られなかったものだ。男女別の上演であれば、観客にとって俳優の性別は観劇行為の前提にすぎない。俳優の性別がどちらであれ、技芸によって役柄が示されるという認識のもとで、観劇行為は成立していたのである。

そのとき、女優が女であることを目的として坤劇に通う観客はいたとしても、役と俳優の性別が一致していることにこだわる必要はなかった。俳優の身体に注目し、役と俳優の性別が一致していることを求める感覚は、中華民国成立以降の男女共演と、文明戯や、時装戯など同時代を題材とする劇の隆盛を経て、発見されたと考えられる。

女優に求められる「自然」

一九二三年九月二二日、新劇の劇団である戯劇協社は、胡適《こてき》作の『終身大事』を男女共演で上演した。この日の公演では、まず『終身大事』を男女共演で上演した後、欧陽予倩作の『潑婦《はっぷ》』を男性のみで上演している。これは一九一六年から一九二二年にかけてアメリカ留学を経験した洪深《こうしん》（一八九四〜一九五五）の発案であり、洪深は男性が女役を演じることの不自然さを強調する意図をもって、このような公演を計画した。観客の反応は、次のようなものであったという。

はたして、普通の観客たちはまず男女共演を見て自然だと思い、それから男性が女性役に扮するのを見た。声を細くとがらせ、しゃなりしゃなりとしなを作るさまは、一挙手一投足が可笑しかった。そこで、笑い声が絶えなかった。(40)

この公演を契機として、戯劇協社は自然主義演劇をめざした男女共演を世に浸透させていく。翌年五月には男女共演の『若奥様の扇（少奶奶的扇子）』を上演し、「話劇」成立の指標と見なされる公演を成功させた。(41) この時点で、役と俳優の性別を一致させることを「自然」と見なす考え方が、ある程度普及したといえるだろう。

この価値観は、女優を見る観客の視点をも変化させた。従来の坤劇の劇評にあらわされた視点には、以下の二種類があった。一つは技芸をする女性そのものを見世物として見るもの。もう一つは、俳優の性別を前提として観劇行為の外におき、技芸の巧拙のみを見るものである。

ところが、一九二三年から一九二四年にかけて、女優の劇評にはそのどちらでもない、第三の視点が顕著に見られるようになる。たとえば、次にあげるのは、女優金少梅《きんしょうばい》の『貴妃酔酒』について書かれた劇評である。

最後に、金少梅の演じる『貴妃酔酒』は、貴妃の衣装を身につけての演技に多くの宦官《かんがん》がはべり、普通の衣装と比べると、おのずとまた格別の趣《おもむき》に富む。その上、人は酔うと必ずありのままの自然な態度をあらわしやすくなるものだ。そのため少梅は劇中の酔った後の憂いや笑いに、娘本来の姿を次第にあらわしていく〔中略〕。素面の人がわざと酔った人に扮しているのに、実にありのままの自然をあらわしているところがもっとも喜ばしいのである。(42)

『酔酒』は、花衫の中でもむずかしい演目で、坤伶でできる者は極めて少ない。少梅はこの劇を十八番にしており、扮装はあでやかで楊貴妃の身分にふさわしい。その上、歌唱はとくに独自の優れたところがあり、酔態の描写はほどよく、一般の淫蕩によってこびる者と同じ評価を与えることはできない。酒を飲むときの技芸はまことにすばらしいといえる。(43)

『貴妃酔酒』は、玄宗皇帝と酒宴の約束をした楊貴妃が、皇帝がほかの妃のもとへ行ったために約束を反故《ほご》にされたことを知り、酒を飲んで恨み言を述べ、宦官をからかい、一人寂しく閨《ねや》に戻っていくという筋である。

現在では、改編を経たためこの演目を淫戯と見なすことはできないが、もとは楊貴妃の酔態に性的な表現を加えて演じられていた。一九二〇年代においてもまだ、性的な要素を多分に残した演目であったことは、右の劇評が「一般の淫蕩によってこびる者」と比較していることからもうかがえよう。

ただし、この劇評では金少梅の演技について、「娘本来の姿」、「ありのままの自然」といった言葉が用いられることに注目したい。『貴妃酔酒』には、酒盃を口にくわえたまま腰を背面に反らせる「下《か》腰《よう》」など、難易度の高い技芸が用いられる。しかし、この二つの劇評は、そうした技芸に対する詳細な批評を行なっていない。主として評価するのは、女優・金少梅の技芸の巧拙ではなく、演技の「自然な女性らしさ」である。しかもその演技には、従来あった性的な要素が払拭されているという。

こうした京劇の女性像の変化は、梅蘭芳の改革によってもたらされた要素が大きい(44)。金少梅の演技もその影響下にあった可能性は否めないが、これらの劇評は、観客が女優の演技に新たな魅力を発見したことを示している。そしてこの魅力は、男旦の演技には見いだせない種類のものだったのではないだろうか。

一九二三年、女優の人気者として鼎立していた琴雪芳《きんせつほう》、金少梅、碧雲霞《へきうんか》の批評でも、身のこなしや発音といった技術的な問題より、「自然」、「天真爛漫さ」といった評価が優先する。

琴伶〔琴雪芳〕の良いところは演技しているときの自然さであり、身のこなしはやや碧伶〔碧雲霞〕に劣ると思えるものの、天真爛漫さではちょうどまた碧伶と金伶〔金少梅〕よりも優れている。金伶はいささか堅苦しさがあるものの、その発音は碧伶と琴伶よりもやや抜きんでている。碧伶はまだ琴伶のようなあでやかさはないものの、その天真爛漫さは自然なものだ[45]。

女優の演技に用いられるようになった「自然」という言葉は、京劇の観客のまなざしが、俳優の身体のみならず、俳優と役との関係にも向けられるようになったことを意味するのではないだろうか。そのとき、俳優に求められるのは、役柄に扮する技芸の巧拙ではなく、性別をも含む役の人物との一体化である。ただし、これをもって京劇が自然主義演劇的な演技をするようになったと考えるのは、いささか性急に過ぎるだろう。実際のところ、一九二〇年代は、男旦が空前の人気を博していた時期にあたるからだ。

だが、劇評において女優に第三の視点、すなわち女性の演じる女役の自然さを見る視点があらわれたということは、京劇の評価の基準に変化が生じていたことを示しているのではないだろうか。清末民初の上海では、近代劇の成立とほぼときを同じくして、役と俳優の性別が一致していることを「自然」と見なす演劇の見方が、京劇の観客にも受け入れられつつあったのである。

【注】

（1）王暁伝輯録『元明清三代禁毀小説戯曲史料』作家出版社、一九五八年、二三頁を参照。清代の上演状況については、村上正和『清代中国における演劇と社会』山川出版社、二〇一四年に詳しい。
（2）李玉茹「鋭意改革旧制的戯曲教育家」『禦霜実録―回憶程硯秋先生』文史資料出版社、一九八二年、二〇七頁。
（3）北京市芸術研究所、上海芸術研究所組織編著『中国京劇史』上巻、中国戯劇出版社、一九九九年、二八二頁。
（4）髦児戯の由来に関しては諸説あるが、ここでは『上海京劇志』上海文化出版社、一九九九年、五九頁を参照。髦児戯については、張雯「近代上海における坤劇と女優」『東洋史研究』第六八巻第二号、二〇〇九年に詳しい。
（5）民哀「南北梨園略史」『歌台新史』三頁、周剣雲編『鞠部叢刊』民国叢書第二編六九所収、上海書店、一九九〇年。
（6）平林宣和「上海と「看戯」―京劇近代化の一側面」『早稲田大学文学研究科紀要』別冊二一集、文学・芸術編、一九九五年、一四二頁。
（7）海上忘機客「後竹枝詞」『申報』一八七二年六月一二日（壬申五月初七日）（三）。
（8）晟渓養浩主人「戯園竹枝詞」『申報』一八七二年七月九日（壬申六月初四日）（二）。
（9）無署名「勧戒点演淫戯説」『申報』一八七二年七月四日（壬申五月二九日）（三）。
（10）河東逸史「請禁花鼓戯説」『申報』一八七二年一〇月一五日（壬申九月一四日）（一）。
（11）無署名「邑尊據稟厳禁婦女入館看戯告示」『申報』一八七四年一月七日（癸酉一一月一九日）（二）。
無署名「道憲査禁淫戯」『申報』一八七四年一月一〇日（癸酉一一月二二日）（二）。
（12）無署名「与衆楽楽老人致本館書」『申報』一八七四年一月一三日（癸酉一一月二五日）（一）。
（13）無署名「論申禁淫戯之法」『申報』一八八一年一一月二日（一）。
（14）無署名「請看文明戯園」『順天時報』一九〇七年三月二日（五）。
（15）無署名「諭禁女伶」『申報』一八九〇年一月二七日（三）。
（16）無署名「示禁淫戯」『申報』一八九〇年六月一四日（二）。
（17）僇（王鐘麒）「論戯曲改良与群治之関係」『申報』一九〇六年九月二二日（二）。

（18）無署名「西報紀女優演劇助賑事」『申報』一九〇七年一月二七日（一七）。
（19）無署名「伶界亦知公益」『申報』一九〇九年一二月一〇日（三―三）。
（20）菊屏「二十年前滬上坤班之概況（二）」『申報』一九二五年三月四日（七）。
（21）徐慕雲『中国戯劇史』上海古籍出版社、二〇〇一年、一二三～一二四頁。
（22）瀛仙「女伶之発達」『申報』一九一二年九月一二日（九）。
（23）潤「誨淫之戯園」『申報』一九一二年二月二日（八）。按語は鈍根による。
（24）公江徐二「戯園之怪現象」『申報』一九一二年二月九日（八）。
（25）玄郎とは、呉下健児、健児などの筆名を用いて『申報』紙上に多くの劇評を執筆した劇評家で、本名を顧乾元という。玄郎については趙婷婷「『申報』劇評家立場的転変」『戯劇芸術』二〇〇八年第一期、および藤野真子『上海の京劇―メディアと改革』中国文庫、二〇一五年に詳しい。
（26）玄郎「紀三十夜之女丹桂」『申報』一九一二年一一月二日（一〇）。
（27）玄郎「紀三十夜之女丹桂（続昨）」『申報』一九一二年一一月三日（一〇）。
（28）玄郎「劇談」『申報』一九一三年二月二〇日（一〇）。
（29）玄郎「続紀三十一号之女丹桂」『申報』一九一三年六月三日（一三）。
（30）無署名「解散女子新劇団」『申報』一九一四年八月三〇日（一一）。
（31）菊園「女新劇家誌」『俳優軼事』二四頁、前掲『鞠部叢刊』所収。
（32）欧陽予倩「談文明戯」『欧陽予倩全集』第六巻、上海文芸出版社、一九九〇年、二一六頁、および欧陽予倩『自我演戯以来（1907-1928）』中国戯劇出版社、一九五九年、二二八頁。
（33）徐半梅『話劇創始期回憶録』中国戯劇出版社、一九五七年、六〇頁。
（34）鈍根「民興社之俠女伶」『申報』一九一四年九月二八日（一三）。

(35) 鈍根「論男女合演」『申報』一九一四年九月二〇日（一三）。
(36) 馬二先生「男女合演」『品菊余話』九六頁、前掲『鞠部叢刊』所収。
(37) 柳遺「東籬軒談劇」『申報』一九一八年一〇月二七日（一四）。
(38) 梅蘭芳述、許姫伝、許源来記『舞台生活四十年』中国戯劇出版社、一九八七年、二八〇頁。口述筆記を行なった許姫伝は、同書第二集第一章の冒頭で、この発言が一九五一年一月のものであると記録している。
(39) 野驢「霓裳新語」『申報』一九二〇年九月一八日（一四）。
(40) 洪深「我的打鼓時期已経過了麼」『洪深文集』第四巻、中国戯劇出版社、一九五九年、五三四頁。
(41) 陳白塵、董健主編『中国現代戯劇史稿』中国戯劇出版社、一九八九年、三二〇頁、葛一虹主編『中国話劇通史』文化芸術出版社、一九九七年、六四〜六五頁を参照。
(42) 無署名「金少梅昨演『貴妃酔酒』」『申報』一九二三年七月二九日（二〇）。
(43) 無署名「金少梅之三京劇」『申報』一九二四年三月四日（増刊二）。
(44) 松浦恆雄「二〇世紀の京劇と梅蘭芳」『中国二〇世紀文学を学ぶ人のために』世界思想社、二〇〇三年を参照。
(45) 無署名「京華劇訊中之三坤伶青衫」『申報』一九二三年一一月二日（一八）。

第二章　港からきた女優

清末民初の北京の舞台

中華民国成立以降、天津、上海といった港湾都市から北京に流入してきた女優は、男性のみによって構成されていた北京の京劇界に、いかなる影響をおよぼしたのだろう。本章では、上海よりおくれて坤《こん》劇《げき》があらわれた北京の状況を、『順天時報《じゅんてんじほう》』に掲載された劇評から眺めてみたい。

『順天時報』とは、一九〇一年から一九三〇年にかけて、中島真雄《なかじままさお》、上野岩太郎《うえのいわたろう》、亀井陸良《かめいりくろう》ら日本人の手によって北京で発行された日刊の新聞である。創刊者は、東亜同文会の中島であり、彼は『閩報《びんぽう》』や『同文滬報《どうぶんこほう》』といった新聞の創刊にも関わっている。清朝政府は北京における新聞・雑誌の出版を禁止していたが、義和団事件の最中に創刊を断行したという。一九〇五年、中島は順天時報社を公使館に譲渡し、同社は外務省の保護下におかれることとなった。その後は、上野、亀井、渡辺哲信《わたなべてっしん》らが経営に携わっている。

中下正治『新聞にみる日中関係史―中国の日本人経営紙―』（一九九六）によれば、この新聞創刊の意図は、第一に対華北政策の重視、第二に清朝政府への工作、第三に対露作戦の準備であったという。発行部数は常時二、三万部程度あったといわれるが、一九一九年の五四運動以降、急減して五、六〇〇〇部となり、その後回復するも、一九三〇年に停刊した。この新聞を用いるのは、清末から中華民国中期にかけての膨大な量の劇評が掲載されており、当時の北京演劇界の動向を概観することができるためである。

『順天時報』ほか、多くの資料を整理し、清末民初の坤劇について詳述している吉川良和の「民国初期の北京における坤劇の研究」（一九八〇）および『北京における近代伝統演劇の曙光』（二〇一二）によれば、民国初期の坤劇の意義は、次の三点にまとめることができる。第一に、同時代を題材として新たに創作した演目である「新編劇」を流行させ、伝統劇の様式の枠内で、写実的な演技によって現代物を演じた。第二に、「新編劇」の主人公を多く女性に設定し、目前の社会状況を反映した。第三に、女性を含む社会的弱者に、文字を媒介せずに新しい思想を伝え、意識の変化をせまった。さらには、こうした坤劇の試みが、清末の北京で流行した梆子戯《ほうしぎ》（拍子木を用いた北方の伝統劇の一種）の「花旦《かたん》」が多様な女性像を生み出した成果を継承したものであることを、吉川は指摘している。

梆子戯の「花旦」の演目は、京劇でいえばうたを主とする「青衣《せいい》」や、せりふとしぐさを主とする「花旦」に分けられる演目を包括しており、役柄の技芸よりも人物像を見せることを重視し、そのため俳優の芸域も広かった。京劇で両者を融合したような、「花衫《かさん》」なる新たな役柄を演じた男旦の王瑶卿《おうようけい》や女優の金月梅《きんげつばい》も、梆子戯の影響を受けている。そして、梆子戯から坤劇に継承された女性像が、後につづく梅蘭芳《メイランファン》ら「四大名旦」の京劇改革にも影響を与えたという道筋を、吉川の研究は明らかにしている。

北京において女優の劇場出演が正式に解禁されるのは、中華民国成立以降のことだ。もっとも、それ以前に女優が皆無だったわけではなく、料亭や個人の邸宅内で芸を披露する芸妓は存在していたし、清末北京の外国公地では、女優の劇場出演も確認できる。(1)

民国成立と同時に、女優の劇場出演が解禁されると、男女が舞台上で共演する合同公演も行なわれ始めた。しかし一九一二年末、演劇の改良を目指した俳優組織「正楽育化会《せいがくいくかかい》」が、風紀を乱すとの理由で女優の禁止を訴えたことにより、男女が性別によって分かれた「男女分演」が開始される。(2)「正楽育化会」とは男性のみによって構成された組織であり、この嘆願は演劇界の風紀の是正を建前としながら、実は女優の勢力を恐れた男優たちによる女優排斥の運動であった。(3)当時の新聞記事には、「しかるに上海・天津・奉天・張家口などの劇場では依然として男女が同じ一座におり、かの地の当局もこれを不問に付している(4)」として、この訴えを不可解とする意見が寄せられている。

ここで、同時期の天津、上海の状況と比較してみると、北京の状況がいかに特別であったかがわかるだろう。まず、天津の状況を見てみたい。

天津では、一九〇七年の劇評に、「天仙茶園に劇を聴きに行った。着いたときにはすでに三本目がうたわれており、女伶が登場して演じていた。その姿はなまめかしく美しく、うたの調子には波打つような抑揚がある。〔中略〕場内は一斉に喝采した。うたっていたのは『双断橋』の演目であった(5)」との記述が見られる。また、「つづいてたちまわりの劇『大渓皇荘』である。花徳雷をとらえるところで、男女が舞台上をかけまわる。にぎやかなことこの上ない(6)」と述べられていることから、清の光緒《こうしょ》年間には女優の劇場出演が行なわれ、光緒末年にはすでに女優が人気を博していたことや、男女が共演していたことが確認できる。

また、第一章で述べたように、上海では清の同治《どうち》年間にはすでに女優のみによる一座が栄え、男女の共演が行なわれ、彼らの演じる「淫戯」がたびたび禁止されながらも上演されていた。

とりわけ上海では、一八九四年に坤劇専門の劇場が開業した後、民国初期にかけては、基本的に「男女分演」の状態で男女の俳優が共存していた。北京にさきがけて女優のみの一座が存在した上海では、北京で女優が解禁されるころにはすでに一定数の女優が養成されており、男役やたちまわりをする役など、女役以外にも幅広い役柄をこなす女優が育っていた。

このように、租界地のおかれた天津や上海の演劇環境は、北京にくらべると開放的であったといえるだろう。さらに上海では、一八八〇年代から一九九〇年代にかけて、照明、背景幕、舞台装置や実物の道具を舞台上で用いるなど、演劇に視覚的な刺激を追求する動きがあらわれていた。それら北京とは異なる演劇の環境や習慣をもつ港湾都市からやってきた女優たちは、北京演劇界の人びとの目にどのように映ったのだろう。

女優に向けられるまなざし

一九〇七年、北京の舞台で女優の出演が解禁となる前に、「日華戯園」という日本の公社が外国公地で運営した劇場において、女優の演技を見た観客は次のように記している。

三本目は『双官誥《そうかんこう》』である。旦を演じるのは、天津から新しく北京にきた著名女伶の「杜雲紅《とうんこう》」だ。〔中略〕杜雲紅は容色、技芸ともに優れているが、惜しむらくはやはり纏足《てんそく》した娘なのだ。(7)

この清末の劇評は、女優に向けられる関心が、やはり芸をする女への好奇心にもとづいていることを示している。杜雲紅はうたを中心とする「青衣」の役柄であるため、纏足していたとしても演技にそれほど支障はなかったかもしれない。「女伶纏足之害」という記事によれば、清末から民国初期にかけては、たちまわりをする役柄でさえ、纏足の女優が見られたという。(8) しかし、女優が「纏足した娘」であることが、「惜しむらくは」と述べられる背景には、男性のみによって構成されていた北京の演劇界において、女優が正統な存在と見なされるにはほど遠い状況があったといえる。本物の女性の「纏足」が舞台に上げられることが、男旦《ナンタン》が義足をつけて纏足を演じる「蹺《きょう》」という技芸とは異なる視覚的刺激をともなっていたことも、この劇評からはうかがえる。

次に、民国初期の劇評を見てみたい。北京で男女分演が始まってまもない一九一三年、『順天時報』

に「隠侠《いんきょう》」の署名で女優の紹介記事が連載された。隠侠（汪隠侠）とは、『順天時報』ほか、各紙上に劇評を執筆した人物である。

　この紹介記事に登場する女優の多くは、天津、上海、漢口から北京に入ってきており、「外江派《がいこうは》」と呼ばれた。彼女たちに共通する特徴として、一人で多くの役柄を演じていたことがあげられる。これは「反串《はんせん》」といわれ、たとえば「老生《ろうせい》（うたを主とする男役）」を専門とする俳優が、「青衣」を演じたり、「青衣」を専門とする俳優が、「老旦《ろうたん》（うたを主とする老女役）」を演じたりすることを指す。清末までの伝統的な京劇界では、「反串」は正統な芸とは見なされず、とりわけ歌唱を重んじる「老生」や「青衣」の俳優は、これを慎むべきとされていた。[9]

　たとえば、「青衣」を専門とする女優の于小霞《うしょうか》について書かれた劇評では、「老旦」や「花臉《かれん》（隈取りをする男役）」を兼ねて演じることが「外江派」の習慣であるとして、否定的に論じられている。

> ただ小霞は往々にして本来の技芸以外に、老旦の『滑油山』や花臉の『斬雄信』を反串する。わたしははなはだ賛成せず、評すところがない。思うに今日の女伶の青衣は人材がはなはだ少なく、小霞がもし本来の技芸の劇に専念すれば、独自の道を切り拓くことができるし、長所を発揮できるのに、ほかの役柄の劇を兼ねて演じ、外江派の陋習にのっとることはないではないか。[10]

また、女優の演技において、ほかの役柄はともかく、「青衣」だけは「花旦」を兼ねて演じると本来の姿を失うのでいけない、とも述べられている。

わたしはかつて、女角（女優）が演じるときにほかの役柄を反串するのはいいが、ただ青衣が花旦を反串すると、本来の姿を失うのでいけないと述べた。いま、月香水《げつこうすい》は一つの技芸に専念している。各種の新しいふしを磨くことを心がければ、名のある俳優でいることができるだろう。[11]

一方、「花旦」出身でありながら「刀馬旦《とうばたん》（しぐさ・せりふ・たちまわりを主とする女役）」を演じる五《ご》月仙《げっせん》には、肯定的な評価が下されている。これは、女優にたちまわりを得意とする人材が欠けていたためであり、彼女は「たちまわりをする際、身体と刀の動きがすこぶる敏捷で、このような武芸が女伶できるのはまことに得がたいことだ[12]」と評されている。

同様に、「武生《ぶせい》（たちまわりを主とする男役）」を専門とする于紫雲《うしうん》は、男優が演じるのも大変な演目を演じており、「さらにその扮装はたぐいまれなる麗しさ、歩き方は落ち着いていて力強く、まさに武生の貫禄である[13]」と称賛されている。

また、「老生」を専門とする小翠喜《しょうすいき》は、新しい歌唱法や名優の劉鴻昇《りゅうこうしょう》の歌唱法を取り入れていること、その声のよさが男優に劣らず、歩き方やしぐさが女っぽさから抜け出していることが評価され、「小《しょう》

生《せい》」や「花旦」を兼ねて演じることすら観客の人気を博している、と述べられる。(14)

女優の登場まもない時期の北京の劇評によれば、天津や上海からきた女優は、北京京劇界のしきたりにしばられない演技をしていたようだ。その一例が「反串」だが、このような役柄の入れ替わりは、観客にとっては変身を見るおもしろさでもあっただろう。とりわけ、最後にあげた小翠喜のように、「老生」から「花旦」といった、性別や発声法の異なる役柄の演じ分けは、北京の観客にとって意外性の感じられるものであった。また、その技芸が確かであればあるほど、一つの役柄からの逸脱によってもたらされる刺激は、より効果を発揮したはずである。

さらに指摘しておきたいのは、この時期の北京演劇界にとって、女優の存在そのものが逸脱の意味を含んでいたのではないかということだ。清末から民国初期にかけて、女優を扱う劇評のほとんどは、彼女らを「女優」という枠組みの中で評価しており、決して男優と同等の範疇には入れていない。たとえば、先に見た劇評では、女優のたちまわりや「老生」としてのしぐさに肯定的な評価を与えているものの、これはあくまでも女優を男優よりも格下に位置づけているためである。女優のたちまわりが注目を集めるのは、それが女性の身体を通して演じられているからであり、そこにはやはり、女の身体が男のように動くことに対する、「変身」や「逸脱」といった意味合いへの好奇心を見いだすことができるのではないだろうか。

こうした女優へのまなざしは、男性の京劇を規範と見なした上で、当時の女優の技芸がしきたりからはずれる未熟なものであるからこそ、差別化されていたことを示している。しかし、女優の身体や演技によってあらわされる逸脱のおもしろさは、それまでの北京の京劇にはないものだった。やがて北京における女優の人気は、男優をしのぐほどの隆盛を誇る。次に、坤劇の隆盛期に書かれた劇評を眺めながら、男優の存在を視野に入れて見た場合の女優の評価について考えてみたい。

女優・劉喜奎と男旦・梅蘭芳

北京における坤劇の隆盛期は、女優の劉喜奎《りゅうきけい》（一八九四〜一九六四）と、彼女のライバルと目されていた鮮霊芝《せんれいし》が人気を競い合った一九一五年に始まる（図1）。しかし、一九一七年末から一九一八年にかけて、坤劇の一座はあいついで休演を始めるため[15]、北京の坤劇の隆盛から衰退まではわずか数年の短さであった。

一九一五年から一九一七年にかけて『順天時報』に掲載された劇評を見ると、女優の人気が急上昇するにつれて、これまで坤劇を批評の対象としなかった劇評家が、女優について述べるようになっていく。その中には、女優と男優を比較した上で、女優の特徴を認めようとする

図1　劉喜奎

論調の記事も見いだせる。

従来、曲を愛でるに長けている人は往々にして坤角を聴かず、そのこころは坤角の劇には精力がかけているためであるというが、卑見によればそうではなかろう。劇の筋から論ずるならば、男性には意気盛んなものがふさわしく、女性には心情こまやかなものがふさわしい。だから『刺殺』、『游戯』、『堂皇』の各劇では女性は男性におよばず、悲劇や愛情劇では男性は女性におよばない。まして音楽はとりわけ女性の得意とするところであり、息の短さ、声量の弱さは男声のよく通ることにはおよばないものの、玲瓏《れいろう》たる声と抑揚に富むうた声は、もとより天性の長所である。(16)

次に、より顕著な例として、『順天時報』紙上に長年にわたって演劇記事を執筆した劇評家・辻聴花《つじちょうか》の劇評を見てみたい。辻聴花とは、本名を辻武雄、号を剣堂と称する日本人である。辻は慶應義塾に学んだのち中国に渡り、江蘇師範学堂、江南実業学堂で教鞭をとった後、一時帰国する。やがて一九一二年に『順天時報』社に招聘されて北京に移ると、同紙の文芸欄の主筆をつとめ、長期にわたり京劇の劇評を中国語で連載した。その中国演劇に対する造詣の深さは、汪笑儂《おうしょうどう》など多くの名優の信頼を得ており、中国語で書いた研究書『中国劇』を、一九二〇年に出版している（図2）。

辻聴花は、一九一五年に『順天時報』に発表した「わたしの劉喜奎観（余之劉喜奎観(17)）」という一文で、

「わたしは平生あまり坤劇を聴かない」と述べた上で、劉喜奎について「わたしがもし公平に言うならば、劉の舞台姿はまさに梅蘭芳と白牡丹《はくぼたん》（荀慧生）の中間にあり、その眉目の先端はすこぶる人の心を動かす力をもつ」と評している。

劉喜奎を、梅蘭芳や白牡丹といった男旦と比較している点からは、男優による伝統的な京劇を研究していた辻聴花にとってすら、女優の舞台姿は男旦に匹敵しうると認識されていたことがうかがえる。ただし辻も、「しかるにその芸には、なおいささか熟練に欠けたところがある」と述べているように、女優の存在意義を認めることと、技芸の巧拙とは別の次元の問題であったようだ。

劉喜奎は、当時すでに男旦として評価の高かった梅蘭芳と並び称されるほどの人気を誇っていた。たとえば、一九一七年一一月五日の『順天時報』で発表された、読者による俳優の人気投票では、男優では梅蘭芳が「劇界大王」、女優では劉喜奎が「女優第一」に選ばれている。この投票は男女別に行なわれたため、一見すると「劇界大王」と冠された梅蘭芳のほうが上に思える。しかし、投票結果をよく見ると、梅蘭芳が二三万二八六五票、劉喜奎が二三万八六〇六票と、梅蘭芳の得票数より劉喜奎のほうがまさっていることがわかる（図3）[18]。

図２　辻聴花（右）と汪笑儂

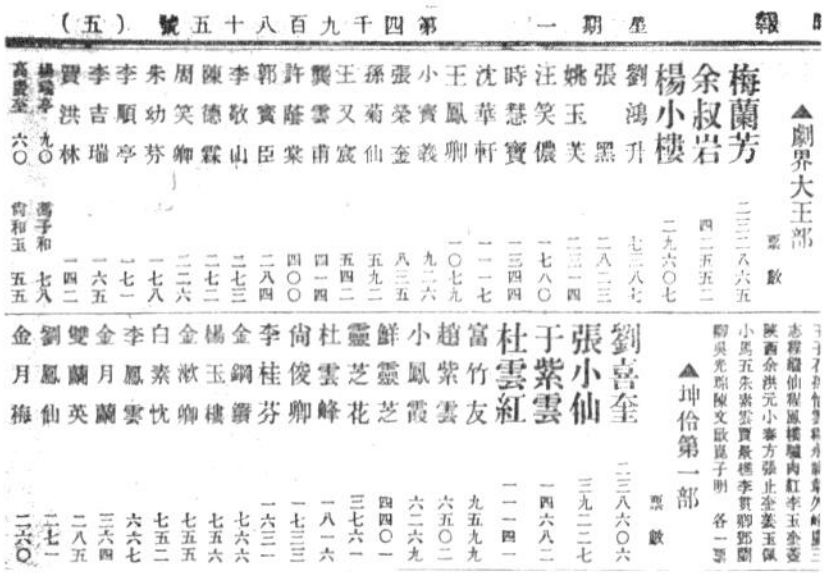

▲劇界大王部	票數
梅蘭芳	二三二八六五
余叔岩	四二五五二
楊小樓	二九六〇七
劉鴻升	七三八七
張黑	二八二三
姚玉芙	二三一四
汪笑儂	一七八〇
時慧寶	一三四四
沈華軒	一一一七
王鳳卿	一〇七九
小實義	九二六
張榮奎	八三五
孫菊仙	五九二
王又宸	五四二
龔雲甫	四一四
許蔭棠	四〇〇
郭寶臣	二八四
李敬山	二七三
陳德霖	二七二
周笑卿	二二六
朱幼芬	一七八
李順亭	一七一
李吉瑞	一六五
賈洪林	一四二
楊瑞亭	九〇
高慶奎	六〇
壽子和	七八
尚和玉	五五

▲坤伶第一部	票數
劉喜奎	二三八六〇六
張小仙	三九二二七
于紫雲	一四六八二
杜雲紅	一一一四一
富竹友	九五九九
趙紫雲	六五〇二
小鳳霞	六二六九
鮮靈芝	四四〇一
靈芝花	三七六一
杜雲峰	一八一六
尚俊卿	一七三三
李桂芬	一六三一
金鋼鑽	七六六
楊玉樓	七五六
金湫卿	七五五
白素忱	七五二
李鳳雲	六六七
金月蘭	三六四
雙蘭英	二八五
劉鳳仙	二七一
金月梅	二六〇

図３　『順天時報』の投票結果（部分）

その一方、辻聴花が「劇を聴かず劇を見ず（不聴戯不看戯）」という一文で総括しているように、坤劇人気の背景には、依然として女優に「女」を見ようとする観客の視点があった。

今日、都のどこの劇場でも坤劇がもっとも盛んであり、男班を維持するのは困難な情況にあるが、それはなぜだろうか。もし声・色・芸の三点からこれを論ずるなら、坤伶において実力で男伶を上回ることのできる者がはたしてどれほどいるだろう。たとえ劉喜奎、鮮霊芝、金玉蘭らのなまめかしい美しさを梅蘭芳と比べても、遠くおよばないのだ。しかるに各劇場の坤劇は日増しに盛んであり、男劇は日ごとに衰退している。わたしは沈思熟慮して、やっと曲を愛でる者の心理を解するに、劇を聴かず劇を見ず、ただ女を見るのみである。読者はいかが思われるだろうか。(19)

こうした空前の女優人気のさなか、ついに「男女分演」という女優差別の撤廃を求める声が起こる。辻聴花は、同時期の上海演劇界ではすでに男女の共演が行なわれていることを紹介し、この機運を後押しした[20]。一九一五年末から一九一六年にかけては、辻や隠俠らによって、男女共演の解禁を求める論調の記事がしばしば『順天時報』に掲載された。その中で、辻が女優の劇には男優にはない独特の趣《おもむき》があると述べていることに注目したい。

しかるに女伶の劇にはまたおのずから特色があり、その趣も男戯とは異なる。そこでわたしが思うに、演劇界に女劇を一日たりとも欠かすことはできない。男女の劇が双方並んで風雅を掲げ、はじめて中国演劇の完全な発達が望まれるのであり、二種類の俳優が整然と対峙して、はじめて互いに競争しその技芸を磨くことができるのである[21]。

では、辻聴花のいう女優劇の特色とはなにを指すのだろう。辻の劉喜奎評の中には、劉喜奎が舞台にあらわれたときの感動を、「薄化粧のすっきりとした佳人が舞台の絨毯の上にあらわれると、わたしは思わずこれに青衣の感を抱いた」と記し、「劉の容貌は薄化粧がふさわしく、濃く塗るのはふさわしくないのも明らかである」と述べた箇所がある。本来、劉喜奎の専門とする役柄は「青衣」ではなく「花旦」なのだが、おそらく彼女の容姿には、活発で色っぽい女性の役柄である「花旦」よりも、貞淑な「青衣」に近い風情があったのだと思われる。だからこそ、辻は劉喜奎に濃い化粧で作りこまれた美しさではなく、薄化粧の美を認めているのだろう。そして、この薄化粧の美の発見こそ、これまでの男旦による京劇にはなかった、女優に特有の現象なのではないだろうか。
ここで、辻聴花の中国演劇に対する見解を確認しておきたい。辻は、「聴風君に答える（答聴風君）」という一文において、「聴風君」なる読者から寄せられた、男女共演を支持する内容の手紙を紹介している。その中で、「聴風君」が「もし無理に男が女を、女が男を演じるなら、その迫真であることを失うばかりか、人類天然の性に背く」と述べたことに対して、次のように反論している。

ただ男が女を、女が男を演じるのは東亜演劇の特色であり、だからこれを「戯」という。わたしは男が男を、女が女を演じることにはもとより反対しない。しかし聴風君の男が女を、女が男を演じることを排斥するという主張には、反対の立場をとらざるを得ない。(22)

辻聴花は、俳優と役の性別の不一致を「人類天然の性に背く」とする「聴風君」の主張に対し、それこそが東アジア演劇の特徴だと述べている。したがって、辻が京劇を見るときの意識には、俳優と役の性別を一致させることを自然とするような考え方はなかったといえるだろう。
辻聴花の著書『中国劇』には、「支那の芝居には、確に一種の特長があつて、眞面目にこれを論ずる時は、世界の劇界に對して、一脈の光輝を放つことが出來る」と述べられた箇所がある。(23)辻は中国演劇を日本および西洋の演劇と比較し、その特徴をとらえようとしていた。そして、そのように外部の視点から京劇の伝統を観察していた劇評家が、女優による女役に新たな意味を見いだしたところにこそ、この時期の女優が北京演劇界に与えた衝撃の大きさを読みとることができるのではないだろうか。

女優の身体と「現身説法」

辻聴花の女優劇への関心は、女優と男旦を比較することなしには芽生えなかったといえるだろう。辻のほかにも、女優と男旦を比較し、女優の特徴を認めていると考えられる例をもう一つ見てみたい。次に引用するのは、一九一五年の『順天時報』に掲載された「青衫《せいさん》、花衫の価値を論ず（論青衫花衫之價値）」という一文である。

劇中の役柄でただこの二つだけが坤角にもっともふさわしい。思うに、もとの姿で役になりかわって諭すところには、少しも不純なわざとらしさがない。自然の姿はまったく男性のおよぶところではない（花衫の男角がどうやら女角におよばないであろうことはすでに見てとれる）[24]。

題名にあげられている「青衫」とは、うたに重きをおく「青衣」の役柄を指し、「花衫」とは、しぐさやせりふの演技も含み、「花旦」の要素を兼ねて演じる役柄を指す。ここでは、女役である「青衫」と「花衫」だけが女優にもっともふさわしい役柄であり、そこに少しもわざとらしい部分がないことは、男旦のおよぶところではない、とはっきり述べられている。このような考え方には、女優を見る際に技芸の巧拙とは別に、性別も含めて役柄と一体化した俳優の身体に注目するという、新たな京劇の視点が含まれている。原文には、「現身説法《げんしんせっぽう》(もとの姿で役になりかわって諭す)」という語が見られるが、この「役になりかわって諭す」という演技の方法こそ、女優の存在に新たな価値をもたらしたと考えられる。

第一章で述べたように、女優の得意とした「時装戯《じそうぎ》」を自らも試みた梅蘭芳が、それを放棄するのがまさに坤劇が隆盛したのち、衰退する一九一八年であった。技芸では男旦におよばない女優にとって、演技の型を崩すことの可能な「時装戯」は、自身のもつ女性の身体を最大限に生かせる演目だったといえる。男性中心であった京劇の中に生身の女性の身体や容貌をもちこみ、演技の型からの逸脱をもたらした点に、短期間ではあったがこの時期の坤劇の残した影響を見いだすことができるだろう。

清末民初の北京の舞台にあらわれた女性の身体は、北京の劇評家に男旦と女優の違いを意識させ、また男旦には、女優との間に演技術の差異化をはかる必要性を認識させた。女優との競合を経て、梅蘭芳は視覚的な新しさと舞踊の美しさという要素を兼ねそなえた「古装戯《こそうぎ》」を創作する。そして、この「古装戯」によって、梅蘭芳をはじめとする男旦が一世を風靡する時代が到来するのだが、その前史には、天津や上海といった港湾都市からきた女優たちの時代があったのである。

【注】

（1）無署名「日華戯園観女戯記」『順天時報』一九〇七年五月三〇日。
（2）無署名「禁止女優」『順天時報』一九一二年一二月八日（五）。
（3）同右、および隠侠「余之男女合演観」『順天時報』一九一六年七月八日（五）。
（4）隠侠「不可解者二」『順天時報』一九一三年三月六日（五）。
（5）無署名「天津天仙茶園聴戯記」『順天時報』一九〇七年二月一八日。
（6）無署名「天津大観茶園聴戯記」『順天時報』一九〇七年二月二五日。
（7）無署名「日華茶園女戯記（七）」『順天時報』一九〇七年一〇月二七日（五）。「日華茶園」とは、「日華戯園」のことである。
（8）秋侠「女伶纏足之害」『順天時報』一九一三年一二月一二日（五）。
（9）隠侠「反串戯」『順天時報』一九一三年三月一三日（五）。
（10）隠侠「于小霞」『順天時報』一九一三年二月一二日（五）。
（11）隠侠「月香水」『順天時報』一九一三年二月二七日（五）。
（12）隠侠「五月仙」『順天時報』一九一三年二月一九日（五）。
（13）隠侠「于紫雲」『順天時報』一九一三年二月一五日（五）。
（14）隠侠「小翠喜」『順天時報』一九一三年二月四日（五）。
（15）聴花「奎徳社之近状感言」『順天時報』一九一八年七月二一日（五）、および聴花「坤班戯園之衰退」『順天時報』一九一八年七月二四日（五）。
（16）僧剣菊「論坤角之将来」『順天時報』一九一四年九月一六日（五）。

（17）聴花「余之劉喜奎観」『順天時報』一九一五年四月一五日（五）。
（18）『順天時報』一九一七年一一月五日（五）。なお、部門別の有効票および得票した俳優の総人数は、次の通りである。劇界大王部三二万九四四〇票、一三四人、坤伶部三四万八二五八票、一七五人、童伶部二七万九二二一票、一一五人。
（19）聴花「不聴戯不看戯」『順天時報』一九一五年八月三一日（五）。
（20）聴花「滬上劇界之近状（下）」『順天時報』一九一六年二月一七日（五）。
（21）聴花「是果戯劇衰退之兆乎」『順天時報』一九一五年一二月五日（五）。
（22）聴花「答聴風君」『順天時報』一九一七年八月二三日（五）。
（23）辻武雄『中国劇』順天時報社、一九二〇年、三頁。引用はその日本語版『支那芝居』支那風物研究会、一九二三（大正一二）年一一月、五頁による。
（24）天半「論青衫花衫之價値」『順天時報』一九一五年八月二〇日。

第三章　劇評家・辻聴花と女芝居

日本人劇評家・辻聴花

北京の劇場では近頃一種の新しい傾向が見えて來てゐます。それは何かといふと一つは新劇（内容形式は新舊拆《ママ》衷）を編排し種々な背景を使用して演るもので、一つは舊劇もの丶全本を演るものであります。今日で前者を盛んに演るのは慶樂園奎徳社《けいとくしゃ》の秦風雲《しんふううん》とか金桂芳《きんけいほう》とかいふ女優連で、後者を演るのは中和園の高慶奎《こうけいけい》や王幼卿《おうようけい》（鳳卿の子）華樂園の馬連良《ばれんりょう》や朱琴心《しゅきんしん》などであります[1]。

これは、一九二四年に上海在住の日本人によって創刊された、雑誌『支那劇研究』に寄稿された一文である。書き手は第二章で紹介した『順天時報《じゅんてんじほう》』の日本人劇評家・辻聴花《つじちょうか》だ。辻による演劇記事は年間およそ三〇〇本にもおよび、十数年にわたりそのような頻度で書かれた劇評は、当時の上演の様子を伝える貴重な資料となっている。『支那劇研究』を発行した組織「支那劇研究会」の日本人中国劇愛好者たちは、辻を先達として「同人の師」と仰いでいた。

辻聴花の劇評には、「外来」のものに対する関心を見いだすことができる。冒頭の引用のつづきで、辻はこう述べている。

この二種の新傾向は矢張從來に於ける戲劇の缺陷《けっかん》を補はんが爲めに生じて來た潮流でありまして、たとへ舊い支那劇の本則は道具なし背景を使はないとしても種々な關係からして段々少しづつ道具を增したり背景を使ふやうになるのは自然の趨勢でありました。唯本則一點張で之に反對するのは馬鹿の骨頂だと思ひます。

第二章で見てきたように、首都北京では、民国初年になってようやく女優の舞台出演が解禁された。そのため、清末よりすでに坤劇《こんげき》が上演されていた上海、天津などから、多くの女優が北京に入ってきた。しかし、男性中心の北京演劇界において、彼女たちは「男女分演」を余儀なくされる。この措置が男優らによる女優排斥の運動であったことや、辻聴花が一九一五年末から一九一六年にかけて、上海の事例を引き合いに出し、北京における男女共演の解禁を求めたことは、前章で述べた通りである。

冒頭の引用で述べられるように、辻聴花は「新劇」、「背景」、「女優」を、「從來に於ける戲劇の缺陷」を補うために生じた潮流として関連づけてとらえていた。辻は北京における坤劇の台頭、およびその影響という現象に早くから注目しており、清末民初の上海で流行し、その後北京にもたらされた新劇、舞台装置などとともに、劇評に丹念に記録している。

本章では、辻聴花の北京演劇界における位置づけや、彼が北京における「劇評」の成熟にいかに関与したのかを考えるため、辻の順天時報社入社後、初の俳優人気投票「菊選《きくせん》」が行なわれる一九一五年の状況に着目する。一九一五年とは、女優の劉《りゅう》喜《き》奎《けい》と鮮《せん》霊《れい》芝《し》が人気を競い合った、北京の坤劇隆盛期の幕開きの年である。第二章で述べたように、北京の坤劇は、一九一七年に『順天時報』紙上で行なわれた「菊選」において、男旦《ナンタン》の梅蘭芳《メイランファン》と劉喜奎が得票数で肩を並べたあたりを頂点とし、その後一九一七年末から一九一八年にかけて衰退していく。本章では、一九一五年の「菊選」と「劉鮮大戦」という二つの現象を通して、北京の演劇界とジャーナリズムとの相互影響関係について見ていきたい。

辻聴花略歴

まず、辻聴花に関する主要な先行研究として、中村忠行「中国劇評家としての辻聴花」（一九五五～五七）および相田洋「芥川龍之介を驚嘆させた稀代の戯迷《シーミー》（京劇狂）・辻聴花」（二〇一四）を参照しながら、辻の経歴をたどっておきたい。

辻聴花は、名を武雄、号を剣堂と称し、「聴花」という筆名は、劇評など趣味的な文章を書く際にのみ用いられた。一八六八（明治元）年、熊本に生まれ、名門済々黌《せいせいこう》を経て[2]、慶應義塾大学に進んだ。

一八九二年秋、開発社に入社する。これは教育関係図書の出版を手がけていた普及舎から、教育評論・報道雑誌『教育時論』を出すために設立された会社である。当初は創業者の辻敬之が両社の社主を兼ねており、辻聴花はその甥であった。このころ、『肥後史談』（普及舎、一八九四年四月）という小学生用の教本を、本名の辻武雄編述として出版している。一八九七年七月、二代目社主で義兄の辻太を助け、開発社の副社長兼編集主任をつとめる。『教育時論』に「三峡と文学」や「西湖と文学」を連載するなど、この時期の辻は、中国文化や清国教育問題に関心をもっていた。

一八九八（光緒二四）年九月、教育視察のため清に渡る。海路で、朝鮮を経由して北京、天津、武漢、南京、上海、蘇州、杭州をめぐり、このとき北京、天津の茶園ではじめて観劇する。(3) 帰国後、「清国新式学校概況」（一八九九年三月）、「清国教育改革案」（一九〇一年二月）、「清国両江学政方案私議」（一九〇一年一一月）を発表したほか、一九〇一年一月の『同文滬報』に、「東瀛辻剣堂先生著支那教育改革案」が掲載されている（二五、二六、二九、三〇日）。また、中国語による『新編東亜三国地誌』（一九〇〇年三月）、『五大洲志』（一九〇二年一〇月）、『中国地理課本』（一九〇三年九月）、『万国地理課本』（一九〇四年三月）など、地理に関する本を刊行している。

一九〇四（明治三七）年末、ふたたび清に渡り、羅振玉《らしんぎょく》と藤田豊八が上海で発行していた雑誌『教育世界』の編集に携わり、主に日本語の教育関係書を翻訳していた。(4) 翌年四月、羅と藤田が中心になって開設した蘇州の「江蘇両級師範学堂」の教習となり、地理学を担当した。このころから、劇場に通いつめるようになり、辻に中国演劇の手ほどきをしたのは、蘇州領事館に赴任していた同郷の片山敏彦であったという[5]。

一九〇七年、南京の「江南実業学堂」で教習をつとめる。一九一〇（明治四三）年九月、『歌舞伎』に辻武雄「支那劇及び脚本」が掲載され、この一文で辻は自らのことを、「元來支那劇にも、日本劇と同じく、全くの門外漢であつた」と述べている。

一九一〇年一月末、妻の病気療養のために帰国したのち、妻が死去すると、一九一二年にふたたび中国へ渡る。『順天時報』社長をつとめていた亀井陸良《かめいりくろう》が慶應義塾の出身であったことから、同社に入社することとなった。

順天時報社に入社するまでの辻聴花の足跡をまとめると、彼の演劇観形成にとって、次の点が重要であったと考えられる。第一に、早くから出版業界に関わり、教育問題および地理学の面から中国に関心をもっていたこと。第二に、辻は自らを演劇の「門外漢」と称していること。

辻聴花と同様、調査目的で清に渡った日本人中国劇愛好者に、一九一八年から一九二五年にかけて中国演劇のスケッチを大量に描いた福地信世《ふくちのぶよ》（一八七七〜一九三四）がいる。地質学者であった福地は、一九〇四（明治三七）年に大本営附として金鉱調査班に属し、旧満洲、朝鮮一帯を調査した。のちに古河鉱業に入社し、大正年間を通じて中国大陸の調査旅行に出かけ、その合間に観劇をした[6]。福地については、第六章で詳しく述べる。

辻聴花と福地信世に共通するのは、中国演劇を体系化し、その全貌を把握しようとした点だ。たとえば、幺書儀「清末民初日本の中国演劇愛好者（清末民初日本的中国戯曲愛好者）」（二〇〇六）、周閲「辻聴花の中国劇研究」（二〇一一）では、辻の著書『中国劇』を、中国演劇を通史として記述し、脚本のみならず俳優や劇場構造、営業形態など演劇を構成する要素を総合的に研究した「戯曲史《シーチュー》」のさきがけとして高く評価している。同様に、福地のスケッチも、中国演劇を役柄、扮装、舞台装置、劇場構造などの項目に分類した上で、その詳細を視覚的に記録したものである。辻や福地の残した記録からは、彼らが地理学や地質学の専門家として中国を調査したのと同じように、「観察者」の態度で中国演劇を眺めていたことがうかがえる。

しかし、両者の経歴には相当に隔たりがある。著名ジャーナリスト・劇作家・小説家の福地《ふくち》桜痴《おうち》の子で、自身も舞踊作者であった福地信世に比べれば、「余は、日本劇には、全くの門外漢である。否其の實は、平生から嫌ひと標榜して居る[7]」と述べる辻聴花は、「見巧者《みごうしゃ》」といわれた福地ほどの観劇経験はもたなかったであろう。辻の演劇観は、中国での観劇を通して形成された。そして、辻聴花の中国演劇論は、彼独自の見解というより、俳優や劇場関係者および『順天時報』周辺の人脈との交友の中で培われたものと思われるのである。

そのことを裏づけるのが、先に述べた「支那劇及び脚本」という一文だ。辻聴花が北京に移住する前に書いたこの文章には、とりわけ歌詞に対する文学的関心が示され、その理由として「東亜問題の根本的解決」のため、日清両国の「娯樂上の連絡結合は、精神上の融和親睦に、最も有力なるもの〻一であることを一考しなければならぬ」と述べられる。教育視察のために清に渡った辻の場合、当初は多分に啓蒙主義的な意識をもち、主として外交上の関心から、中国演劇の脚本を研究していた。そのような演劇に対する態度が変化していくのが、『順天時報』入社以降である。

一九一二年一〇月一八、一九日、辻聴花が『順天時報』に最初に発表した演劇関連記事は、劇評ではなく自身の創作脚本であった。この脚本「蘭花記」については、中村忠行「中国劇評家としての辻聴花」に詳細な紹介がある。その後、一九一三年一〇月三一日より、最初のコラム「壁上偶評」の連載を開始した。

辻聴花は、一九一三年から一九三〇年にわたり、ほぼ年間三〇〇本のペースで劇評および演劇関連記事を執筆している。一九三〇年三月二七日、『順天時報』の停刊にともない[8]、辻のコラムは「菊窓夜話（二七）」を最後に、連載を終了する。翌年八月一八日、辻聴花は北京の和平門内西半壁街で客死した。『順天時報』停刊後の辻は、『聴花報』の創刊を計画していたが、「唯中國官憲が之に許可を與へなかつたため、是亦成功を見るに至らなかつた[9]」という。晩年は、『順天時報』の劇評家・汪隠侠《おういんきょう》が身の回りの世話をしていた[10]。

辻聴花の業績として、演劇記事の連載のほかに、一九二〇年四月に順天時報社より刊行された著書『中国劇』があげられる。中国語で書かれたこの本は、前述の通り、辻の中国演劇研究の集大成と位置づけ

図1　『中国劇』表紙

られ、同年五月に第四版、六月に第五版と版を重ねた（図1）。

『中国劇』の凡例には、「この本は華文、英文、日文の三種に分けて同時出版するつもりであったが、手続きが煩雑であるため、先に華文を世に問うた。日文はその次で、英文は最後に出版する」[11]とあり、辻は中国語版と日本語版の原稿を同時期に準備していたようだ。ただし一九一九年秋には脱稿していた日本語版『支那芝居』が実際に刊行されるには、四年の歳月がかかった。『支那芝居』の「自序」には、出版が遅れた事情や英文の翻訳に着手できていないことが述べられている。『支那芝居』は、中野《なかの》江漢《こうかん》の手により支那風物研究会発行の「支那風物叢書第四編」として、一九二三（大正一二）年一一月に上巻が、翌年二月に下巻が刊行された。

『中国劇』と『支那芝居』の内容には異同があり、後者の凡例に明記されているように、『中国劇』の冒頭にあった日中両国の著名人より贈られた序言は、『支那芝居』には収録されていない。また、『中国劇』所収の南北の名優および演劇関係者より贈られた写真と書画も、『支那芝居』は一部を収録するのみである。

その後、一九二五年一一月には、『中国劇』を改訂した『中国戯曲』が刊行されている。『中国戯曲』

の凡例には、研究の結果と時勢の潮流をふまえ、改訂を加えて書名をあらためたと述べられており、取り上げている俳優名などに異同が見られる。

『中国劇』、『支那芝居』、『中国戯曲』の三書は、基本的な章立てはほぼ同じだが、中国語で書かれた『中国劇』、『中国戯曲』には、付録として「演目類別一覧表（戯目類別一覧表）」、「近世名優一覧表（近世名伶一覧表）」、「物故した名優の得意演目（已故名伶拿手戯目）」、「現在の名優および票友《ひょうゆう》（アマチュア愛好家）の得意演目（現今名伶及票友拿手戯目）」、「南北都会劇場表」が収められている。なお、近年の中国語圏における辻聴花再評価の動きに合わせ、二〇一一年一二月に、『菊譜翻新調　百年前日本人眼中的中国戯曲』と書名をあらため、『中国戯曲』が再版された。[12]

そのほか、辻聴花は大連の満蒙文化協会の発行する雑誌『満蒙之文化』に、一九二二（大正一一）年に「支那劇雑話」を連載し、写真入りで中国演劇を紹介している。[13]また、一九二四年から一九二六年にかけて、同誌の後身である『満蒙』に、「支那芝居のいろいろ」、「支那芝居楽屋風呂」と題する文章を寄稿している。[14]後者は中国演劇の今昔の変化を比較しながら、一九二〇年代の新現象について細かく述べたものであり、北京の劇場習慣の変遷をうかがうことができる。

劇評家・辻聴花の誕生

辻聴花は『順天時報』で連載を開始するにあたり、「壁上偶評」の第一回において、「旧戯（伝統劇）」、

「新劇」、「曲楽（節回し）」、「唱工（うた）」、「粉黛（扮装）」、「貌神（風采）」を問わず、つれづれに評する態度を表明している。そのスタイルは連載終了時まで一貫し、辻のコラムは劇評、俳優評のほかに劇場評、演劇論、メディア論、俳優伝、俳優を事物に見立てた一覧など、さまざまな内容を含む。

先に述べた通り、辻聴花は順天時報社に入社する前、一九一〇年に日本語で「支那劇及び脚本」を発表している。辻はこの一文において、脚本「蘭花記」を自ら著し、それを中国で実演させたために友人からは冷評され、「支那人には、戯迷的（芝居狂といふ支那の俗語）と嘲笑せられたこともあつた」と述べている。また、中国演劇の特徴について、脚本の時代背景、役柄、せりふ、舞台装置、歌唱、能楽との比較、脚本の文体などの面から説明し、『天水関』、『文昭関』、『桑園会』、『硃砂紅痣』、『牧羊巻』、『三娘教子』、『李陵碑』、『四郎探母』の歌詞を一部紹介した。この時点で辻がある程度の中国演劇の素養をもち、その基礎は上海、蘇州、南京など南方での観劇体験によって築かれたことがわかる。文章の後半では中国演劇の改良についても言及しており、『順天時報』連載初期の辻聴花の関心を、すでにこの一文に見ることができる。

南方での観劇体験を経て北京を訪れた辻聴花は、一九一三年、『順天時報』に「演劇における北京および上海（演劇上之北京及上海）」を発表した。[15] 南北を比較しながら中国演劇を論じ、おのおのの長短をふまえて演劇改良論を述べるスタイルは、辻の入社以前の『順天時報』にも見られるものだ。[16] それらと比較し、辻の見解で独創的なのは、上海に見られない北京の特徴として、男妓を指す「相公《シャンコン》」と俳優を指す「戯子《シーズ》」に「密接な関係がある」と、両者がときに重なり合う存在であることを指摘した点である。また、上海の『申報《しんぽう》』、『時報』、『新聞報』、『時事新報』の戯園広告に触れ、演劇とジャーナリズムの関係が緊密であると述べたことも、重要な指摘といえる。さらに、新聞に掲載される「新聞劇評」についても、上海のほうが先に流行したと述べ、上海では『申報』の「曽言」、『時事新報』の「遏雲」、北京では『中国日報』の「痩郎」、『民主報』の「悲公」といった書き手をおもしろいとしながら、論の程度においては上海が北京にまさると評した。そして、中国の劇評を「尚極めて幼稚」と見なしている。

演劇とそれを取り巻くメディアに関する辻聴花の文章は数多い。最初の連載コラム「壁上偶評」では、一九一三年から一九一五年にかけて、特定の俳優をもち上げるために編集された「専集」および演劇専門誌についてや、劇場などで配布される演目の一覧である「戯単《ぎたん》」、また劇評および劇評家のネットワークについて、提言や紹介を行なっている。

図2　呉鉄庵

演劇改良論、演劇とジャーナリズムの関係についての文章のほかに、辻聴花の連載に多く言及されるのは「童《どう》伶《れい》」評である。童伶とは、二〇歳未満の俳優を指す。辻は実際に、呉鉄庵《ごてつあん》（一九〇四〜三二）、尚小雲《しょうしょううん》（一九〇〇〜七六）が童伶だった時代に、彼らと義理の父子関係を結び、目をかけていた（図2）[17]。

童伶をひいきにすることは、北京の演劇界では一般的な習慣であった。辻が「相公」と「戯子」の「密接な関係」を指摘したように、清の嘉慶《かけい》末年から道光《どうこう》年間（一八二一～五〇）にかけて、俳優の住居兼養成所と娯楽接待所を兼ねた「堂子《どうし》」が、北京にはすでに出現していた[18]。年若い俳優が技芸を修業するかたわら、客を酒席で接待する「堂子」は、一九〇〇年ごろよりすたれ始め、民国元年には営業を禁止される。しかし、一九二五年に辻聴花宅を訪れた青木正児《あおきまさる》は、辻が「相公」を呼ぼうとしたというエピソードを記しており[19]、一九二〇年代においてもこの風潮が残っていて、辻聴花もまた北京演劇界の旧俗に親しみ、童伶をひいきにしていたことがうかがえる。

『順天時報』紙上では、辻聴花にさきがけて劇評を連載していた汪隠侠が、多くの童伶評を書き残している。汪隠侠は、辻の同僚であった張蒼度と交友があって順天時報社に入社し、辻聴花によって抜擢《ばってき》されたといわれる人物だ[20]。「汪侠公」の署名で『中国劇』に序言を寄せ、のちに一九三八年から一九四五年にかけて、『立言画刊』に「侠公劇話」を連載している[21]。辻聴花の女優、童伶に対する関心には汪隠侠の影響があると考えられるが、辻の「壁上偶評」連載開始後は、聴花と隠侠の劇評が『順天時報』の二大連載となっていく。

辻聴花の呉鉄庵びいきの文章は、一九一三年一一月二五日の「壁上偶評（一七）」における呉鉄庵『黄金台』評に始まり、その後、一九一四年三月一九日から二七日にかけて、呉鉄庵の伝記を連載する。この伝記には反響が寄せられ[22]、それに対して、辻もまた応答している[23]。以後、呉鉄庵および童伶をめぐっては、しばしば『順天時報』文芸欄において同好の士の交流、あるいは筆戦が展開されることとなる。同紙文芸欄においてそれ以前に俳優を話題とした筆戦は見あたらず、この時期に編集方針の変化があったと思われる。

これらの紙面における交流、あるいは筆戦の動向は、『順天時報』文芸欄全体の動きと呼応している。一九一四年三月二一日には、演劇関連記事を扱う「梨園春秋」欄にはじめて「投稿」と冠した原稿が掲載される[24]。その後、一九一四年四月末より、投稿および書簡形式の交流・筆戦が増加する。五月八日の無是「劇評の発達（戯評之発達）」は、この現象が北京の各新聞紙に共通しており、新たな法律により言論の記載が法の網の対象となったため、各紙は論説を減らし劇評を多く掲載するようになったのだと述べている。六月二四日には、投稿文の簡略化を求める編集部の通知が掲載されるほど、長文の演劇関連記事が増えていくが、その多くは俳優のひいき合戦に由来するものであった。

ところで、辻聴花が「壁上偶評」の連載で「劇評家」としての活動を始めたとき、『順天時報』文芸欄に独立したコラムの連載をもっていた書き手は辻一人であった。辻に先行して劇評の連載を行なっていた汪隠侠など中国人の書き手よりも、辻が優遇されていたことがわかる。当時、『順天時報』の編集部員は約二〇人、その半数は中国人であった。取材は日本人、執筆・翻訳・編集は中国人という分担で、総編集は日本人が担当していた。辻聴花は自分で文章を執筆しており、中国語にも漢詩にも堪能で、日本人記者の中でも有名であったという。[25]

一九一五年までの辻聴花の演劇関連記事からは、従来の脚本や演劇改良論への関心に加え、観劇し批評する行為に直結した、より具体的な提言が確認できる。先行する中国人劇評家の影響と、辻自身の南方体験が融合し、辻聴花が北京に演劇とジャーナリズムの新たなネットワークを形成しようとした時期と位置づけられるだろう。

一九一五年の菊選

次に、辻聴花が演劇とジャーナリズムのネットワーク形成をめざした例として、辻の入社後最初に行なわれた、一九一五年の『順天時報』紙上の「菊選」を取り上げたい。「菊選」とは俳優の人気投票のことであり、「菊」とは梨園をあらわす「菊部」を指している。ただし、「菊選」には前身にあたる「菊《きく》榜《ぼう》」なるものがあるため、まずはそちらから見ていきたい。

『順天時報』において最初に俳優の人気投票が行なわれるのは、一九〇七年にさかのぼる。同年一〇月二一日、菊部大偵探「丁未《ていび》の菊榜定期発表の予告(丁未菊榜定期宣布之先声)」、および「菊榜選挙規則」、「菊榜選挙票」が掲載され、「菊榜」の開始が通知された。これは、それ以前から行なわれていた芸妓の人気投票「花榜《かぼう》」に則ったものである。「榜」とは本来、科挙の合格者名を発表する掲示板を意味する。つまり「菊榜」とは、梨園の人気投票を科挙になぞらえて発表する新聞紙上の遊びであった。

一九〇七年の「菊榜」の規則は、紙面に印刷された投票用紙に八字までの評語と、三〇点を上限とする得点（甲三〇、乙二〇、丙一〇のように複数投票可能、ただし同点をつけることはできない）、選挙者の氏名または号、住所を記入し、郵送するという方式であった（図3）。氏名は実名を記入、別号を署名した場合は別紙に実名と住所を明記せねばならず、一人が複数票を投じる行為を防ごうとする意図が見られる。

その後しばらく、『順天時報』で俳優の人気投票が開催されることはなく、一九一四年一月一日には、辻聴花独自の俳優番付である「中国梨園榜」が掲載された[26]。しかし、同年六月には童伶の番付をめぐって紙面に筆戦が起きており、読者参加型の人気投票をあおる気運は、このころから醸成されていったと考えられる。

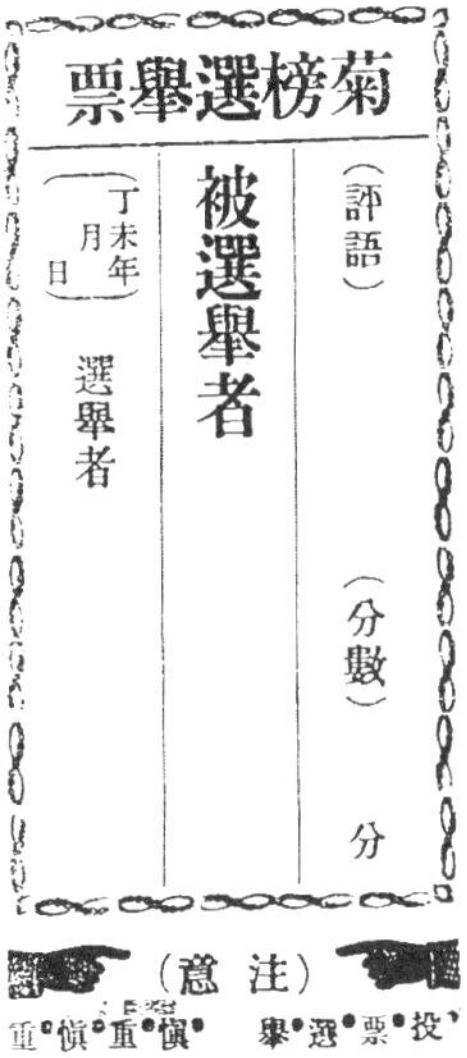

図3　菊榜選挙票

一九一五年一月一日、「菊選」の開催を通知する「菊部選挙啓事」と、「投票簡章」、「投票用紙」が掲載された（図4）。投票用紙は男伶（二〇歳以上の男優）、女伶、童伶（二〇歳未満の男優）に分かれており、一枚につき一名の俳優の役柄と名前を記入する方式であった。演目の種類は皮黄《ひこう》（京劇の曲調）、秦腔《しんこう》（梆子腔《ほうしこう》ともいわれる北方の伝統劇

図4　菊部選挙投票用紙

の曲調）を問わず、集計は役柄別に行ない、上位五名を当選と見なすとされ、のちに当選の最低得票数は三〇以上という条件が追加された。被選挙資格には、「色と芸ともに優れ、多く北京で演ずる者を求める」とある。

一九一五年の「菊選」では、六回にわたり途中経過が紙面上に発表された。各役柄の筆頭にあげられる俳優の名前は、次の通りである（ゴシック体は前回からの変更、括弧内は総得票数を示す）。

一九一五年一月九日（五）「菊部選挙啓事」「第一期開票通告」

男伶部：老生・譚鑫培（二〇）、武生・楊小楼（三〇）、青衣・梅蘭芳（六〇）、花旦・崔霊芝（一〇）

女伶部：老生・李桂芬（一〇）、武生・趙紫雲（三〇）、青衣・杜雲紅（一〇）、花旦・金玉蘭（九〇）

童伶部：老生・呉鉄庵（五〇）、武生・八歳紅（六〇）、青衣・尚小雲（三〇）、花旦・白牡丹（二〇）

一九一五年一月一三日（五）「菊部選挙第二期開票通告」

男伶部：老生・**時慧宝**（六〇）、武生・楊小楼（三三）、青衣・梅蘭芳（一〇四）、花旦・崔霊芝（一三）

女伶部：老生・**小蘭英**（四一）、武生・趙紫雲（三八）、青衣・杜雲紅（三八）、花旦・金玉蘭（一三四）
童伶部：老生・呉鉄庵（九八）、武生・八歳紅（七一）、青衣・尚小雲（七九）、花旦・白牡丹（四八）

一九一五年一月一六日（五）「菊部選挙第三期開票啓事」
男伶部：老生・時慧宝（七六）、武生・楊小楼（四〇）、青衣・梅蘭芳（一一九）、花旦・崔霊芝（一七）
女伶部：老生・小蘭英（四八）、武生・趙紫雲（四三）、青衣・杜雲紅（五三）、花旦・金玉蘭（一七二）
童伶部：老生・呉鉄庵（一四三）、武生・八歳紅（七九）、青衣・尚小雲（一四五）、花旦・白牡丹（一〇四）

一九一五年一月一七日（五）「菊部選挙第四期開票通告」
男伶部：老生・**張栄奎**（八二）、武生・楊小楼（四五）、青衣・梅蘭芳（一九二）、花旦・崔霊芝（二一）
女伶部：老生・小蘭英（六四）、武生・趙紫雲（五七）、青衣・杜雲紅（八一）、花旦・金玉蘭（二三二）
童伶部：老生・呉鉄庵（二五六）、武生・八歳紅（九三）、青衣・尚小雲（二〇四）、花旦・白牡丹（一五四）

一九一五年一月一八日「菊部選挙第五期開票啓事」

男伶部：老生・**時慧宝**（一八二）、武生・**兪振庭**（五八）、青衣・梅蘭芳（二一二）、花旦・**王蕙芳**（二六）
女伶部：老生・小蘭英（七四）、武生・趙紫雲（六二）、青衣・杜雲紅（九七）、花旦・金玉蘭（二四〇）
童伶部：老生・呉鉄庵（二六八）、武生・八歳紅（一〇〇）、青衣・尚小雲（二〇七）、花旦・小翠花（二一五）

一九一五年一月一九日（五）「菊部選挙第六期開票啓事」
男伶部：老生・時慧宝（二八二）、武生・**楊小楼**（六一）、青衣・梅蘭芳（二一二）、花旦・**路三宝**（三三）
女伶部：老生・小蘭英（八三）、武生・趙紫雲（一二三）、青衣・杜雲紅（一二一）、花旦・**劉喜奎**（二九五）
童伶部：老生・呉鉄庵（四三〇）、武生・八歳紅（一四〇）、青衣・尚小雲（二四四）、花旦・小翠花（三二四）

回を追うごとに順位の変動が見られ、とくに終盤に入り、女伶の劉喜奎、童伶の呉鉄庵が大きく票を伸ばしていることは注目すべき点である。最終結果は、『順天時報』が四〇〇〇号を数える一月二一日に発表された。

一九一五年一月二一日（七）「順天時報第四千号大紀念　菊選奪魁名伶一覧表」

男伶部：老生・**譚鑫培**（四三〇）、武生・楊小楼（一八三）、青衣・**朱幼芬**（一五〇四）、花旦・**王蕙芳**（一三三）

女伶部：老生・**李桂芬**（四七七）、武生・趙紫雲（三二四）、青衣・杜雲紅（六五七）、花旦・劉喜奎（四八一）

童伶部：老生・呉鉄庵（一一四七）、武生・八歳紅（二七二）、青衣・尚小雲（四四九）、花旦・**白牡丹**（一六〇〇）

この人気投票のやり方は、日本の『大阪毎日新聞』を模倣したものである。[27] 一九〇〇年、『大阪毎日新聞』は、販売部数に差をつけられていた『大阪朝日新聞』に追いつくべく、「素人義太夫」の人気投票を開催する。この戦略が功を奏し、同紙はつぎつぎに俳優人気投票を行ない、販路を拡大した。桐原《きりはら》捨三《すてぞう》の発案によるこの人気投票は「桐原方式」と呼ばれ、第一に投票用紙を紙面に刷りこむ、第二に途中経過を掲載する、第三に投票にまつわる筆戦を紙面に掲載する、第四に投票用紙のみの販売を行なう、といった手法を用いて競争をあおった。[28] 第一から第三までの手法はそのまま一九一五年の「菊選」で踏襲されており、一九一七年の「菊選」では、第四の投票用紙のみの販売も行なわれている。

したがって、「菊選」は「菊榜」を継承してはいるが、しかし両者は質的に異なるものと見なすべきだろう。先に述べたように、「菊榜」の投票用紙には「評語」と「氏名（別号）」を記入する欄があり、集計後は紙面に誰がどの俳優に投票したかが掲載された[29]。すなわち、「菊榜」とはあくまでも文人の伝統的な創作活動の一環であり、その発表媒体が新聞紙上に移されたものといえる。一方、「菊選」の投票用紙には投票者の氏名を記入する欄がなく、制度上、無記名の投票が可能だ。ここではもはや、「評語」や「評者」は問題ではなく、金銭で購える票によって俳優の評価を決定するシステムが前提となっているのである。

とはいえ、このシステムが、無名の「大衆」による評価を純粋に反映しているともいいがたい。一九一五年の「菊選」は、童伶の第一位に呉鉄庵と尚小雲が名を連ねていることから見ても、辻聴花の意向を多分に反映したものだと考えられる。「菊選」の開催が通知された一月一日の「壁上偶評」（八七）では、辻は『順天時報』、『国華報』、『戯劇新聞』の三社が同時期に「菊選」を行なうことを紹介し、「破天荒の大快挙」と述べている。だが、実際のところ、三紙の劇評家たちは相互に連携していたようだ。というのも、『戯劇新聞』の主編・陳優優は辻の『中国劇』に序言を寄せており、辻も「壁上偶評」で陳優の『戯劇新聞』創刊や[30]、『国華報』の劉少少の連載について言及しているからである[31]。結果発表もほぼ同時期に行なわれたこの三社の「菊選」が、はたして三社共謀の企画なのか、それとも三社間の購買競争なのかはうかがい知れないが、「どの社の選がもっとも妥当と称されるのだろう」と述べるように、辻は当初から三社の結果を比較検討するつもりであったようだ。

一九一五年の「菊選」について、『順天時報』のその他の書き手では、汪隠俠が一九一五年一月二四日から二月一三日にかけて、最優等に選ばれた俳優の紹介を連載している。また、二月一二日に掲載された討厭「わたし一人の童伶榜（余一人之童伶榜）」では、このたびの三社の菊選を金銭の争いとし、独自の「童伶榜」を掲げている。一九一六年八月三〇、三一日の周木木「一文も費やさぬ菊選（不費一文之菊選）」からは、「菊選」がそれ以前の「菊榜」とは異なり、大衆化されたものであるがゆえに、その開始期には評価が定まっていなかったことが読みとれる。

菊部の長を選ぶのは文人による風雅な遊びだったが、なんと今年になって、各新聞が菊選を行ない、大いに便宜をはかるようになった。各社は役者の利益を求める心を啓き、世間に軽蔑される趨勢を留めようというのだろう。博士や学士などの証書をもってしても、役者には受けとらない者がおり、最優等の賞牌は、劇場主の中には掛けることを許可しない者もいるという。ああ、菊選の価値は一文にも値しないといえよう。[32]

このように、『順天時報』における辻聴花の劇評や演劇観は、汪隠俠とは一致するところが多いものの、他の中国人劇評家の間には異論もあったようだ。

一九一五年から一九一六年にかけて北京の各紙で催された「菊選」は、無記名投票によって「大衆」

の声を反映するという体裁をとったことが、特権的評者の定める「菊榜」にはない新しさであった。しかし、経済やメディアの力によって票が左右される曖昧さを含むため、その受容には一定の時間を要した。やがて、一九一〇年代後半から一九二〇年代にかけて、「菊選」は繰り返し開催され、北京の演劇界とジャーナリズムとの関係はより密接なものへと変容していく。

また、この新しい人気投票の結果は、当時の観客の俳優観に変化が生じつつあったことを示している。たとえば、一九一五年の「菊選」では、梅蘭芳の票は「青衣《せいい》」と「花旦《かたん》」それぞれの役柄で集計されており、票が分散したために一位を逃している。吉川良和『北京における近代伝統演劇の曙光』（二〇一二）はこの結果について、「梅のように役柄の拘束を越えて演ずる改革派の役者は、票が割れて不利だということ。もう一つの特徴は、譚鑫培《たんきんばい》や楊小楼《ようしょうろう》は例外として、中年以上の名角がことごとく最優等には選ばれていないことである。即ち、観客の多くは伝統的な芸を鑑賞する劇通ではなくなってきたことを示しているのである」(33)と指摘している。

一九一五年は、北京における京劇の転換期であったといえるだろう。この年の「菊選」は当時の演劇界と観客の変化を反映しており、また同年には女優の劉喜奎と鮮霊芝の「劉鮮大戦」なる興行上の競争があり、『順天時報』はほぼ毎日女優に関する記事を掲載した。さらに、女優らや上海からやってきた男旦林顰卿《りんひんけい》は、みな新編演目を上演した。このことは、北京の梅蘭芳に刺激を与え、彼が「時装戯《じそうぎ》」の『宦海潮』、『鄧霞姑』といった新編演目の上演を試みるきっかけとなったのである。(34)

劇評家・辻聴花と女芝居

一九一五年の「菊選」の後、『順天時報』は女優の劉喜奎に注目し始める。たとえば汪隠俠は、名優の譚鑫培を例にあげ、「喜奎の魔力は老譚の魔力よりもさらに大きい[35]」と述べるほどであった。劉喜奎は一九一四年末、三慶園の招聘に応じ北京にやってきて、わずかひと月後に「菊選」の女伶・花旦の部で第一位となっている。しかし、辻聴花は坤劇の流行を静観する態度をとり、「ただ近ごろの劉戦《ママ》の内容は、冷静にこれを論じるなら、その多くは劇を評することの範囲を越えており、はなはだしくはその私生活上の品行を暴いてそしる。それらの文章の醜さを顧みず、読者に三日も吐き気を催させることも、また外国の劇評界では絶対にありえないことだ[36]」と述べている。

辻聴花の分析にもとづけば、当時の坤劇流行の原因は、第一に男優の劇が飽きられていること、第二に新奇なものへの好奇心があること、第三に観劇料が廉価なこと、第四に男女の情緒によるもの、であるという。辻は、「坤伶は北京に新しくきた俳優であり、旧きを厭《いと》い新しきを喜ぶのは人情の常である。久しく男劇に飽きていた都の人びとが坤劇に熱中し、女劇を喜んで聴くのもいきおい必然のことであり、さらに多くの坤伶の中には、容色、技芸を兼ねそなえ、男伶に拮抗する者もいる。およそ曲をたしなむ者が争って入園し、その容色、技芸を鑑賞し、もって耳目を楽しませるのも、またいぶかしむほどのことではない[37]」と述べている。しかしながら、自らが女優について言及するときは、坤劇に興味をもつほかの劇評家を引き合いに出したり[38]、あるいは「某君」の坤劇に対する見方を紹介したりするなど[39]、辻自身は「女劇の優劣はまだわたしの頭の中を侵していない[40]」と、坤劇とは距離をおいた構えを見せている。

第二章で述べたように、辻聴花は坤劇の観客について「劇を聴かず劇を見ず、ただ女を見るのみ」と見なしているが、実際のところ、辻自身の女優に対する評価もまた、視覚の印象に偏っているといえる。彼の劇評でも劉喜奎のせりふやしぐさ、うたについて触れられてはいるものの、その記述はごく短い。ほかの中国人劇評家の記事に述べられるような、「喜奎のうたとせりふを聴くと、しばしば鼻孔による発音がなんの味わいもなく、よい声をもたないので別のやり方を身につけたといえる。ちょっと聴けば歯切れ良く思えるが、いかんせん節回しや抑揚をつけるところがすべて鼻音で、そのため韻に合わないところがある」といった、聴覚に関する細かな指摘は見られない[41]。

「潮生」なる書き手による「相手役を得るのがたやすいことがあろうか（配角豈易得乎）」という記事は、劉喜奎の相手役・金香玉《きんこうぎょく》が三慶園を離れた後、趙紫雲《ちょうしうん》や金月梅《きんげつばい》といった相手役では風雅さの点で金香玉にはおよばず、劉喜奎一人の演技を見るほかないと述べる。その上で、「しかるに喜奎一人の演技を見ると、そのしぐさは劇の筋から隔たっているところが多々あり、そのうたはひとつづきの長い曲をこなせず、ただ喜奎の美しい容色を見るほかないのだ」と指摘している[42]。

男役の金香玉は「風雅にして俗ならず、活発にして鈍からず」と称され、そのため「三慶園はこのすばらしい生《せい》役を失い、劉喜奎の演技もまた味わいに欠ける[43]」と評価される。これらの劇評から、当時劉喜奎の容貌はその技芸よりも価値があると見なされ、彼女の演技は清楚ではあるが、それにふさわしい相手役がいなければ舞台を支えきれないと判断されていたことがわかる。

一九一五年五月、『順天時報』は劉喜奎の休演を報道し、その背景には女優の鮮霊芝や男旦の林顰卿との競争の影響があることや、観劇料の高騰といった原因があることを指摘した[44]。このころ、鮮霊芝はすでに劉喜奎と肩を並べており、鮮は容色、技芸を兼ねそなえると称され、『宝林招親』の劇を演じたときに表情があでやかすぎたため、警察の干渉を受ける羽目になった[45]」との報道も見られる（図5）。

のちに慶楽園は鮮霊芝を招聘し、さらに趙紫雲、小菊芬《しょうきくふん》といった女優をそろえた。辻聴花はその陣容を評して、「花面《かめん》〔花臉を指す〕と老旦《ろうたん》の二種類が欠けていることをのぞけば、各役柄がほぼ完備されており、人材はそろって精彩を放ち、紫雲、菊芬、霊芝三人の領袖《りょうしゅう》は鼎立《ていりつ》し、今日の慶楽園は興行の点から論じるなら中和園を圧倒するのみならず、男伶の劇場と比較しても数段上であろう[46]」と述べる（図6）。

しかし、辻聴花の鮮霊芝に対する評価もまた視覚的な印象に偏っており、たとえば「その姿のなよやかな美しさ、せりふのしとやかさはいうまでもなく、その太鼓をたたき歌い踊るさまは蝶が花をくぐるがごとく、まさに風流な絵画のようである[47]」などと描写している。また、一九一五年六月一二日の「壁上偶評（一

図5　鮮霊芝

図6　趙紫雲

六六）劇場感言」では、辻が午後一時四〇分に慶楽園に行くと、すでに五、六〇〇もの観客がいたのに対し、その後午後四時に男優の出演する第一舞台に行くと、観客は三〇〇に満たなかったと述べられる。そして、「もし真に演劇研究の見地からこれを細かく見れば、第一舞台のほうが慶楽園に長ずるところがある。しかし両園の興行の盛衰はこのように異なっているので、その観客の心理のありかがわたしにはよくわからない[48]」と述懐される。

辻は坤劇が興行の点では男優の劇場にまさっていることを認めながらも、演劇の価値は男優の劇場のほうが高いと見なしていた。総じていえば、劉喜奎が北京にあらわれ、女優の流行現象を巻き起こした当初は、辻聴花の坤劇の対する評価はそれほど高くなく、彼の女優に対する分析もそれほど深いものではなかったといえるだろう。

一九一五年八月、鮮霊芝は所属していた慶和成班と慶楽園を離れ、「志徳社」という上演団体を新たに組織し、広徳楼で出演を始めた[49]。新聞には、その背景には班主の武少卿との間に給金をめぐるいさかいがあり[50]、志徳社は劉喜奎の師であった還陽草《かんようそう》（楊韻譜《よういんふ》、一八八二～一九五七）を招き、新作の『新茶花』の上演を準備していると報道された[51]。『新茶花』は、もとは劉喜奎の得意とする演目であったため、鮮霊芝が劉の師匠とレパートリーを奪った形となる。そのため、劉喜奎と鮮霊芝の対決は「劉鮮大戦」と目され、観客の興味をあおることとなった。このとき、坤劇に対して傍観する立場をとっていた辻聴花は、「劉鮮大戦争の開幕[52]」を宣言し、これ以降、『順天時報』は毎日、広徳楼で上演する鮮霊芝と、三慶園で上演する劉喜奎の「戦況」を報じるようになるのである。

「劉鮮大戦」の発生とジャーナリズムの関係

「劉鮮大戦」とは、もとは女優同士の競い合いであったはずだが、『順天時報』の報道が俎上《そじょう》にあげた話題はその内幕から劇場環境まで幅広く、そのため新聞紙上の言論が「戦局」を左右する様相さえ見せている。その中において、辻聴花のコラム「壁上偶評」は、俯瞰図を提供する役割を果たしていた。八月二四日から二六日にかけて、辻は「劉鮮戦観」という一文を連載する。彼はまず、読者に対して話題の枠組みを示し、次のように述べる。「いまこの問題を研究しようとするなら、まず演劇と営業という両面から比較し、観察するのがもっとも重要である。ここでいう演劇とは俳優、劇の種類、技芸を指し、営業とは種々の設備および観劇料に分けられる。これを戦争にたとえれば、演劇は軍人で営業は武器である[53]」。

このように、「比較し、観察する」というのが辻聴花の中国演劇に対する一貫した態度であり、彼は文中に「演劇対照表」と「営業対照表」を掲げ、三慶園と広徳楼の女優、役柄、劇の種類、観劇料、場所の広さ、相手役の衣装の新旧、舞台装置の有無、座席の広さ、扇風機の有無といった情報が、一目瞭然となるよう読者に示した。その分析は、次の通りである。

役柄についていえば、三慶園には武生《ぶせい》および武旦《ぶたん》がいるが広徳楼にはおらず、広徳楼には老旦《ろうたん》がいるが三慶園にはいない。したがって三慶園には武戯が比較的多く、広徳楼はすべて文戯である。次に劇の種類についていえば、三慶園には二黄戯《じこうぎ》〔京劇〕が比較的多く、広徳楼には梆子戯〔拍子木を用いた北方の伝統劇の一種〕が比較的多い。劉、鮮の両伶についてこれを比較すれば、劉伶〔劉喜奎〕の演じるのは梆子戯と新戯が多く、二黄戯は少ない。鮮伶〔鮮霊芝〕の演じるのは梆子戯と二黄戯が多く、新戯もしばしば演じられる。〔中略〕さらにほかの項目についていえば、劉喜奎、趙紫雲はみな雇い人であり、そのひと月の給金は、これまで劉は二一〇〇元、趙は一五〇〇元であったがいま少し減り、劉は一八〇〇元、趙は一二〇〇元で、そのため三慶園の経営者の出費ははなはだ大きい。これに対し、鮮霊芝と小栄福《しょうえいふく》は出資者であり、そのひと月の給金を鮮伶が一〇〇〇元、栄福が八〇〇元と仮定する。その額はなお定まっていないが、このため広徳楼の経営者の出費は三慶に比べればはなはだ小さいのである。(54)

辻聴花は、「演劇の面では三慶園、広徳楼ともに優劣があり、それぞれ特色があるため軽々しく概括することはできないが、わたしはまず三慶園のほうが広徳楼よりもややまさっていると考える」と述べながら、しかし最後には次のような結論を下している。「営業の面では広徳楼のほうが三慶園に比べ大きな差をつけ、観劇料の点こそ広徳楼が三慶園に対し優勢な位置を占める根拠となっている。観劇料の多寡は観客にとってもっとも注意をはらうところである。〔中略〕その前途の勝利は必ずや広徳楼の占めるところとなり、三慶園は失敗の汚名を招かざるをえないだろう」[55]。

「忙針」なる書き手の「劇場消息」という記事は、「開戦」してから五日間の観客数について、「広徳楼は劇場の広さと観劇料の安さにより、この五日間は優勢を占め、ただ夜の劇はいささか昼の劇に劣る。そのため鮮霊芝、小栄福らの協議を経て、今後夜の戦いにはすべての俳優が二本ずつうたうことにした。しかるに三慶園の劉喜奎、趙紫雲は昼の劇がすでに失敗したことにより、夜の劇で競って勝利せんとし、今週水曜より夜の劇を始めることに決めた」という[56]。

ここで述べられるように、広徳楼が女優の出演回数を増やしたり、三慶園が夜の劇を始めたりするといった競い合いは、観客の坤劇の消費をうながしはしたが、早々に飽きられる結果を招いてしまったようだ。たとえば、汪隠侠は次のように分析している。

およそ新進の役柄は、男女どちらが演じるかを問わず、それぞれのレパートリーは多くとも数十本に満たない。昼夜で各一本演じれば、半月後には最初に戻り、これこそ坤伶の劇の常である。もしいつも何本も演じ、はなはだしくは十日後に一巡するようになると、はじめは観客を呼びこむことができるが、しばらくすると愛好者たちはこれを見ると飽き、人気の点で大いに妨げとなることを知るべきであろう[57]

ひと月が過ぎると、辻聴花の予言通り、三慶園の興行はふるわず、劉喜奎は慶楽園の慶和成班の招きに応じ、ライバル鮮霊芝がかつて出演していた場所で新たに上演するようになる。[58]辻は、劉喜奎の慶楽園における初日の上演を見に行っており、「劉鮮大戦」に対して並々ならぬ関心をもっていたようだ。同時期、辻聴花の劉喜奎に対する評価は、視覚的な印象に終始することなく、「その声はやや細く、なお議論の余地はあるものの、その短いうたから長い節《ふし》まで哀れな調子は心地よく、態度は艶めかしく、しぐさが優雅なところは無限の趣《おもむき》がある[59]」と述べるなど、聴覚も含め全体的な印象に目配りするようになっている。

一九一五年九月二六日より、『順天時報』は「劉鮮戦の予言募集（征集劉鮮戦之預言）」の通知を掲載し始める。投稿の形式は自由で、投稿者は氏名もしくは号を明記し、内容は劉喜奎、鮮霊芝のどちらが先に上演を中止するかを記載すればよいという決まりであった。[60]この活動は一〇月二六日を期限とし、期間中、新聞紙上に四度にわたって投稿人数が掲載され、投稿者の文章が発表された。辻聴花は、再度双方の主演女優、観劇料、観客の三項から成る表を掲載し[61]、ほかの書き手たちもまた、辻が当初示した

「演劇」と「営業」の枠組みにしたがっておのおのの分析を披露した。たとえば、「赤赤」という書き手による「わたしの劉鮮交戦観（我之劉鮮交綏観）」は、劇場経営に関する次のような事実を指摘している。

劉喜奎と小蘭英《しょうらんえい》は現在慶和成のもとにおり、万事束縛され意のままにできない。慶和成と慶楽園の経営者もまた相容れず、このため劉喜奎が座席の改良や観劇料の引き下げをはかると、慶和成社主とこれを協議せねばならず、また社主はこれを慶楽園の経営者と協議する。このため劉喜奎と慶楽園経営者の交渉は、二重に間接的なものとなる。鮮霊芝は自ら班を成したので、舞台の一切に自主権があり、夫の丁剣雲《ていけんうん》が経営を担当しているために、座席の改良や舞台装置の増加、観劇料の引き下げなどすべて自在で、劉喜奎の間接的な立場とは異なる。これこそ劉喜奎が鮮伶を負かすことのできない大きな原因であろう。(62)

こうした意見は、『順天時報』の書き手の間に相互に影響を与えたと考えられる。「予言募集」の期間中、第三期および第四期の投稿発表の際、汪隠侠は総括的な文章を掲載しているが、その内容には投稿者たちそれぞれの「営業」についての分析がまとめられている。(63)

一〇月二六日、「劉鮮戦予言の最後の披露（劉鮮戦預言最後之披露）」という記事において、ついに劉喜奎、小蘭英、趙紫雲らが上演を中止し、「劉鮮戦」が閉幕することが伝えられた。(64)『順天時報』が募った「予言」活動の結果は、投稿者四〇六人のうち、劉喜奎の出演する慶楽園の上演中止を予言した者が一九三人、鮮霊芝の出演する広徳楼の上演中止を予言した者が二一三人で、この数字から判断する限り、新聞紙上における人気は劉喜奎のほうがやや高かったことがわかる。

辻聴花は、「慶楽園がやはり先に上演中止（慶楽果先輟矣）」と題する文章において、次のように述べている。「その観劇料の高さは劉喜奎の給金の高さに由来し、このためわたしは幾度も三慶、慶楽の両園にこのことを指摘し、忠告してきた。また劉伶にも提言してきたが、不幸にも拙文は顧みられず、三慶園は採用せず、慶楽園も採用せず、劉伶もまたこれを聞き入れなかった。そうして両園が失敗に陥り、劉伶が上演を継続できなくなったのは、大いに嘆かわしいことだ(65)」。

「劉鮮大戦」はわずか二か月間の出来事であったが、この期間に辻聴花は状況を俯瞰した資料を提供し、舞台上の「演劇」についてのみならず、舞台を取り巻く「営業」についての分析という視点を提起した。こうした演劇の見方は、新聞紙上の劇評を通して読者に浸透し(66)、同時に辻もまた、中国人の書き手から中国演劇の見方を学んだと考えられる。辻は中国の劇評家や俳優と交際し、ときには一緒に観劇し(67)、また新聞に寄せられる投稿や同僚の汪隠侠から情報を得ることを通して、自身の女優に対する理解を深めていったのである。

一九一五年末には、辻聴花の女優に対する見方も大きく変化し、第二章で紹介した通り、「男女の演劇がともに並び立ち、盛んに芸術を発揚してこそ、はじめて中国演劇の完全なる発展が望めるのである」[68]と、女優を男優と対等に扱う記述が見られるようになる。

「劉鮮大戦」をめぐる記事からは、民国初期の北京におけるジャーナリズムと演劇界が相互に連携し、流行現象を生み出すさまをうかがうことができる。その中で、辻聴花と中国の書き手たちは、『順天時報』上で批評の枠組みと共通認識を形成していった。同時期より開始された「菊選」や「投稿」といった新たな読者参加型の制度もまた、新聞と演劇とのつながりを促進していったのである[69]。

本章では、一九一五年に『順天時報』紙上をにぎわせた「菊選」と「劉鮮大戦」を例に、これらの活動において辻聴花の果たした役割を見てきた。辻聴花は、最初に発表した「演劇における北京および上海」から一貫して上海の演劇とジャーナリズムの関係に着目し、北京における演劇専門誌の必要性を提言するなど、北京の演劇を取り巻くメディア環境の整備を訴えていた。これは、二〇代のころから出版業に携わっていた辻が、雑誌・新聞というメディアの効用を熟知していたことと、彼の中国演劇体験が南方から始まっていたことが背景にあると考えられる。

他方、辻聴花自身は演劇の「門外漢」であり、外国人でありながら、『順天時報』では特権的に個人のコラムを連載できる立場であった。そのため、辻の中国演劇観は、先行して劇評を連載していた汪隠侠など中国人劇評家との相互影響の中で形成されたものといえるだろう。

ただし、目前の動向を俯瞰的に眺め、それらを比較、検討する視点は、辻聴花独自のものである。辻は、のちに著書『中国劇』に結実するように、資料を収集し、分類し、一覧し、比較するといった研究手法で中国演劇を観察していた。こうした関心のありようは、俳優の序列を一覧する「菊選」や、その際に役柄別という『順天時報』独自の分類を編み出したこととともつながるものであろう。

「菊選」から「劉鮮大戦」にかけての間に、辻聴花の女優観は変化した。当初、坤劇に男優による劇と同等の価値を認めていなかった辻は、次第に坤劇の中に、中国演劇の改良の方向性を見いだすようになる。一九一六年になると、辻聴花は男女共演の解禁を訴えるようになり、その後、一九一八年には、鮮霊芝の上演団体「志徳社」について次のように述べている。「普通の演劇のほか、新編劇を上演し、舞台装置を使用し、北京の演劇界に新しい空気を導入しようとしている。その功績が浅からぬことは誰もがよく知っている(70)」。

北京における劇評家辻聴花の立場と、一九一五年に坤劇が北京の演劇界にもたらした作用には、ある共通点を見いだすことができる。両者はともに外来の媒介としての役割を果たし、京劇が内容と環境の両面において変化する契機を作り出した。その過程で、北京の劇評は発展し、評価の新たな枠組みや基準が形成されていったのである。


【注】
(1) 聴花「北京より啓上」内山完造編『支那劇研究』第三輯、支那劇研究会、一九二五年五月二五日、三頁。

（2）中下正治『新聞にみる日中関係史―中国の日本人経営紙―』研文出版、一九九六年、二頁では、明治期における在中国日本新聞人の系譜を三つに大別しており、そのうちの一つ「熊本系」について、次のように述べる。「東亜同文会系の人々である。済々黌で佐々友房の指導をうけ、荒尾精の漢口楽善堂に入り、主として長江沿岸や華南で活躍した人脈で、支那浪人的色彩が濃い。漢学の素養は深い」。済々黌は一八七九年創立の学校で、佐々友房は創立の中心となった熊本県士族である。『順天時報』創刊に関わった中島真雄もここに属する。
（3）辻武雄「支那劇及び脚本」『歌舞伎』第一二三号、一九一〇（明治四三）年九月、五〇頁。
（4）蔭山雅博「江蘇教育改革と藤田豊八」『国立教育研究所紀要』第一一五集、一九八八（昭和六三）年三月、二九～三〇頁。
（5）坂本楨「教育家としても」『満蒙』第一三八号、一九三一年一〇月、「聴花辻武雄氏を悼む」所収による。中村忠行「中国劇評家としての辻聴花」中国戯劇研究会『老朋友』創刊号、一九五五年五月、『演劇・文学・芸術　新中国』（『老朋友』改題）一九五六・新春号（第二号）、一九五六年二月、同一九五七・早春号（第三号）、一九五七年二月（のちに『アジア学叢書七七　支那芝居上・下』大空社、二〇〇〇年所収）にも同様の記述がある。
（6）吉田登志子「梅蘭芳の一九一九年、一九二四年来日公演報告―生誕九十周年によせて―」『日本演劇学会紀要』第二四号、一九八六年を参照。
（7）前掲辻武雄「支那劇及び脚本」、五〇頁。
（8）『順天時報』は、一九二八年五月、日本軍と蔣介石率いる国民革命軍が済南で衝突した済南事件後、排日の機運が高まり、運送、配達や広告にも支障が出るようになり、停刊にいたった。停刊直前の発行部数は一〇〇〇部程度であったという。前掲中下正治『新聞にみる日中関係史』、一三九頁。
（9）中根齋「孤独貧困の生活から」『満蒙』第一三八号、一九三一年一〇月、「聴花辻武雄氏を悼む」所収。
（10）前掲中村忠行「中国劇評家としての辻聴花」を参照。

（11）辻武雄『中国劇』順天時報社、一九二〇年、凡例一頁。
（12）この三書の考察、および濱一衛など後世の日本人による中国演劇研究書に与えた影響については、李莉薇「辻聴花対京劇的研究与伝播」『中国戯曲学院学報』第三五巻第三期、二〇一四年八月、および李莉薇『近代日本対京劇的接受与研究』広東高等教育出版社、二〇一八年に詳しい。
（13）辻聴花「支那劇雑話」『満蒙之文化』第一七〜二〇号、大正一一（一九二二）年一月〜四月。
（14）辻聴花「支那芝居のいろいろ」『満蒙』第四二号、一九二四年一月、聴花生「支那芝居楽屋風呂」『満蒙』第六三、六六〜六七、六九号、一九二五年七月、一〇月〜一一月、一九二六年一月。
（15）聴花散人「演劇上之北京及上海」『順天時報』一九一三年一月一日（四）。
（16）無署名「聴戯看戯」『順天時報』一九〇八年四月一〇日（五）、燕市游民「劇界閒譚」『順天時報』一九〇八年九月六日、八日〜一〇日、一二〜一三日、一五日〜二〇日、いずれも（五）。
（17）船津辰一郎が『中国劇』に寄せた序言による。前掲辻武雄『中国劇』、五七頁。
（18）「堂子」については、么書儀『晩清戯曲的変革』人民文学出版社、二〇〇六年に詳しい。
（19）青木正児「聴花語るに足らず」『演劇・文学・芸術　新中国』一九五六・新春号（第二号）、一九五六年二月を参照。
（20）前掲中村忠行「中国劇評家としての辻聴花」『演劇・文学・芸術　新中国』一九五七・早春号（第三号）、六二頁。
（21）翁偶虹「我与金少山」『京劇談往録』北京出版社、一九八五年、三五五頁。
（22）狷少「読伶界之麒麟児呉鉄庵書後」『順天時報』一九一四年四月二日（五）、志忞「読狷少書後誌感」『順天時報』一九・四年四月四日。
（23）聴花「壁上偶評（五四）代呉鉄庵答狷少君書」『順天時報』一九一四年四月五日（五）。
（24）歓禅投稿「為世界女伶請命」『順天時報』一九一四年三月二一日（五）。

（25）前掲中下正治『新聞にみる日中関係史』、二三七〜二三八頁、『順天時報』最後の編集長佐々木忠の聞き書きによる。また、「座談会　辻聴花廿五周忌」『中国戯劇通信』第二号、一九五五年一〇月における橋川時雄の発言に、「私が『順天時報』に勤めたのは大正一〇年で、当時辻さんが主筆だった」、「『順天』の文芸欄は辻さんの縄張りで、毎日茶園の往復の途次、社に立寄って校正などした」とあり、記者としての辻の仕事ぶりが回想されている。
（26）聴花散人「中国梨園榜」『順天時報』一九一四年一月一日（四）。
（27）長井裕子「萌芽期における北京の芸能ジャーナリズム―穆儒丐『社会小説　梅蘭芳』をてがかりとして―」『文学テクストにおける近現代中国の旗人像の変遷』（平成一四年度〜平成一六年度文部科学省科学研究費補助金基盤研究（C）（二）課題番号14510482研究成果報告書）、二〇〇五年三月による。長井は、『順天時報』一九一七年の菊選について詳述し、京劇とジャーナリズムの関係にも言及している。
（28）奥武則『大衆新聞と国民国家　人気投票・慈善・スキャンダル』平凡社、二〇〇〇年を参照。
（29）菊部大偵探報告「花界外稿　菊榜投票選挙者之別号票（二）」『順天時報』一九〇七年一一月二三日（五）。
（30）聴花「壁上偶評（六五）祝戯劇新聞之出版」『順天時報』一九一四年七月二九日（五）。
（31）聴花「壁上偶評（九八）劉少少君之劇史発凡」（上）『順天時報』一九一五年二月二三日（五）、同「壁上偶評（九九）劉少少君之劇史発凡」（中）『順天時報』一九一五年二月二四日（五）、同「壁上偶評（一〇〇）劉少少君之劇史発凡」（下）『順天時報』一九一五年二月二五日（五）。
（32）周木木「不費一文之菊選」『順天時報』一九一六年八月三〇日（五）。
（33）吉川良和『北京における近代伝統演劇の曙光』創文社、二〇一二年、七二〇頁。
（34）梅蘭芳述、許姫伝、許源来記『舞台生活四十年』中国戯劇出版社、一九八七年、二六九頁、斉如山『斉如山回憶録』中国戯劇出版社、一九九八年、一一一頁。
（35）隠侠「譚魔与劉魔」『順天時報』一九一五年二月一九日（五）。

(36) 聴花「壁上偶評（一一三）余之劉戦《ママ》観（上）」『順天時報』一九一五年三月二三日（五）。
(37) 聴花「壁上偶評（一一九）女劇大流行之原因」『順天時報』一九一五年三月三一日（五）。
(38) 聴花「壁上偶評（一二五）劉少少評劉喜奎」『順天時報』一九一五年四月一〇日（五）。
(39) 聴花「壁上偶評（一二五《ママ》）某君之劉喜奎観」『順天時報』一九一五年四月一四日（五）。なお、連載回数は一二六の誤り。
(40) 聴花「壁上偶評（一二二）同楽園之両齣戯」『順天時報』一九一五年四月四日（五）。
(41) 三郎「檀板綺聞　劉喜奎之与鮮霊芝」『順天時報』一九一五年四月一四日（五）。
(42) 潮生「檀板綺聞　配角豈易得乎」『順天時報』一九一五年四月二〇日（五）。
(43) 閑観「劇場小言」『順天時報』一九一五年四月二五日（五）。
(44) 忙針「劇場小言」『順天時報』一九一五年五月一六日（五）。
(45) 酒徒「劇場小言」『順天時報』一九一五年五月二九日（五）。
(46) 聴花「壁上偶評（一六一）慶楽既圧中和矣」『順天時報』一九一五年六月六日（五）。
(47) 聴花「壁上偶評（一四〇）鮮霊芝之鳳陽花鼓」『順天時報』一九一五年五月六日（五）。
(48) 聴花「壁上偶評（一六六）劇場感言」『順天時報』一九一五年六月一二日（五）。
(49) 聴花「壁上偶評（一九八）鮮霊芝独立樹幟」『順天時報』一九一五年八月七日（五）。
(50) 忙針「劇場小言　慶和成咎由自取」『順天時報』一九一五年八月一〇日（五）。
(51) 忙針「劇場小言　慶和成台柱又少一個」『順天時報』一九一五年八月一五日（五）。云云「劇場小言　鮮霊芝之競進」『順天時報』一九一五年八月二五日（五）にも同様の記述が見られる。還陽草については、『河北戯曲資料彙編』第一三輯、河北省文化庁、河北省民族事務委員会、中国戯劇家協会河北分会、一九八六年および前掲吉川良和『北京における近代伝統演劇の曙光』に詳しい。

(52) 聴花「壁上偶評（二〇九）劉鮮大戦争之開幕」『順天時報』一九一五年八月二一日（五）。
(53) 聴花「壁上偶評（二一一）劉鮮戦観」（上）『順天時報』一九一五年八月二四日（五）。
(54) 聴花「壁上偶評（二一二）劉鮮戦観」（中）『順天時報』一九一五年八月二五日（五）。
(55) 聴花「壁上偶評（二一三）劉鮮戦観」（下）『順天時報』一九一五年八月二六日（五）。
(56) 忙針「劇場小言　劇場消息」『順天時報』一九一五年八月二六日（五）。
(57) 隠侠「檀板綺聞　余之喜奎霊芝競争観」『順天時報』一九一五年八月三一日（五）。
(58) 聴花「壁上偶評（二三四）劉鮮戦場之変更」『順天時報』一九一五年九月一九日（五）。
(59) 聴花「壁上偶評（二三五）慶楽園第一日感言」『順天時報』一九一五年九月二一日（五）。
(60) 無署名「徴集劉鮮戦之預言」『順天時報』一九一五年九月二六日（五）。
(61) 聴花「壁上偶評（二四三）研究劇戦之資料」『順天時報』一九一五年一〇月一日（五）。
(62) 赤赤「檀板綺聞　我之劉鮮交綏観」『順天時報』一九一五年一〇月一日（五）。
(63) 隠侠「劉鮮戦之預測」『順天時報』一九一五年一〇月一四日（五）、同「劉鮮戦之結果」『順天時報』一九一五年一〇月一六日（五）。
(64) 無署名「劉鮮戦預言最後之披露」『順天時報』一九一五年一〇月二六日（五）。
(65) 聴花「壁上偶評（二六四）慶楽果先輟矣」『順天時報』一九一五年一〇月二九日（五）。
(66) 一九一五年より、辻聴花の文章は無断で転載されたり、盗作されたりするようになり、このことは彼の見解が他の書き手の間に浸透し、一定の影響力をもっていたことを示すと考えられる。呉宛怡「近代劇評的発生―《順天時報》与辻聴花」『戯劇研究』第一〇期、二〇一二年七月、一〇二頁参照。
(67) 聴花「壁上偶評（二四八）広徳楼之両齣戯」『順天時報』一九一五年一〇月九日（五）。この一文によれば、辻聴花は童伶の呉鉄庵と広徳楼に坤劇を見に行き、呉鉄庵が鮮霊芝の演技を称賛するのに同意している。

（68）聴花「壁上偶評（二九〇）是果戯劇衰退之兆乎」『順天時報』一九一五年一二月五日（五）。

（69）聴花「壁上偶評（二九八）演劇与報紙」『順天時報』一九一五年一二月一九日（五）。この一文で、辻聴花は『民報』、『国華報』、『日知報』の各紙で演劇に関する記事が増加したことを指摘している。

（70）聴花「春雪楼談（二五一）志徳社開演志喜」『順天時報』一九一八年一月六日（五）。

第四章　「鴛鴦蝴蝶派」と上海の遊戯場

新舞台の劇場空間

前章で見てきたように、一九一〇年代の北京では女優の登場とジャーナリズムの出現により、中国演劇の見方やそれを評価する視点に変化が生じていた。本章では、北京にさきがけて女優劇とジャーナリズムの発達していた上海に焦点をあて、女優とその劇場空間および新聞上の劇評との間に、いかなる相互影響の関係が形成されていったのかを見ていきたい。

ここでいう「劇場空間」とは、単に建造物としての劇場のみならず、演者、パフォーマンス、観客、劇評、宣伝といった、劇場で行なわれる演劇行為とそれを取り巻く環境を内に含むものである。一九〇〇年代から一九一〇年代にかけての上海では、戦乱による租界人口の膨張が都市の娯楽産業を発展させ、西洋式劇場や、上演を含む複合的な娯楽施設である遊戯場《ゆうぎじょう》（遊楽場ともいう）など、新たな劇場空間が出現していた。(1) こうした劇場空間は、それ以前に「茶園」、「戯園」などと呼ばれていた旧式の上演場所となにが違っていたのだろう。

一九〇八年、中国人の手による最初の西洋式劇場が上海南市十六舗に開場した。その名も新舞台という。この劇場は、中国における上演空間の現代化を物語る存在として扱われてきた。「南市」とは、上海の県城の北側に開かれた租界の商業地「北市」に対し、旧市街を指す。「十六舗」はフランス租界と中国人街である「南市」の境界に位置し、中国人街でもっとも栄えた繁華街である。そのような場所に建てられた新舞台の革新性は、その名称、経営理念、設備、上演内容など多岐にわたる。(2)

この劇場が出現した背景には、梁啓超《りょうけいちょう》（一八七三〜一九二九）の提起する「文界革命」、「小説界革命」などの文学革命理論に呼応し、演劇改良を求める声が上がったことがある。それらの言論は、俳優の学識と社会的身分の向上、脚本の改良と創作、舞台美術の改良などを主張し、啓蒙を目的とした新劇の発展をうながした。なお、ここでいう「新劇」には、京劇の伝統演目に啓蒙の意義を見いだしたもの、京劇を「旧劇」と見なし、その演技様式や舞台装置に新機軸を打ち出したもの、国内外の時事に取材した新編劇など、さまざまな種類の劇が含まれる。(3)

初期の改良論は、一九〇四年、日露戦争下に『俄事警聞《がじけいぶん》』、およびその後身である『警鐘日報《けいしょうにっぽう》』といった新聞に発表された。(4) やがて、改良が急務であることや、人びとを教化する目的から、『警鐘日報』社内におかれた編集部によって、演劇専門誌『二十世紀大舞台』が創刊される。(5)

『二十世紀大舞台』は、一九〇四年一〇月、大舞台叢報社の編集・発行により、半月刊として創刊された。発起人は詩人の陳去病《ちんきょへい》や、京劇俳優の汪笑儂《おうしょうどう》（一八五八〜一九一八）らで、第一期の汪笑儂の題詞からは、演劇のもつ教化作用を舞台の上から大きな言論の場へと拡大しようとした意図が読みとれる。編集部は『警鐘日報』社内におかれたが、一九〇五年三月二五日、清朝政府により『警鐘日報』社が差し押さえられたため、この雑誌も二期を発行したのみで停刊となった。

『二十世紀大舞台』がめざしたのは、政治、パフォーマンス、論述の三位一体を提唱し、演劇が国民を教化することであった。停刊によって言論の場は途絶えたが、新舞台の建設により、その理想は劇場において追求されることとなった。

たとえば、『二十世紀新茶花』(6)という新編劇がある。この演目は、一九〇九年六月一二日、新舞台において初演された。絵入りの新聞『図画日報』によれば、苦界に身を沈めた妓女の新茶花が、陳少美との仲を陳の父に引き裂かれた後、敵軍の地図を盗み陳に軍功を与え、結ばれるという筋書きだ。京劇の男旦である馮子和《ふうしわ》（一八八八〜一九四二）が主演した、同時代の衣装を用いる「時装戯《じそうぎ》」の代表作の一つである（図1）。

図１　馮子和扮する新茶花

この『二十世紀新茶花』は、一九〇九年から一九一一年にかけて上演された前十本、一九一二年六月から九月にかけて上演された後十本において、中華民国成立という現実のドラマとリンクすることにより、上海の観客に革命を追体験させる「報道」の役割を果たした。同時に、愛国主義に満ちた勝利のカタルシスを観客に与え、軍資金援助を訴えたという。

こうした愛国主義を主題とし、現実の事件に取材する作品は、新舞台の前身にあたる丹桂《たんけい》茶園においてもすでに上演されており、たとえば『潘烈士投海』などで、現実の事件を演劇に仕立てる試みが行なわれていた。『二十世紀新茶花』はその流れを継ぐといえるが、一方で、この作品がデュマ・フィスの『椿姫』の影響下に生まれ、ローカル化された自由恋愛の物語という一面をそなえていたことも、見すごすことはできない。

一八九九年に『椿姫』の翻訳『巴黎《パリ》茶花女遺事』が出版されて以来、その叙述方法や「妓女との恋愛」というモチーフは、後述する「鴛鴦《えんおう》蝴蝶《こちょう》派《は》」の作家たちに直接的な影響を与えた。『二十世紀新茶花』は、一九一一年から一九一二年にかけて、新舞台と大舞台という二つの劇場で競って上演されている。この作品がそのような人気を博したのは、プロットにおいて「茶花女」以来のメロドラマ性を継承したこと、しかしながら悲劇で終わることなく大団円の結末に落ちつくこと、さらに上演において視覚的な舞台効果を追求したこと、同時に「現身説法《げんしんせっぽう》」という演説のパフォーマンスを用いて愛国主義に訴える効果を発揮したことなど、複数の要因が重なったためと考えられる。

このように、『二十世紀大舞台』の発刊から新舞台開場前後にかけての状況は、ベネディクト・アンダーソンのいう「想像の共同体」を想起させる。「想像の共同体」とは、アンダーソンによるナショナリズムについての著作名であり、資本主義経済の確立と印刷技術の発達によって、小説と新聞という「想像の様式」を通し、国民国家というイデオロギー形成がうながされたことを指摘している。(7) メロドラマと視覚的な舞台効果を通して共同体のイメージを喚起するという、これまでの上演空間にはなかった新たな機能を前面に打ち出した新舞台は、やはり中国における近代劇場の先駆的存在といえるだろう。

「鴛鴦蝴蝶派」とメディアのつながり

新舞台が『二十世紀新茶花』において商業性と革命性を兼ねそなえた新劇を完成させるのとほぼ同時期、演劇をめぐる言論の場においては、書き手の中に「劇評家」というアイデンティティが確立されていった。趙婷婷『申報《しんぽう》』京劇評論家のアイデンティティ構築（『申報』京劇評論家的自我建構）」（二〇一〇）によれば、(8) 一九一一年八月までは、無署名で演目の筋の記述、俳優の賞賛を行なうことが中心だった『申報』の演劇関連記事に、一九一一年末から一九一二年にかけては、署名入り、自身の視点の強調、文体や思考の複雑化などの特徴が見られるようになる。劇評が国家の大事と同じ紙上に掲載され、読まれることで、書き手には言論の主導権を握る優越感がもたらされ、読者への情報提供や、歴史、背景などを含む全体的な認識を読者に与える使命感が生まれたという。

こうした「劇評家」アイデンティティの形成は、『申報』においては「鈍根」、「玄郎」による劇評の登場によってうながされた。「鈍根」とはすなわち王鈍根《おうどんこん》（一八八八～一九五一）、『申報』副刊「自由談」

や『礼拝六』などの創刊者だ。[9] また「玄郎」とは、「呉下健児」の署名で「自由談」に「戯考」を連載した顧乾元《こけんげん》という人物である。[10] この二人の劇評によって、それまで劇を観る者おのおののうちにあった審美の基準は、広範な読者に共有されるものとなった。二人がいずれも「鴛鴦蝴蝶派」に属する、あるいはその周辺にいた人物であることは偶然ではないだろう。

ところで、本章で扱う「鴛鴦蝴蝶派」とは、一九一〇年代から一九二〇年代にかけて、主として文言《ぶんげん》(文語文)による文芸活動を行なって一世を風靡し、一九三〇年代以降は白話《はくわ》(口語文)による創作に移行していった作家群を指す。その名称は、彼らの手による才子佳人の愛情小説の常套句として、つがいの鴛鴦や胡蝶が用いられたことに由来する。[11] もっとも、こうした呼び方は、白話による新文学隆盛後、彼らの文学観が「旧派」と揶揄《やゆ》された際に用いられたものだ。そのため「鴛鴦蝴蝶派」の代表と目される周痩鵑《しゅうそうけん》(一八九五〜一九六八)、包天笑《ほうてんしょう》(一八七六〜一九七三)などは、こう呼ばれることに異議を唱えており、近年の文学研究においてもその位置づけが再考されている。本章では、「鴛鴦蝴蝶派」と見なされている周痩鵑、王鈍根、孫玉声《そんぎょくせい》(海上漱石生、一八六四〜一九三九)、包天笑といった文人の多くが文学に限らず演劇、映画など多方面で活躍したジャーナリストであったことに注目し、彼らが編集する新聞の記事を通して、上海の娯楽文化の発信と受容の様相を眺めていく。そこで、彼らの文化圏を示す総称として、「鴛鴦蝴蝶派」という呼び方を用いることにする。[12]

人口の流動性の高い上海のような都市では、宗族や宗教にもとづく伝統的な共同体意識は薄れる一方で、新興の文化が都市における共同体形成の役割を果たした。「鴛鴦蝴蝶派」による文芸活動は、そのような都市の共同体の構築に大きな影響をおよぼしたと考えられる。中でも劇評は、劇場の作り出す共同体イメージを文章として固定化し、劇評家の発見した審美基準を読者の間に浸透させる機能をもっていた。中華民国成立の前後、上海においては新聞報道や劇評といった文字と、劇場における上演が相互に補完しあい、「想像の共同体」を作り上げていった。この時期に、劇場と劇評が密接に結びつき、劇場空間と新聞紙上の言論が同一の想像を共有するという、メディアのつながりが形成されていったといえるだろう。

新舞台が『二十世紀新茶花』後十本を完成させ、『申報』に署名入りの劇評が掲載されるようになったのとほぼ同時期、一九一二年四月には、九江路・湖北路口に楼外楼《ろうがいろう》と呼ばれる遊戯場が出現している。遊戯場とは、屋上庭園や書場《しょじょう》（語り物芸能の上演場所）などを併設する複合娯楽施設であり、楼外楼はその嚆矢《こうし》とされる存在である。(13) 当時の文化を発信した「鴛鴦蝴蝶派」の文人たちは、新舞台で新劇を鑑賞するかたわら、新興の遊戯場での上演も楽しんでいた。そして、『申報』に劇評を執筆する一方で、遊戯場の指南書であり、場内のプログラム案内紙でもある小新聞にも、大量の観劇記を書き綴っていた。(14)

たとえば、『申報』、『新聞報』などの編集に携わった孫玉声は、大世界、新世界などの遊戯場の案内紙の編集も手がけている。彼は楼外楼に併設された西洋式劇場である新新舞台の創業者兼座付き作者でもあり、その経歴や著作からは、清末民初のジャーナリズムと演劇の密接な関わりがうかがえる。

従来の先行研究では、近代劇場のさきがけである新舞台に関心が集中しており、同時期の上海に存在した新舞台のような大劇場とは異なる劇場空間や、そのような劇場空間がもっていたメディアとしての機能が注目を浴びることは少なかった。だが、これら遊戯場における小さな上演の「場」に焦点をあてみれば、新舞台とは異なる劇場空間が見えてくるのではないだろうか。

遊戯場が隆盛し、小新聞が大量に発行される一九一〇年代から一九二〇年代にかけては、「劇評家」アイデンティティが形成され、成熟していった時期である。遊戯場のような小さな劇場空間では、「鴛鴦蝴蝶派」およびその周辺の文人による文章と上演とがいかに相互に影響し、演劇をめぐるつながりを作り上げていたのだろう。そこには小さな空間ならではの共同体や、演劇を語る言葉が形成されていたのだろうか。次に、『先施楽園日報《せんしらくえんにっぽう》』という新聞を取り上げ、この点について考えてみたい。

百貨店と楽園

『先施楽園日報』は、一九一八年八月一九日から一九二七年五月一八日にかけて発行された、日刊の小新聞である。[15] 名称は時期によって『先施公司日報　楽園』、『上海先施日報』などと変化するが、本章では『先施楽園日報』に表記を統一する。この新聞は、先施楽園という遊戯場のプログラム案内紙であると同時に、小説や劇評などの読み物も掲載されていた。編集者として名前が記されているのは、雑誌

『礼拝六』、『紫羅蘭』などの主編をつとめた周痩鵑だ。

周痩鵑は江蘇呉県（蘇州）の人で、幼名を祖福（祖模とも）、本名を国賢という。痩鵑のほかに、鵑、泣紅、香雪園主人、紫羅蘭主人など多くの署名を用いた。中華書局で翻訳に携わった後、『申報』、『新聞報』などの新聞、『礼拝六』、『游戯世界』、『半月』、『紫羅蘭』など多くの雑誌の編集を手がけた人物である。[16]

先施楽園は、上海初の中華系資本による百貨店・先施公司（The Sincere Co.&Ltd.）の中に設けられており、一九一八年八月一五日に開業した。[17]先施公司の本店は香港にあり、一九一七年一〇月、広東出身のオーストラリア華僑・黄煥南らの出資により、上海店が南京路・浙江路・広西路の間に開業している。当初は五階建て、のちに七階建てとなった建物内部には、百貨店のほかにレストラン、旅館、エレベーターで昇降できる屋上庭園などがあった。[18]

遊戯場の発行する日刊小新聞は、一九一五年に開業した新世界の『新世界報』（孫玉声編集）を嚆矢とする。その後、一九一七年開業の大世界が『大世界報』（孫玉声編集）を発刊したのにつづき、『先施楽園日報』は百貨店付設の遊戯場としてはもっとも早く小新聞を発行した。

一九一八年から一九一九年にかけての『先施楽園日報』の広告によれば、当初は建物の一階から四階が百貨店である先施公司、五階に日報編集部などのオフィス、屋上が遊戯場部分であったことがわかる。

そのほか、先施楽園とは別に、ホテルやレストラン、理髪店や喫茶室を付設していたことが記されてい

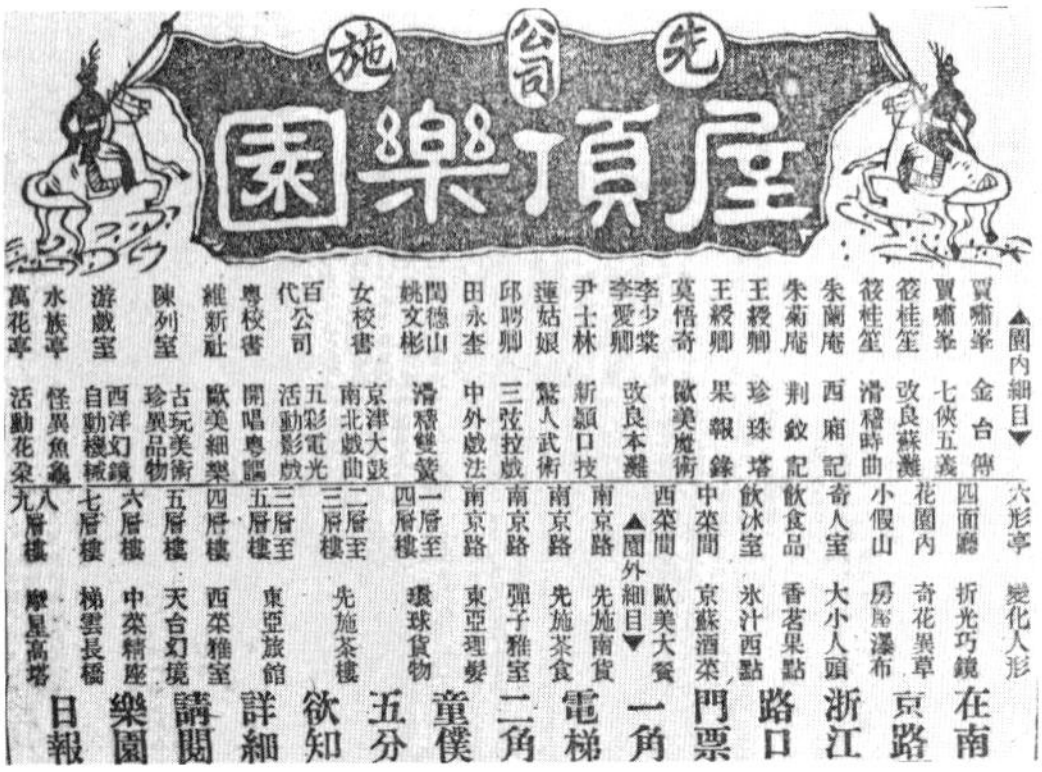

図2　「先施公司　屋頂楽園」『申報』広告

る。図2の『申報』広告にも、「園外細目」として一階から四階に百貨店、二、三階に「先施茶楼」、三階から五階にかけて「東亜旅館」があると記載されている。そのほか、五階に「天台幻境」、七階に「梯雲長橋」、八、九階に「摩星高塔」があると書かれているが、先施楽園の構造については、周瘦鵑の次の記述が参考になる。「しかるに華やかなる都市の中に、まさに高潔にして世俗を離れた楽天地があることを知らず。その地はどこにあるか、先施公司の屋上にあるという。その名も楽園、門に掲げていうには、天台幻境。〔中略〕天台幻境を入り、石橋を過ぎ、石段をいくつか下れば、正面に雅室というところがある」[19]。

これは先施楽園の内部を解説した連載「また楽しからずや（不亦楽乎）」の一部である。この文章から判断すると、おそらく五階に先施楽園の入り口があり、そこから屋上庭園や展望塔へ出ることができたのだろう。

図2の広告に「門票一角、電梯二角」とあることから、一角で書場や影戯場などの上演場所を含む先施楽園に入場できたが、景観が人気を博した「摩星高塔」に登るのは別料金という扱いだったようだ。

ここで、上海の娯楽文化における先施楽園の位置づけを把握しておくために、劇場と遊戯場の料金について比較してみたい。一九一八年八月一九日の『申報』広告によれば、当時上海にあった各種の劇場・遊戯場の料金は次の通りである。

（劇場）

新舞台：（夜戯）六角（月楼）、五角（特別ボックス席）、四角（特別席）、二角（一等席）、一角（二等席）

第一台：六角（特別席）、五角（特別ボックス席）、三角（一等正面桟敷席）、二角（上階ボックス席・二等正面桟敷席）、一角（三等正面桟敷席）

大舞台：七角（特別ボックス席）、五角（特別席）、三角（二等正面桟敷席）、二角（三階ボックス席）

笑舞台：四角（月楼）、三角（ボックス席）、二角（正面桟敷席）、一角（二等席）

（遊戯場）

大世界：入場料小洋二角

大世界内大劇場：別料金、ボックス席一角、正面桟敷席六〇、嬰孩《インハイ》ブランドのタバコ一箱進呈

新世界：入場料小洋三角（エレベーター含む）

先施楽園：入場料一角、エレベーター二角

むろん、新舞台のような西洋式劇場と先施楽園のような遊戯場では、劇場としての機能も、上演される劇の種類や規模も異なる。さらに、出演者や演目によっても料金に変動が見られるため、単純な比較はできない。しかし、少なくとも遊戯場は、劇場よりも安価な娯楽施設であった。この価格設定からは、上海の娯楽文化における遊戯場が、劇場で観劇することとは別の楽しみを得る空間であったことがわかるだろう。

また、先施楽園は百貨店に付設されているという点で、新世界や大世界など、建物全体が娯楽施設である総合型遊戯場とは異なる存在であった。楼嘉軍『上海城市娯楽研究（1930～1939）』（二〇〇八）は、遊戯場を次の三種に分類している。第一に、楼外楼に代表される初期の屋上庭園、第二に、新世界・大世界に代表される総合型遊戯場、第三に先施公司内の先施楽園や永安公司内の天韻楼《てんいんろう》に代表される商業販売と娯楽体験が一体化した百貨店付設の遊戯場である。新世界や大世界に比べ、遊戯場としての面積が大きいとはいえない先施楽園は、屋上庭園の高さと、百貨店の一部であるというところに特色があったといえる。

したがって、先施楽園の入場料が先行する新世界や大世界よりも安く設定されていることは注目すべき点だ。大劇場をそなえていた大世界では、劇場は別料金となっている。また、新世界では入場料にエレベーター搭乗が含まれるのに対し、先施楽園は両者を別料金としている。(20) 新世界や大世界などの総合型遊戯場は、あくまでも上演と新奇なアトラクションを楽しむために行く場所だった。一方、先施楽園は遊戯場と百貨店が一体化しており、一角はらえば百貨店周遊のついでに屋上庭園と上演が楽しめる場所だったのである。

先施公司の営業時間は、月曜から土曜は午前九時〜午後八時、日曜は午後一時〜八時だった。一方、先施楽園は、新聞広告から見る限り、昼公演が午後二時〜七時、夜公演が午後七時〜一二時というスケジュールで上演が行なわれていた。これは、大世界の営業時間ともほぼ同じであり、遊戯場は連日深夜まで営業していたようだ。

一九一四年創刊の雑誌『礼拝六』の誌名が、「土曜日」という意味であることからもわかるように、一九一〇年代の上海において週末定休という労働スタイルは、都市の中産階級労働者にとって普遍的なものになりつつあった[21]。先施公司が屋上庭園を付設したのは、建物の高さに客寄せの宣伝効果があったためである。さらには、劇場よりも低価格で入れる上演場所を付設することにより、時間のある中産階級労働者を顧客に取りこもうとしたということも考えられるだろう[22]。

先施楽園の客層については、開場当時を知る書き手による一九二六年の回想において、次のように述べられている。「楽園の客は上流・中流・下流社会の者がひとしくおり（ここでいう上流・中流・下流階級とはすなわち金銭を指し、人格や専制時代の見方を指すものではない。読者は何卒誤解なきように）、真の共和楽園のようであった[23]」。

開業したばかりの百貨店を週末に訪れ、遊戯場や屋上庭園に立ち寄ることは、この時期に流行した余暇の過ごし方だったと思われる。たとえば、『先施楽園日報』の創刊当初の欧文表記は〝THE EDEN〟であるが、この「楽園」という聖書にもとづく語彙にも、西洋の礼拝の習慣に由来する週末定休というスタイルや、それによってもたらされた新たな娯楽の時空間という意味合いを読みとることができる。

百貨店が都市の消費文化を創出することについては、すでに社会学や歴史学の分野で多くの先行研究があるが、ここでは『先施楽園日報』が果たした役割の一例として、広告の機能をあげておきたい。(24)

『先施楽園日報』創刊時には、八月一九日から九月三日にわたり、先に引用した「また楽しからずや」と題する文章を、周痩鵑が連載している。この連載では、文言によって先施楽園のさまざまな施設や芸人が紹介される。その後、九月三日には先施公司の大売り出し（朱心仏《しゅしんふつ》「先施公司二十天之大減価」）が報道され、つづいて四日から始まる周痩鵑の連載「これ一楽なり（此一楽也）」では、先施公司の売り場と香水、洋酒、西洋薬などの商品が宣伝される。

九月一八日には、先施公司で二元以上購入すると先施楽園の入場券を一枚贈るとの広告が載る（心仏「預誌中秋後之先施公司」）。やがてこの無料入場券は、翌年六月三日には「私的な転売を禁ず」との通知が掲載されることになる（「先施楽園緊要啓事」）。このように、先施公司と先施楽園は互いにタイアップすることで、消費者の欲望をあおっていた。

一九一九年四月一日の記事「一組の女神たち、春の装いを競う（一班神女闘春装(25)）」には、某劇場であでやかに着飾った娘たちが観劇していたところ、突然あらわれたすばらしく麗しい服装の女性に目を奪われ、どこで購入したのかと尋ねると先施公司と答えた、というエピソードが紹介される。この種の記事からは、劇場、遊戯場、百貨店が都市の社交場として機能し、それらの情報が新聞上で発信されることで、より広範な人びとの欲望を喚起したらしいことがわかる。ただし、『先施楽園日報』の記事は一九二〇年ごろまで文言が中心であった。そのため、まずはそれを解読するリテラシーをもった層から、都市の社交場に参加する楽しみを味わうことができたのだろう。

もう一点、百貨店と先施楽園に共通する新興の娯楽文化として、陳列されたものを一覧する視覚的な快楽をあげることができる。前田愛『都市空間のなかの文学』（一九八二）では、「陳列」は文明開化の記号としての視覚的イメージを作り出すと述べられる。[26] たとえば、図2の新聞広告には、「戯《ぎ》単《たん》（劇場などで配られる演目の一覧）」の形式に則って各種のプログラムが記載されているが、そのほかに「遊戯室／西洋幻鏡／自動機械」、「七層楼／梯雲長橋」などの文字も見える。これは単なるプログラム案内ではなく、場内の構造や施設の所在を示す遊戯場のガイドマップでもあり、それを眺めること自体が一種の楽しみとなっている。

また、『先施楽園日報』には、しばしば先施楽園内の設備やプログラムを文言で記述した散文や韻文が掲載される。この種の創作は前述の周痩鵑「また楽しからずや」に始まるのだが、そこでは次のように述べられている。

科学遊戯機械室を出て、右折して説書場《せっしょじょう》に入る。場内には舞台があり、銅の欄干がこれを取り巻く。舞台の下には椅子が数十並べられ、座ればますます心地よい。貴君の家の螺鈿《らでん》の寝台、暖かな寝椅子と比べても、まさることはあってもおよばないことはない。頭を上げて上席に座り、見て聴いて楽しむ、また楽しからずや。

第一の登場者は賈小峯《かしょうほう》。歴史物を得意とし、上海の某高官の寵を得る。『金台伝』、『七侠五義』がうまく、その語りを聴けば、豪快にして激烈、高らかにうたう「大江東去」の声、また楽しからずや。(27)

周痩鵑は、この連載で先施楽園の事物を一つ一つ述べていく際に、読者に遊戯場内部を周遊するかのような感覚を与えている。このような叙述は、遊戯場が伝統的な庭園文化とつながっていることを思わせる。書き手が繰り返し遊戯場の地図を作成し、新奇な事物を文章で陳列していくのは、彼らが遊戯場を庭園の「小型模型」と見なしているからではないだろうか。

そのような「陳列」の快楽は、『先施楽園日報』においては、紙面の体裁にも反映されている。『先施楽園日報』では、各種の記事がその内容によって振り分けられ、細分化された欄(たとえば「演説台」、「蔵書楼」、「陳列所」、「遊戯場」、「広告欄」、「香粉店」、「茶話室」、「電話間」、「楽園倶楽部」などと名づけられている)の中に収められている。その様子は、まさに百貨店の中に各種の売り場や施設があることが、紙面において繰り返されているかのようだ(28)。

次に、創刊当時の第一面を見てみよう（図3）。最上段に「先施公司日報」、中央の枠内に王鈍根題字の「楽園」が掲げられ、その下に小さく〝THE EDEN〟の文字がある。中段には「書場」、「影戯場」、「西庁」という三つの上演場所のプログラムが昼夜に分けて記されている。下段には「影戯説明書」が掲載されており、各種の上演場所では、次のような演目を見ることができた。

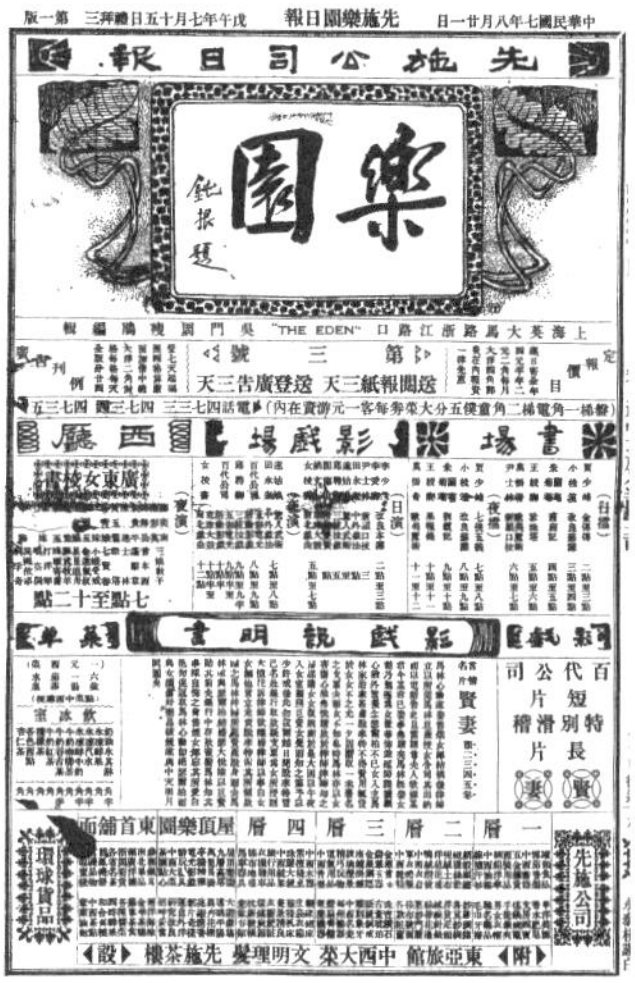

図3　『先施楽園日報』1918年8月21日

書場：説書、改良蘇灘、欧美魔術、新穎口技
影戯場：改良本灘、中外戯法、驚人武術、滑稽双簧、京津大鼓、五彩電光、活動影戯、三絃拉戯
西庁：広東女校書

「説書」は語り物、「蘇灘《そたん》」と「本灘《ほんたん》」はのちに蘇劇や滬劇《こげき》に発展したうたい物の芸能であり、「口技」は声色をつかった物まね芸である。こうした昔からある寄席芸も、「新穎」、「改良」などと目新しさを

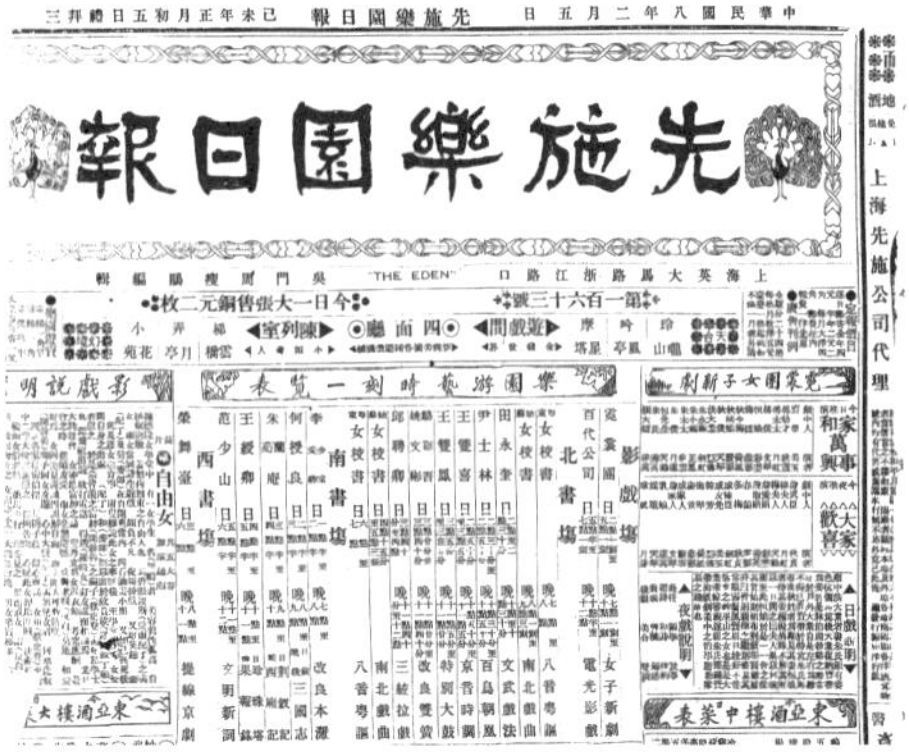

図4 『先施楽園日報』1919年2月5日

うたい、毎日筋書きが掲載される百代公司の無声映画「活動影戯」と同じ空間で上演されていることが、遊戯場の特徴といえるだろう。これらの演目や上演場所、先施楽園内の設備は時期によって変わり、後述するように、女優の出演する「白話新劇」が一時期人気を博したことも注目すべき点だ。

一九一九年二月五日には上演場所が増え、「影戯場」、「北書場」、「南書場」、「西書場」となった。またその際には、『先施楽園日報』も紙面をあらため、題字のデザインを変更している。この一回目の変更では、王鈍根の題字が無署名の文字に変わり、孔雀とハートに矢をあしらったモダンな図柄が題字の周囲を飾っている（図4）。

さらに、一九一九年八月八日には二回目の題字変更があり、蔓草模様が文字を囲むデザインとなった。この変更にあわせ、欧文表記も〝THE SHANGHAI SINCERE GAZETTE〟とあらためられる。このとき、周痩鵑は「編輯主任」となり、新たに「発行兼広告主任」として朱心仏（朱義胄）の名が記されるようになった。だが、その後ひと月もたたないうちに、周痩鵑単独の記載に戻っている（図5）。

「陳列」の快楽が、万物を網羅し一覧することに由来するとすれば、遊戯場における上演場所もまた、清代までの「茶園」にはもちろん、新舞台のような西洋式劇場にもない、「陳列」の機能をそなえていた。すなわち、多種多様な上演場所と演目を用意し、おのおのが短いサイクルで上演を繰り返すことで、いわば小さな劇場を周遊する楽しみを観客に提供したのである。これは縁日にさまざまな芸人が廟などに集まる伝統的な娯楽空間を継承しながらも、都市における近代的な娯楽空間を形成していた。

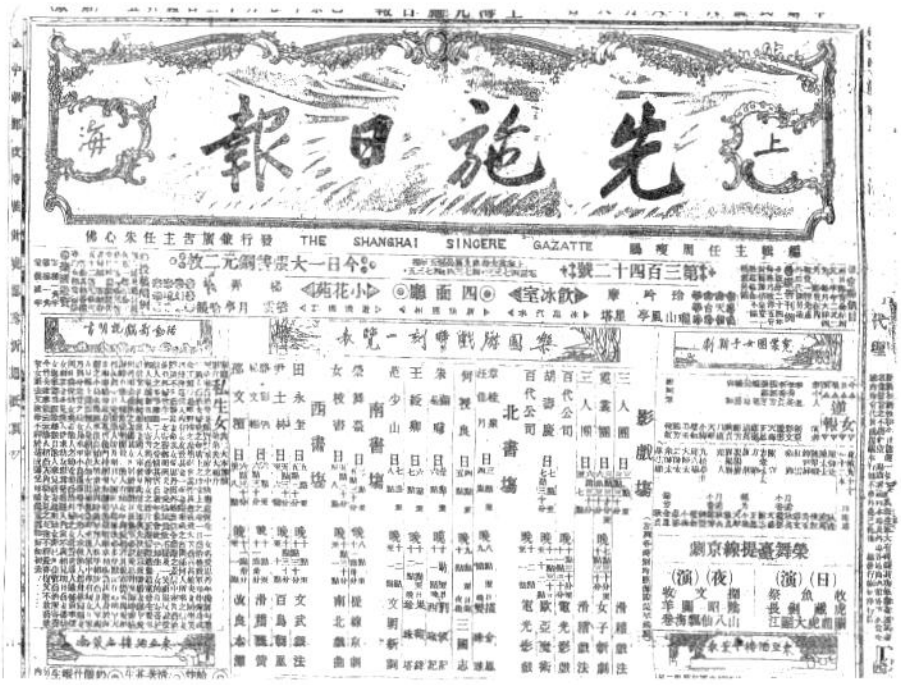
上海　先施日報
THE SHANGHAI SINCERE GAZETTE

図5　『先施楽園日報』1919年8月8日

たとえば、先施楽園の場合、遊戯場が百貨店と一体化しているという点において、陳列や周遊といった娯楽には、庭園や縁日などの伝統的な娯楽空間の延長にとどまらない、新たな意味が付加されていたといえるだろう。それは、商品を一覧し、比較するという近代的な消費形態の要素を内に含み、提供されている点だ。『先施楽園日報』というプログラム案内紙兼ガイドマップを得ることにより、情報を得た上で見比べる、俯瞰的な視点をもった上演の享受ができるようになった。そこでは上演を見るのみならず、情報をやりとりすること自体が娯楽であり、消費であったといえる。

「陳列」され、並置された各種の事物は、それを比較、分類し、分析するという新たな欲望を喚起する。たとえば百貨店での楽しみとは、買い物それ自体よりもむしろショーウインドウを見て回り、品定めする過程のほうが多くを占めているのではないだろうか。上海の百貨店がショーウインドウのディスプレイを研究し始めるのは、一九二〇年代から一九三〇年代にかけてである。先施公司は一九二四年よりガラスのショーケースに商品を並べ、客に自由に見せることで、「買わなければならない」という圧迫感を減らしたという(29)。

一九二〇年代後半から一九三〇年代にかけて、百貨店は高所得者層のみならず、中産階級労働者に対しても娯楽を提供する場所に変わりつつあった(30)。百貨店の中にあった先施楽園の客もまた、遊戯場のみを目当てとしてくるわけではなく、百貨店をめぐることの延長として遊戯場を楽しんでいたと考えられる。すなわち、先施楽園の中にあった上演場所は、上演という娯楽を他の娯楽（たとえば買い物、飲食、エレベーター、屋上庭園など）と等しいものとして展示した。そのことは、劇場で俳優の演技を見ることとは別種の劇場空間の体験を、観客にもたらしたのではないかと考えられる。

では、劇場の上演を見に行くことと、百貨店をめぐるついでに遊戯場に立ち寄り、上演を見ることの間には、いかなる劇場空間の差異があり、観客はそれをどのようにとらえていたのだろうか。たとえば『先施楽園日報』の執筆者たちは、劇場の観客でもあり、先施楽園の観客でもあった。彼らが『先施楽園日報』において作り出した先施楽園や先施公司とのつながりの中には、新舞台や『申報』といった劇場と新聞の間にはない、遊戯場ならではの共同体の形成を見いだすことができるのだろうか。次に、『先施楽園日報』というメディアの発信側であった人びとに注目し、彼らがいかに読者あるいは観客を牽引しようとしたのかという観点から、その劇評を追ってみたい。

劇評というパフォーマンス

『先施楽園日報』では、演劇に関する記事のほとんどは「茶話室」という欄に掲載されている。それらを通覧すると、同一の書き手が新舞台、大舞台、先施楽園、あるいは新劇、京劇、灘簧《たんこう》（江蘇省・浙江省一帯で流行する劇の一種）のいずれについても言及する例が見られ、話題が特定の上演場所や劇の種類に偏っているということはない。しかし、一九一八年から一九一九年のはじめまでは、新舞台、大舞台といった主要な劇場における劇評が中心であり、先施楽園における灘簧や白話新劇の劇評が掲載される頻度はそれほど高くはない。そのほか、北京の演劇界の動向や、周痩鵑が編劇を手がけた新劇の評も、しばしば掲載されている。[31]

この時期、主な書き手の一人に一九一八年一一月に出版された『鞠部叢刊《きくぶそうかん》』[32]主編の周剣雲《しゅうけんうん》がおり、女役を演ずる俳優のために文人が「党」を結成し、ひいきすることへの批判や、京劇俳優趙如泉《ちょうじょせん》が長く上海に留まるうち、北方の規範からはずれるアドリブの挿入をするようになったといった「海派《かいは》」批判[33]など、劇評家としての見解を文言で発表している。

このように、『先施楽園日報』は先施公司の宣伝媒体ではあるものの、創刊から一年ほどの間は、一般紙の文芸欄とそれほど違いのない内容となっていた。『先施楽園日報』の最大の特徴は先施楽園のプログラムや先施公司の情報が掲載される点にあるが、そのほかに小説や時事ニュース、上海の主要な劇場の劇評を読むこともできたのである。しかも編集の周痩鵑、題字の王鈍根や、初期の執筆陣であった周剣雲、姚民哀《ようみんあい》、朱双雲《しゅそううん》、徐卓呆《じょたくたい》などは、当時の人気作家、著名劇評家を集めた陣容といえる。おそらく創刊時には、彼らの愛読者がその名につられて『先施楽園日報』を読み、先施公司や先施楽園に足を運ぶこともあったのではないだろうか。

ところが、一九一九年以降、『先施楽園日報』の紙面には変化があらわれる。先に述べた題字や欧文表記の変更もその一つだが、六月ごろからは紙面の編集にいままでになかった特徴が見られるようになる。それは、それまでおのおの欄内におとなしく収まっていた記事同士が、互いに交流を始めるという現象だ。

たとえば、六月二五日の記事では、当時劇場の集客手段となっていた仕掛けのある舞台装置「機関《ジーグワン》佈景《ブージン》」と、その代表作『宏碧縁《こうへきえん》』が批判される。[34] また、俳優をつぎつぎにひいきする節操のない「怪物」として、同じく『先施楽園日報』に寄稿していた韓天受《かんてんじゅ》（秋雁）が名指しで揶揄されている。書き手の舎予《しゃよ》は、つづけざまに韓天受の反応を挑発的に報道し、その筆致はさながらゴシップ記事の様相を呈している。

天受は私の一昨日の話を読み、私を見るやただちに表情をこわばらせ、顔の肉もぴくりとも動かさず、怒ってはいても言い返せない。というのも、「護」だの「偎」だの「酔」だの〔韓天受が俳優の名にちなんでつけた雅号の一字〕とは彼自身楽しんでいるにすぎず、なにか主張があるわけではないのだ。(35)

舎予の言を受けて、七月六日には、厳芙孫《げんふそん》なる書き手も『宏碧縁』を批判している。

大舞台の専売品『宏碧縁』は、余計なつけ足しや意外な展開、それにあちこちから筋をひっぱってきて、演じ終わらない。共舞台は見ていておもしろいが、これも型どおりに真似をして、仇を討ったと思えばまた討ち返す、こんな演じ方では仇討ちも一生かかっても終わらない。舎予がすでにあちこちから筋をひっぱってきた一文を述べたが、実際のところ、私が思うに、上海のあちこちの劇場はいつも赤字を出しているので、みな一つの劇に頼って元を取ろうとする。そこで、多くの奇々怪々な劇を生み出すのだ。(36)

この種のやりとりは、清末から行なわれていた「捧角《ほうかく》」という俳優びいきの習慣や、その一環として文人たちがひいきの俳優を題材にした文芸創作を行ない、競作、贈答したことの延長線上にあると考えられる。中華民国以降になると、第三章で述べた『順天時報』の「菊選」など、俳優の人気投票が新聞紙上で行なわれるようになった。ひいきの俳優をめぐって繰り広げられる筆戦は、俳優の評判のみならず新聞の売り上げをも左右する、この時期のジャーナリズムにおける重要な戦略だったといえるだろう。[37]

しかし、『先施楽園日報』紙上の筆戦は、もはや単純な「捧角」の産物とはいえないものに変化している。以下、代表的な筆戦を取り上げ、その詳細を見ていきたい。なお、本章の末尾に筆戦関連記事の日付・署名・題目の一覧表を付しているので参照されたい。

『先施楽園日報』で最初に大規模な筆戦が巻き起こるのは、一九一九年九月から一二月にかけてである。その発端となるのは、呉調梅《ごちょうばい》なる書き手が、京劇の男旦・尚小雲《しょうしょううん》と共演した老生の林樹森《りんじゅしん》を揶揄したことによる。[38]数日後、鄭醒民《ていせいみん》はこの一件を取り上げ、調梅先生は尚小雲の顔が林樹森のほうばかり向いているのを羨んでいるが、男旦の白牡丹《はくぼたん》(荀慧生)が『虹霓関《こうげいかん》』で寄り添う姿態を見たらどんな感想をもつだろう、と俎上《そじょう》に上げる。[39]これだけならば軽い挑発にすぎず、筆戦とまではいえない。しかし、その後、張舎我《ちょうしゃが》(阿土森)[40]が参戦したことにより、事態は鄭醒民と張舎我の一大筆戦に発展する。次に、筆戦の叙述を示す例として、鄭醒民と張舎我の応酬を引用してみよう。

阿土森舎我先生は、一二日に本紙で、調梅先生の小雲『玉堂春』評について私がいくらか述べたことをもち出し、私が自ら林樹森になりたがっているのに、口に出せないので、他人を借りて自分のことを述べたのだという。私が芝居を聴くときに、平素から色の関係をもちこまないことを彼はどうしてご存じだろうか。どうやら誤解のために疑いが生じたようだ。先生がお見捨てでない以上、いくらか言葉を返し、胸中を弁明せずにいられようか(41)。

醒民先生は芝居を聴くときに平素から色の関係をもちこまないという。してみると真の誠実な君子といえよう。私が誤解していたようだ。死すべし、死すべし、である。〔中略〕先生は近視のため、いつも最前列に座り、そのため眼福を十分に味わうことができるという。ところが私は近視ではないので、芝居を聴くときは友人の呉調梅君、孫輔仁君といつも花楼のボックス席にいる。舞台上の美人からは、林伶らよりも遠いが、望遠鏡の助けを借りるため、美人が目前にいるかのようで、その謦咳《けいがい》に接せんばかりである。私の眼福はまことに林・李・黄の三伶にも劣らず、満ち足りている。どうして自ら林樹森・李桂芳《りけいほう》・黄品軒《こうひんけん》になりたがる必要があるだろう(42)。

一九一九年一一月の『先施楽園日報』では、鄭醒民と張舍我が連日のように筆戦を繰り広げ、そこに仲裁する秋雁、発端となる記事を書いた呉調梅といった書き手も加わって、上海の観劇習慣の批判や、白牡丹の芸を見るか色を見るかといった話題が議論される。注目すべきは、筆戦の叙述が白話でなされている点であろう。

一九一九年から一九二〇年にかけては、このような筆戦が繰り返し紙上に勃発するが、その背景には、一九一〇年代後半から流行する問題小説や黒幕小説の影響があると考えられる。問題小説とは、読者の前に問題をなげかけて終わる手法をとるもので、先述の張舎我がアメリカの小説を翻訳することによって導入した。読者は複数の視点から結末に思いをめぐらせることができ、それは一種の知的な「遊戯」でもあった。また黒幕小説とは、一九一六年九月に『時事新報』が募集した、スキャンダルやゴシップの投稿に端を発する文芸ジャンルを指す。やがて一九一七年の『上海黒幕彙編』、一九一八年の『中国黒幕大観』の出版により、暴露話を実録風に叙述した読み物としての黒幕小説が流行した[43]。

つまり、『先施楽園日報』における筆戦は、「捧角」の習慣に由来するものではあるが、単なるひいき合戦というよりむしろ問題小説や黒幕小説に近い、文章による一種のパフォーマンスと化しているのだ。その叙述は通常、一人称の白話文でなされ、それまで文言中心だった『先施楽園日報』において、独特の臨場感を放っている。経緯を知らぬ読者が劇評として読むと論旨が不明瞭だが、読みつづけるうちに執筆陣の人間模様が把握でき、その応酬を読み物として楽しむことができるようになる。

先述の筆戦の後、『先施楽園日報』に掲載される劇評には、筆戦について言及し、その上で「劇評」そのものについて考察する叙述が見られるようになる。

劇を評すとは、劇の筋書きを評論し、劇の進歩を督促することである。けだし旧劇の構成は、錯誤のある点を免れず、新劇の編劇もまた、当を失するところをなくすことはむずかしい。その錯誤の点、当を失するところについてこれを校訂し、修正する、これこそ劇評家のつとめである。演じ手もまた、周到でないという遺憾をなくすことはむずかしい。そこで劇評家がこれを忠告し、善導すべきであり、これがその進歩をうながすということだ。自身の意に染まぬところを攻撃し、口をきわめてやたらに罵るにいたっては、劇評家のすべきこととは似て非なるものである。(44)

劇評の文章をいまの人はみな遊戯の筆墨と見なし、劇評の大家をもって任ずる者も、また多くは劇を評することと芸妓を評することを混ぜて同一のものと見なしている。そのあげくに遊戯をもってこれをあらわすことは、ああ、誤りである。そもそも劇の社会教育の性質を含むことは、もとよりことごとく人の知るところだ。しかるにその根本になお芸術の問題を研究するということがあれば、およそこの種のことに関する文章を、どうして遊戯の筆墨と見なし、またどうして遊戯をもってあらわすことができようか。とはいえ、遊戯をもってあらわされた文章が存在するので、ここに遊戯の筆墨と見なされる悪果が生み出され、物は必ずおのずと腐り、後に虫が生ずる。筆者はこの言論の自由な劇評界を深く愛するがゆえに、その信用の堕落するに忍びないのだ。(45)

興味深いのは、この仲裁の叙述に、文言が用いられていることである。そのことにより、書き手がこの一文を筆戦とは区別される叙述と考え、「劇評」について啓蒙する意図をもつことを示しているように見える。そしてここでは、遊戯場や『先施楽園日報』の娯楽文化を特徴づける「遊戯」という概念そのものが、「劇評」と相対するものとしてとらえられている。

先述の筆戦の後、天蟾《てんせん》舞台の経営者・許少卿は、譚派鬚生《しゅせい》の羅《ら》小宝《しょうほう》を招いて尚小雲の相手役をつとめさせることとし、林樹森が相手役をつとめることはなくなったという。[46] 新聞紙上の筆戦は、単なる紙上のパフォーマンスにとどまらず、実際に興行を左右するほどの影響力をもっていたようである。

その後、一二月には筆戦は一旦収束する。しかし、一九二〇年五月、鄭醒民による原稿募集の広告がきっかけとなり、ふたたび大規模な筆戦が勃発することとなった。[47] この広告は、『菊事叢談』という本の出版のため原稿を募集し、採用されたものは逐日『先施楽園日報』に掲載する、という内容である。七月中旬に出版、報酬はなるべくはずむとあり、私怨を晴らすものやほしいままに中傷するものは採用せず、策略の意図や党派の悪臭は極力排すと注意書きされている。

注目すべきは、このたびの筆戦は女優をめぐるひいき合戦が発端となっている点だろう。『先施楽園日報』一九二〇年五月から七月にかけては、女優馬金鳳《ばきんほう》と粉菊花《ふんきくか》をめぐる筆戦が繰り広げられ、沈七郎《しんしちろう》と企白《きはく》、曽夢醒《そうぼうせい》と達紓庵《たつしょあん》といった書き手同士の論争に、多数の外野が参戦するという構図が展開される。

馬金鳳と粉菊花は、いずれも一九二〇年代に大世界内にあった乾坤《けんこん》大劇場に出演し、活躍した女優である。すなわち、『先施楽園日報』の書き手たちは、この時点では先施楽園の出演者ではない女優について、筆戦を交えていたことになる。当初こそ、これらの女優の劇評が争点となったが、次第に話題は女優の私生活の暴露[48]や書き手の個人攻撃に移行していく。最後には、『先施楽園日報』の「発行兼広告主任」をつとめた朱心仏が、次のような声明を発表するにいたった。

なんと紓庵、夢醒の両君は一人の坤伶馬金鳳のために一大筆戦を巻き起こし、つづけざまに何週間も騒ぎたて、一般の傍観者も戦渦に巻きこんだのだ。ああ、いままさに国家が多事の時代に、まさか英雄が腕をふるう場がないことを恐れたのだろうか。みななぜわざわざこのような小事を大事にし、有用な時間や貴重な頭脳まで、この取るに足りない馬金鳳の身の上に費やそうとするのだろう。〔中略〕思うに、馬金鳳がもし本当に品格と気概のある人間なら、紓庵、夢醒の諸君の高論に対し、必ずやすべてを拝受し座右の銘とし、毎日舞台に立って芸を見せる前にまずそれを朗読するだろう。そうすれば諸君の文章にそむくこともなく、自らの技芸も高めることができよう[49]。

このような叙述は、筆戦の際にたびたびもち出された、「捧角」行為が俳優蔑視だという批判や、俳優の色を見るか芸を見るかといった議論が、結局のところ劇評家たちにとって、真に討論すべき「問題」ではなかったことを露呈しているといえるだろう。むしろ筆戦における女優とは、劇評の書き手に書かれ、さらに劇評を通して読者に読まれることにより、人びとの間に一種の共同体を形成する媒介の役割を果たしていた。その共同体の内部では、女優はつねに消費の対象である。『先施楽園日報』の筆戦は、遊戯場という小さな劇場空間で間近に見ることのできる女優を、新聞の記事においても徹底的に消費するという新たな娯楽の方法を創出した。これは、初期の筆戦が大劇場で演じる京劇の男旦を俎上にのせていたことと比べると、読者や観客である人びとにとってより身近であり、手の届く範囲内に共同体が形成されたことを示しているのではないだろうか。

その後、六月二九、三〇日に「筆戦の原稿は受けとりません（特別啓事　不収筆戦稿件）」、「筆戦停止之宣告」などの声明があいついで掲載されることにより、『先施楽園日報』における筆戦のパフォーマンスは急速に終幕に向かっていく。そこには容易に編集方針の変更を読みとることができ、これらの筆戦が少なからず紙面上で故意に「演じ」られていたらしいことがうかがえる。

なお、その翌日の七月一日からは、第一面のレイアウトが変わり、題字の下に大きく「優美班古装旧劇」の文字と、女優の一座である「優美班」のプログラムが挿入される。先施楽園は開業時から女優による新劇を上演しており、しばしば「白話新劇」の劇評が掲載されていたが、これ以降、女優の劇評は顕著に増加していくこととなる。それは、紙面における先施楽園の上演情報の割合が増加するということでもあり、一九二〇年代の『先施楽園日報』は、先施楽園の常連客の集うサロンとしての機能を強化していくのである。

共同体の変容

ここまで、『先施楽園日報』における筆戦の状況を追ってきたが、一九一八年から一九二〇年代初頭にかけての時期における、先施楽園と『先施楽園日報』の変化について確認しておきたい。先に述べたように、一九一九年半ば以降、『先施楽園日報』の紙面には変化があらわれ、先施楽園の上演情報の増加というタイアップ関係がうかがえるようになった。この現象は、同年八月より「発行兼広告主任」と明記されるようになった朱心仏と関わりがあるように思われる。

朱心仏は、『先施楽園日報』において「実業叢談　営業上之心得」を連載するなど、実業界と深く関わりのあったジャーナリストだ。筆戦終了の契機となった声明を行なったのも彼であり、おそらく先施楽園の上演、『先施楽園日報』の言論、先施公司の宣伝戦略を、実質的につなぐ役割を果たしていたのではないだろうか。

また、筆戦がエスカレートした一因として、投稿報酬があったことも指摘しておきたい。朱心仏の名が「発行兼広告主任」として掲載され始めた一九一九年八月八日に、二回目の題字変更があり、紙面が刷新されたことはすでに述べた。そしてこのときより、『先施楽園日報』第一面には「投稿酬例」が明記されるようになる。それによれば、投稿報酬は先施楽園の入場券を贈るという形で支給されていた。[50]

投稿が紙面に掲載され、報酬として入場券を得ることは、書き手にとって先施楽園というサロンにおける自らの地位を高めることを意味した。[51] それは、紙面に自分の筆名や文章が掲載されること自体の快楽に加え、共同体における文化の発信側に立っているという自負にもつながったであろう。このように、遊戯場と新聞が独自の小さな共同体を形成し、投稿報酬制度によって投稿＝共同体への参加という枠組みを構築したこと自体、新たな娯楽文化の出現といえるのではないだろうか。

ところで、このような筆戦は一九一九年から一九二〇年代にかけて、『先施楽園日報』に限らず他の遊戯場の新聞でも行なわれていた[52]。この時期に筆戦が繰り返された現象を、上海の劇場空間において眺めてみたとき、そこにどのような意味を読みとることができるのだろう。

そのことを考える手がかりとして、一九一九年一一月に筆戦が始まる直前の夏、『先施楽園日報』に上海の各劇場の衰退を嘆く言説がたびたび掲載されていることに注目したい。

丹桂第一台の戯園における年功も、浅いとはいえない。戯園の俳優に上玉はいないとはいえ、大舞台や天蟾と比べてなにか劣っているわけでもない。あにはからんや、商売の行きづまりは取り返しのつかないことになっており、ある日の昼公演で、階上階下の観客をあわせても七〇数人を超えなかったとは誰が知ろう。〔中略〕戯園を開場するにも運がいる。大舞台の俳優など、疲れきっているといえるが、しかしその商売の順調さはどこの戯園でも追いつくことはできず、毎月千や万にものぼる銀貨を人に贈り、もっぱら無用の劇を見せては人をたえがたくさせる。まさか罪をおそれないわけではあるまい。共同租界の女戯園がなくなってから数年たつが、いまにいたるまで復活のきざしは見えない。フランス租界の共舞台と大世界の乾坤劇場では、いずれも女角〔女優〕が客を集めており、毎日つねに満員御礼である。どうして共同租界の女角の勢力は、フランス租界に遠くおよばなかったのだろう。[53]

これは一九一九年七月二〇日の記事である。つづく八月七日の記事では、暑さのために屋上庭園のある遊戯場に人が集まり、劇場の経営者もこの時期に新しい俳優を招いたり新作を作ったりはしないので、俳優が好き勝手に手抜き仕事をし、地方商人や芝居のわからぬ客を集めている、と述べられる。[54]この文中においても、集客力があるのは共舞台の『宏碧縁』のみと記されており、女優の出演する新奇さを売り物にした「海派」京劇が、劇評では批判されながらも、人気を博していたことがわかる。

一九一九年の夏以降、女優についての叙述が紙面に増加したこと、またこの時期の女優の流行が、清末から女優劇を上演していた群仙茶園などの所在地である共同租界ではなく、フランス租界の共舞台に移行していることは注目すべき点だ。これは、共同租界では一九〇九年にアヘン館の営業が禁止されたこと、さらに一九一六年にはアヘンの輸入と販売、それにともなう税の徴収が工部局により一元化され、アヘン商人の密売が取り締まられたことと関係があるように思われる。[55]フランス租界の女優劇、とりわけ共舞台や大世界の女優劇が人気を博したのは、共同租界に比してフランス租界のアヘン売買の取り締まりが緩かったことも一因であったようだ。

そのような背景のもと、遊戯場の女優劇には、次のようなまなざしが注がれていた。

各遊戯場に女子新劇というものがあるのは、廉価で客を呼びやすいためであり、これが遊戯場の利である。〔中略〕ただ、かの女新劇家が、社会を尊び、その外見はおとなしく、心は雅やかで、ついには男性の演劇人にはるかにまさると思ったとしても、もし男性の演劇人がよからぬ眼を光らせたなら、そのいやらしさはたえがたく、それは飢えた獣のようなものだ。〔中略〕思うに、かつて新劇の舞台があったとき、みながほしいままに女色をあさろうとしても、まだ衆目にはばまれ、おおっぴらに部屋に闖入しようとはしなかった。遊戯場の中の上演であれば、その芸が終わった後は、都合よく事を運ぶことができ、その様子は白玉をことごとくきずつけねばやまぬといったありさまである。(56)

一九一九年の上海の劇場空間には、もはや新舞台開場時にあったような教化の機能や、国民国家という「想像の共同体」を演劇によって共有するという現象は見いだせない。一方、新興の女優劇は観客にとって手の届く範囲の欲望の対象であった。それは現実的な欲望の対象であったと同時に、新聞の文章によって情報を消費するという形で、彼女らをまだ見ぬ読者にとっても、想像上の欲望の対象になりえたといえる。そのように女優を消費する読者あるいは観客のあり方は、大劇場で男旦を見ることとは異なる観劇の習慣や審美基準を作り出したといえるだろう。

ところで、一九二〇年代の『先施楽園日報』は、投稿者の集まるサロンとしての様相を呈していき、先施楽園そのものの内幕を描く小説が掲載されるようになる。たとえば一九二一年九月に掲載された「諷刺小説　評劇家」は、当時の劇場と劇評家の関係を暴露した内容であるが、その梗概は次の通りである。[57]

某新聞に「菊判」署名による、北京から上海にきた俳優「小蘭芬」の悪評が掲載される。各紙とも悪評紛々であるため、興行主が調べたところ、「菊判」とは劇評の大家「李正音」の別号であった。興行主はただちに劇評家を集めてもてなし、「小蘭芬」のチケットを配る。はたして、翌日の新聞には「正音」の署名で「小蘭芬を評するに菊判君に宣戦する」という文章が載ったのであった。

この小説は、文中に劇評の内容を挿入する手法を採っており、メタフィクションの趣向を感じさせる。書き手の張枕緑《ちょうちんりょく》は「鴛鴦蝴蝶派」作家であり、『小説月報』に投稿していた人物だ。このようなプロットの仕掛けは、同時期の小説としてはとりたてて目新しくはないが、読者は容易に筆戦の舞台裏を想像することができただろう。

一九二四年から一九二六年にかけては、先施楽園の劇評のほかに、そこに集う人びとを題材とする文章が目につくようになる。たとえば、一九二四年七月八日から八月一四日にかけて、三〇回にわたり連載された小説「先施楽園」では、『先施楽園日報』編集部で周痩鵑が忙しく作業をしているところに投稿者たちがつぎつぎと訪れ、談笑する様子から物語が始まる。その冒頭では、「鵑翁は平生後進を助けるのを好み、だからその新聞の投稿者はみな若くて学識のある青年だ。ささやかな小新聞といえども、それらの作品はかえって非のうちどころなく、上海でも完全無欠の小新聞なのだ(58)」と語られる。これはフィクションではあるものの、(59)投稿者にとって先施楽園や『先施楽園日報』に集まることが、「周瘦鵑」に代表される上海の新しい娯楽文化に参与しているという実感を得る行為であったことがうかがえる。

類似した叙述は一九二六年七月九、一〇日に掲載された阿雪「わたしと楽園報（我与楽園報）」にも見ることができ、ここでは書き手が周瘦鵑、劉恨我《りゅうこんが》、沈七郎といった『先施楽園日報』の主筆陣とどのように知り合い、投稿者となるにいたったかが語られる。同年一月には、屋上に「新新屋頂花園」という遊戯場をそなえた百貨店・新新公司が開業しているが、同じ投稿者だった劉恨我が『新新日報』の編集者となったことについて、書き手は「その光栄さはいかほどであろう。反対に私は愚鈍であり、なお投稿生活の中にいる。雲泥の差に、自らをにくまずにいられようか(60)」と述べている。

このように、一九二〇年代の『先施楽園日報』には、投稿者の間に一種のサロンが形成され、仲間内の話題が掲載されるという特徴が見いだせる。そのような連帯意識が充満する文章は、読者と投稿者との同化をうながし、読者にも同じ共同体の一員であるという意識を抱かせたのではないだろうか。

一九一〇年代末から一九二〇年代にかけて、先施楽園と『先施楽園日報』において見られるつながりは、小さな劇場空間の周囲に共同体を形成し、それによって支えられる自我というものを生み出した。

そのとき、先施楽園は受動的に観劇をする場所であるのみならず、『先施楽園日報』の投稿者や読者が、能動的に新しい娯楽文化に参加するための場所となった。そこでは、現実の劇場空間における欲望の体験を、「遊戯」の文字テクストによって想像に変える行為こそが、共同体を支えていたのである。

なお、先施楽園において形成された共同体が他の遊戯場と異なるのは、それが共同租界の南京路、先施公司の屋上という場所にあった点だろう。一九二〇年代以降、先施公司、永安公司、新新公司といった百貨店が立ち並んだ南京路は、近代都市の景観をそなえた繁華街となる。その屋上にある遊戯場とは、小さな劇場空間で女優を見ている観客が、百貨店に陳列される舶来品のもつモダニティと、直接つながりを感じることのできる場所であった。『先施楽園日報』は、そのような読者あるいは観客が、近代都市上海の娯楽文化に参与するための媒体としての役割を果たしていたのである。

【表】筆戦関連記事一覧

■一九一九年九月～一九二〇年一月の筆戦

日付	署名	題目
一九一九年九月二七日	調梅	香雪廬瑣言（二）
一九一九年一〇月一一日	醒民	摩玉楼劇談
一九一九年一一月一一日	醒民	答阿土森先生

一九一九年一一月一八日	阿土森	答醒民先生
一九一九年一一月二二日	醒民	再答阿土森先生
一九一九年一一月二三日	醒民	拉雑劇談
一九一九年一一月二六日	秋雁	同醒民談談
一九一九年一一月二七日	調梅	同醒民談談（二）
一九一九年一一月二八日	調梅	同醒民談談（三）
一九一九年一一月二九日	調梅	同醒民談談（四）
一九一九年一二年五日	醒民	咱們就来談談（一）
一九一九年一二月六日	醒民	咱們就来談談（二）
一九一九年一二月七日	醒民	咱們就来談談（三）
一九一九年一二月八日	醒民	咱們就来談談（四）
一九一九年一二月一三日	銅琶鉄笛斎主	評劇談（一）
一九一九年一二月一四日	銅琶鉄笛斎主	評劇談（二）
一九一九年一二月一五日	銅琶鉄笛斎主	評劇談（三）
一九一九年一二月一六日	銅琶鉄笛斎主	評劇談（四）
一九一九年一二月一七日	筆花	我来勧勧你們
一九二〇年一月五日	調梅	醒民吾来問問你
一九二〇年一月一七日	筆花	我来問問醒民

■一九二〇年五月～七月の筆戦

日付	署名	題目
一九二〇年五月四日	浮生	余之汪碧雲馬金鳳談
一九二〇年五月一二日	七郎	粉菊花与馬金鳳観
一九二〇年五月一四日	醒民	徴求劇談
一九二〇年五月一六日	七郎	粉菊花専集談
一九二〇年五月二〇日	七郎	粉菊花之義旗令
一九二〇年五月二一日	浮生	予之汪碧雲粉菊花観
一九二〇年五月二四日	企白	粉菊花与馬金鳳之比較
一九二〇年五月二八日	稚蝶	曲盧雑話
一九二〇年五月二八日	鵑魂	我之粉孃与馬汪三伶談
一九二〇年五月二八日	華山作、七郎録	与企白談粉馬観
一九二〇年五月二九日	醒民	専集説
一九二〇年五月二九日	亜盧	馬金鳳的宇宙瘋
一九二〇年五月三一日	紓庵	馬金鳳与粉菊花
一九二〇年六月一日	浮生	稚蝶我来問問你
一九二〇年六月二日	浮生	我友之汪碧雲談
一九二〇年六月三日	曽夢醒	余之馬金鳳談
一九二〇年六月四日	貽蓀	怡情軒劇談

一九二〇年六月四日	浮生	観碧雲演劇雜談
一九二〇年六月五日	企白	論評劇界的筆戦
一九二〇年六月五日	亜廬	馬金鳳的貴妃酔酒
一九二〇年六月六日	紓庵	怎様叫做肉麻
一九二〇年六月七日	七郎	専集之価値
一九二〇年六月八日	亜廬	問問夢醒之馬金鳳談
一九二〇年六月九日	松園	夢醒你夢醒麼？
一九二〇年六月九日	香秋館主秋声	余之馬金鳳譚
一九二〇年六月一〇日	夢醒	就是這様叫做肉麻
一九二〇年六月一一日	張悟非	為夢醒紓庵作和事老
一九二〇年六月一一日	貽蓀	無情軒劇談
一九二〇年六月一二日	稚蝶	問曽夢醒馬金鳳談之第二篇
一九二〇年六月一三日	費文宝	筆要放得貴重些
一九二〇年六月一四日	紓庵	夢醒聴之
一九二〇年六月一四日	六郎	我也問問松園
一九二〇年六月一五日	春光	夢醒無理取鬧
一九二〇年六月一五日	沈炳文	吾之捧馬観
一九二〇年六月一六日	令公	書七郎専集之価値篇後
一九二〇年六月一六日	七郎	記粉菊花

一九二〇年六月一六日	香秋館主秋声	余之馬金鳳談
一九二〇年六月一七日	紓庵	第二次駁夢醒
一九二〇年六月一八日	張悟非	問問春光
一九二〇年六月一八日	夢醒楼主	春光你真荒謬之極
一九二〇年六月一八日	紓庵	第三次駁夢醒
一九二〇年六月一九日	紓庵	答作和事老之悟非
一九二〇年六月一九日	香秋館主秋声	談談馬金鳳
一九二〇年六月一九日	浮生	病梅館主雑話
一九二〇年六月二〇日	忍傑	評劇家的眼光与弁論者的態度
一九二〇年六月二〇日	蓮水六郎	代夢醒答紓庵
一九二〇年六月二一日	忍傑	評劇家的眼光与弁論者的態度（下）
一九二〇年六月二一日	恨波女史	唉可憐的馬金鳳
一九二〇年六月二一日	憾情生	紓庵你聴了
一九二〇年六月二三日	夢醒楼主	以問答示紓庵
一九二〇年六月二四日	七郎	論評劇家的眼光与弁論者的態度篇之差誤
一九二〇年六月二四日	張悟非	何苦何苦
一九二〇年六月二五日	秋声	香秋室雑話
一九二〇年六月二五日	春光	批駁夢醒問春光的妙文
一九二〇年六月二六日	曽憾世	你們可以休戦了

一九二〇年六月二六日	春光	批駁悟非問春光的妙文
一九二〇年六月二七日	忍傑	申評論家的眼光与弁論者的態度義
一九二〇年六月二七日	心仏	勧大家収了筆罷
一九二〇年六月二八日	明霞	馬金鳳談
一九二〇年六月二八日	疑雲	粉馬党之将来
一九二〇年六月二八日	紓庵	第四次駁夢醒
一九二〇年六月二九日	恨波女史	勧秋声君省些事罷
一九二〇年六月二九日	憾情生	駁秋声的雑話
一九二〇年六月二九日	編輯部	特別啓示　不収筆戦稿件
一九二〇年六月三〇日	冠三	我看你們還是不要打罷
一九二〇年六月三〇日	仲侠	我也来勧勧諸君可以停戦了
一九二〇年六月三〇日	秋声、浮生	筆戦停止之宣告
一九二〇年七月一日	瓶山樵子	我也来勧勧
一九二〇年七月二日	任壮飛	為夢醒紓庵諸君評馬金鳳事宣告和好
一九二〇年七月二日	紓庵	悔言
一九二〇年七月三日	銅琶鉄笛斎主	評劇界之悲観
一九二〇年七月五日	馬鞍樵子	忠告我評劇家

【注】

（1）楼嘉軍『上海城市娯楽研究（1930～1939）』文匯出版社、二〇〇八年、二八～四九頁、白井啓介「モダンの風が吹く前に―上海モダンと中国映画の黎明期―」『アジア遊学』第六二号、二〇〇四年を参照。

（2）新舞台については、沈定盧「新舞台研究新論」『戯劇芸術』一九八九年第四期、平林宣和「茶園から舞台へ―新舞台開場と中国演劇の近代―」『演劇研究』第一九号、一九九六年に詳しい。

（3）平林宣和「清末上海の改良新戯―その理念と実状―」『中国文学研究』第二三号、一九九七年は、これらの新劇に啓蒙的・政治的意図が濃厚なものと、啓蒙の意識が薄く、新奇さを追求するものとが混在していたことを指摘する。

（4）蔡祝青「舞台的隠喩：試論新舞台《二十世紀新茶花》的現身説法」『戯劇学刊』第九期、二〇〇九年、平林宣和「一九〇四年の上海劇界―『警鐘日報』と戯曲改良運動萌芽期の上演状況―」『演劇研究』第一八号、一九九五年を参照。

（5）張澤綱「《二十世紀大舞台》創刊始末」『上海戯曲史料薈萃』第三集、中国戯曲志上海巻編輯部、上海芸術研究所、一九八七年、七八～八一頁、前掲蔡祝青「舞台的隠喩」、前掲平林宣和「一九〇四年の上海劇界」を参照。

（6）前掲蔡祝青「舞台的隠喩」のほか、陳凌虹『日中演劇交流の諸相―中国近代演劇の成立―』思文閣出版、二〇一四年に詳しい。また、波多野乾一『支那劇五百番』支那問題社、一九二七年、五九二～五九三頁、朱双雲『新劇史』新劇小説社、一九一四年、「軼聞」二頁に「新茶花」の項目がある。ただし前者の筋は、『図画日報』のものと異なる。

（7）ベネディクト・アンダーソン著、白石隆、白石さや訳『定本　想像の共同体―ナショナリズムの起源と流行』書籍工房早山、二〇〇七年。なお、原著の初版は一九八三年、前掲書は一九九一年増補版の翻訳である。

（8）同時期の劇評については、松浦恆雄「中国現代都市演劇における特刊の役割―民国初年の特刊を中心に―」『野草』第八五号、二〇一〇年、藤野真子『上海の京劇―メディアと改革』中国文庫、二〇一五年、趙海霞『近代報刊劇

評研究：1872-1919』斉魯書社、二〇一七年も参照。
（9）許廑父「王鈍根」『中国文学史資料全編・現代巻　鴛鴦蝴蝶派文学資料（上）』知識産権出版社、二〇一〇年、二九五～二九六頁、范伯群主編『中国近現代通俗文学史』下巻、江蘇教育出版社、二〇一〇年、四三五頁を参照。
（10）前掲藤野真子『上海の京劇』、松浦恆雄「民国初年における『戲考』の文化的位置」『立命館文学』第六一五号、二〇一〇年を参照。
（11）范伯群主編『中国近現代通俗文学史』上巻、江蘇教育出版社、二〇一〇年、一〇～一一頁による。
（12）魏紹昌編『鴛鴦蝴蝶派研究資料』三聯書店香港分店、一九八〇年、趙孝萱『〝鴛鴦蝴蝶派〟新論』蘭州大学出版社、二〇〇四年、『中国文学史資料全編・現代巻　鴛鴦蝴蝶派文学資料（下）』知識産権出版社、二〇一〇年を参照。
（13）遊戯場については、前掲楼嘉軍『上海城市娯楽研究（1930～1939）』、三須祐介「上海の遊楽場」『アジア遊学』第八三号、二〇〇六年、同「〈眺望〉という快楽～上海・楼外楼の成立をめぐって～」『學苑』第七三一号、二〇〇一年、同「清末上海の遊興空間、夜花園―真夏の夜の楽園―」『野草』第六五号、二〇〇〇年、同「海派園林から屋頂花園へ―上海遊楽場史の一断面―」『早稲田大学大学院文学研究科紀要 第三分冊 日本文学演劇美術史日本語日本文化』第四四号、一九九八年、森平崇文『社会主義的改造下の上海演劇』研文出版、二〇一五年、連玲玲『打造消費天堂：百貨公司与近代上海城市文化』中央研究院近代史研究所、二〇一七年などに詳しい。
（14）神谷まり子「都市訪問者の上海遊興物語―社会小説『海上繁華夢』について―」『野草』第七五号、二〇〇五年、同「鴛鴦蝴蝶派と上海娯楽文化」『アジア遊学』第六二号、二〇〇四年を参照。
（15）小新聞については孟兆臣『中国近代小報史』社会科学文献出版社、二〇〇五年、李楠『晚清、民国時期上海小報研究』人民文学出版社、二〇〇五年、洪煜『近代上海小報与市民文化研究（1897～1937）』上海書店出版社、二〇〇七年を参照。
（16）許廑父「周瘦鵑」前掲『中国文学史資料全編・現代巻　鴛鴦蝴蝶派文学資料（上）』三三八～三三九頁を参照。

（17）『申報』一九一八年八月一五日（八）の広告に、「初九日開幕」とある。また花萼（姚民哀）「記先施公司楽園開幕」『先施楽園日報』一九一八年八月一九日（三）によれば、一九一八年八月一五日木曜日（戊午七月九日）に開園したと考えられる。

（18）鄧怡康「上海先施公司創建人黄煥南」『科技智嚢』一九九七年第九期、五三頁によれば、一九二四年に七階建てに改装されるまで、先施公司は五階建てだったという。一九二〇年代以降の先施公司が果たした都市文化形成については、菊池敏夫『民国期上海の百貨店と都市文化』研文出版、二〇一二年に詳しい。

（19）周痩鵑「不亦楽乎」『先施楽園日報』一九一八年八月一九日（三）。

（20）傅湘源『大世界史話』上海大学出版社、一九九九年、一八頁によれば、大世界にエレベーターが設置されたのは一九一九年のことであり、そのため一九一八年の大世界の広告にはエレベーターのことがうたわれていない。

（21）連玲玲「日常生活的権力場域：以民国上海百貨公司店職員為例」『中央研究院近代史研究所集刊』第五五期、二〇〇七年、一四九〜一五〇頁。

（22）連玲玲「従零售革命到消費革命：以近代上海百貨公司為中心」『歴史研究』二〇〇八年第五期、八七頁。また前掲菊池敏夫『民国期上海の百貨店と都市文化』は、先施公司の香港本店と広州店は上海店にさきがけて屋上庭園と遊戯場を設置しており、独立した総合型遊戯場が発達しなかった香港と広州においては、百貨店付設の遊戯場が都市大衆の娯楽の担い手となったこと、その手法が上海進出の際に踏襲されたことを指摘する。

（23）謝鄂常「吾与楽園（上）」『先施楽園日報』一九二六年四月一〇日（二）。

（24）『先施楽園日報』など遊戯場の新聞広告戦略については、連玲玲「出版也是娯楽事業：民国上海的遊戯場報」『万象小報：近代中国城市的文化、社会与政治』中央研究院近代史研究所、二〇一三年に詳しい。小新聞と広告との関連については、前掲神谷まり子「都市訪問者の上海遊興物語」九一〜九五頁を参照。中華人民共和国建国前後の上海の百貨店と広告については、前掲菊池敏夫『民国期上海の百貨店と都市文化』に詳しい。

（25）仙「一班神女闘春装」『先施楽園日報』一九一九年四月一日（四）。
（26）前田愛「開化のパノラマ」『都市空間のなかの文学』筑摩書房、一九八二年、一一一～一一七頁。
（27）周痩鵑「不亦楽乎」『先施楽園日報』一九一八年八月二〇日（三）。
（28）前掲連玲玲「出版也是娯楽事業」は、このような『先施楽園日報』の欄名に伝統的な「蔵書楼」と近代的な「閲報処」が混在している点、また同一の連載随筆がときに異なる欄に掲載されるなど、欄の細分化に厳密な区分けの意図が見られない点を指摘し、筆記小説における多様かつ個人的な情報を累積する雑駁さと「遊戯」概念との類似点を見いだしている。
（29）前掲連玲玲「従零售革命到消費革命」、八〇～八三頁。
（30）前掲菊池敏夫『民国期上海の百貨店と都市文化』、一三六頁。
（31）（張）碧悟「評新舞台拿破崙之趣史」『先施楽園日報』一九一八年一二月三日（三）。
（32）（周）剣雲「剣気凌雲廬劇話」『先施楽園日報』一九一八年一二月一日（三）、一九一八年一二月九日（三）など。
（33）同右『先施楽園日報』一九一九年一月一日（四）、一九一九年一月二日（四）、一九一九年一月一六日（四）など。
（34）舎予「俏皮劇話」『先施楽園日報』一九一九年六月二五日（四）。
（35）同右、『先施楽園日報』一九一九年六月二九日（四）。
（36）厳芙孫「黛紅戯曲拉雑談」『先施楽園日報』一九一九年七月六日（四）。
（37）前掲松浦恆雄「中国現代都市演劇における特刊の役割」、一八～二〇頁。
（38）（呉）調梅「香雪廬瑣言（二）」『先施楽園日報』一九一九年九月二七日（四）。
（39）（鄭）醒民「摩玉楼劇談」『先施楽園日報』一九一九年一〇月一一日（四）。
（40）一八九六～未詳。江蘇川沙（上海）の人。本名建中。「鴛鴦蝴蝶派」作家であり、『小説月報』、『申報』、『半月』、『快活』などに投稿した。趙苕狂「張舍我伝」前掲『中国文学史資料全編・現代巻　鴛鴦蝴蝶派文学資料（上）』、三二四頁を参照。
(41) (鄭) 醒民「答阿土森先生」『先施楽園日報』一九一九年一一月一一日(四)。
(42) 阿土森(張舎我)「答醒民先生」『先施楽園日報』一九一九年一一月一八日(四)。
(43) 范伯群『中国現代通俗文学史(挿図本)』北京大学出版社、二〇〇七年、二一五〜二二四頁、神谷まり子「黒幕小説の女性像について—『中国黒幕大観』—」『野草』第八三号、二〇〇九年を参照。
(44) 銅琶鉄笛斎主(方秩言)「評劇談(一)」『先施楽園日報』一九一九年一二月一三日(四)。
(45) 銅琶鉄笛斎主(方秩言)「評劇談(二)」『先施楽園日報』一九一九年一二月一四日(四)。
(46) 筆花「我来勧勧你們」『先施楽園日報』一九一九年一二月一七日(四)。
(47) (鄭) 醒民「徴求劇談」『先施楽園日報』一九二〇年五月一四日(四)。
(48) 亜廬「問問夢醒之馬金鳳談」『先施楽園日報』一九二〇年六月八日(四)。
(49) 心仏「勧大家収了筆罷」『先施楽園日報』一九二〇年六月二七日(四)。
(50) 「投稿酬例」『先施楽園日報』一九一九年八月八日(一)。
(51) 前掲連玲玲「出版也是娯楽事業」は、一九二五年から二七年にかけての『天韻報』、『新新日報』の例をあげ、遊戯場新聞における筆戦が、読者に刺激を与え、娯楽を提供するための戦略であったと分析する。また筆戦の書き手にとっても、文芸作品を創作するよりも効率よく自己を宣伝することができたと指摘する。
(52) 憾情生「紓庵你聴了」『先施楽園日報』一九二〇年六月二一日(四)に、『新世界報』と『企妹電光日報』では娼妓の人気投票である「花選」のために筆戦を長く行なっているとある。
(53) 湘夫「戯劇叢談」『先施楽園日報』一九一九年七月二〇日(四)。
(54) 龍「蟄廬戯言」『先施楽園日報』一九一九年八月七日(四)。
(55) 石磊「工部局鴉片管理政策転変及其背景分析」『租界里的上海』上海社会科学院出版社、二〇〇三年、一四一〜

一四三頁、『上海租界志』上海社会科学院出版社、二〇〇一年、五九六〜五六七頁。

(56) 紓龕(達紓庵)「新劇雑談(二)」『先施楽園日報』一九一九年九月六日(四)。

(57) (張)枕緑「諷刺小説　評劇家」(上)、(下)『先施楽園日報』一九二一年九月一七日(二)、九月一八日(二)。

(58) 香沙磐翁「先施楽園(一)」『先施楽園日報』一九二四年七月八日(三)。

(59) 前掲連玲玲「出版也是娯楽事業」は、多くの遊戯場新聞が実際に編集業務に携わるかどうかにかかわらず、著名人を編集に招いてセールスポイントとしており、周痩鵑も実際には『先施楽園日報』の編集を人に委託していたと指摘する。

(60) 阿雪「我与楽園報」『先施楽園日報』一九二六年七月九日(三)。

第五章　機械仕掛けの舞台

三つの『長坂坡』

早稲田大学坪内博士記念演劇博物館に、福地信世《ふくちのぶよ》（一八七七〜一九三四）の描いた「支那の芝居スケッチ帖」という資料が所蔵されている。これは一九一五（大正四）年から一九二五（大正一四）年にかけての中国演劇を題材とした、日本人の手によるスケッチ集である。全四冊からなるスケッチ帖の作品には、すべて彩色がほどこされている。その中には写真の残されていない劇場の内部や舞台装置の様子、また俳優の扮装や隈取りなどを詳細にうつしとったものが含まれ、当時の演劇状況を多様な面から確認することのできる貴重な資料といえるだろう。

福地信世と「支那の芝居スケッチ帖」については第六章で詳しく述べるが、まずはこの資料に描かれる一九二〇年代の劇場の様子に注目してみたい。

口絵2と3は、上海の新舞台を模して建てられた北京の新明大戯院(1)、第一舞台(2)の舞台装置図である。口絵2を見ると、新明大戯院は半円形のエプロン・ステージをそなえており、かさのついた電灯を照明として使用していること、そして舞台の後方には写実的な絵画の描かれた背景幕が設置されており、幕とカーテンレールが描かれていることから、幕の開閉を行なっていたことがわかる。

口絵3は、写実的な舞台装置の使用例である。これらはいずれも新式の舞台装置だが、それが旧来の舞台装置とどのように異なるのかは、口絵4と口絵5を比較するとわかりやすい。

口絵4と口絵5は、『長坂坡《ちょうはんは》』という『三国演義』を題材にした演目の、同一の場面を描いたものである。俳優も同じ楊小楼《ようしょうろう》（一八七八〜一九三八）、梅蘭芳《メイランファン》（一八九四〜一九六一）で、梅蘭芳の演じる糜《び》夫人《ふじん》が足手まといになることをおそれ、趙雲に劉備の子を託し、いままさに井戸に飛びこまんとするところである。口絵4は第一舞台で、新式舞台装置を用いて上演されているため、舞台の後ろに透視図法をつかって描かれた背景幕が見える。しかし、従来の上演は口絵5のように椅子一つを用いて行なわれていた。この二つのスケッチは、一九二一年の二月と三月に描かれているところから、一九二〇年代の北京において、京劇では新式舞台装置を用いる上演法と伝統的な上演法が並行して行なわれていたことがわかる。

ところで、口絵4では新式舞台装置として背景幕を用いながらも、舞台上に井戸のセットを作ることはせず、旧来の演じ方と同様、椅子を用いていることに注目したい。ここでは完全に写実的な舞台装置がつかわれているわけではなく、「井戸に飛びこむ」という俳優の演技そのものに関わる部分は、やはり椅子によって井戸を象徴するという従来の方法が用いられているのである。

一方、上海の新舞台では、同じ『長坂坡』の場面を次のように上演していた。

> さらに舞台の中心の下層には、穴が掘られており、水をためる際に用いた。水の情景を演じる劇では、舞台のわきに水道管が設置されており、それを開けば本物の水が滔滔《とうとう》と舞台中を尽きることなく、穴の中に流すこともできた。その穴の中に水が無いときは、人が通行することができ、そのため『長坂坡』の井戸に飛びこむ場面などでは、舞台上に井桁《いげた》をしつらえ、人が井戸に向かって飛び降り、穴から退場することができた。(3)

これは、第四章でも触れた孫玉声《そんぎょくせい》（一八六四〜一九三九）という、中華民国期の上海において活躍したジャーナリストの回想である。孫玉声は本名を孫家振、字を玉声といい、海上漱石生《かいじょうそうせきせい》の筆名をもつ。中国のもっとも早い時期におけるジャーナリストとしての彼の活動は多岐にわたり、『申報《しんぽう》』、『新聞報』、『時事新報』などの編集に携わり、『笑林報』、『新世界報』、『大世界報』などを創刊したほか、上海書局を創設した。演劇界にも深く関わり、上海伶界聯合会《れいかいれんごうかい》会長をつとめた関係から、『梨園公報《りえんこうほう》』を編集する。著作に小説『海上繁華夢』、随筆『退醒廬筆記』などがある。また、民国期の京劇の舞台装置について、数多くの記録を書き残している。

孫玉声の記述によれば、新舞台の『長坂坡』では、舞台に穴が開けられており、そこに井桁をしつらえて中に飛びこむという演出が行なわれていたようだ。この場合、「井戸に飛びこむ」という場面は、伝統的な京劇のように俳優の演技の型によって示されるのではなく、実際に俳優が飛び降りて見せたのだろう。

本章では、こうした事例をふまえ、中華民国初期の京劇の新式舞台装置について眺めてみたい。二〇世紀以降、京劇の舞台装置は現代化に向かい発展しつづけているが、その嚆矢《こうし》となる新舞台、および新舞台の影響を受け、一九一〇年代の上海に陸続と登場する西洋式劇場で用いられた新式舞台装置の実態は、いかなるものだったのだろう。また、当時の上海では、日本帰りの留学生らによって広められた、「新劇」という新しい形式の演劇が流行しており、京劇と新劇の間には人的交流があるなど、両者は近接した関係にあった。女優の登場と時期を同じくして発展した京劇の新式舞台装置は、二〇世紀の京劇をどのように変えていったのか、見ていきたい。

新舞台開場前の西洋式劇場と舞台装置

中国で最初にあらわれた西洋式劇場は、一八六七年、英租界に開業した蘭心大戯院（ライセアム・シアター、ライシャム劇場）である。この劇場は一八七四年に再建され、英国人のアマチュア劇団A.D.C.の上演場所として用いられた。劇作家、小説家、映画研究者であった徐卓呆《じょたくたい》（徐半梅、一八八一〜一九五八）の回想によれば、その建築は次のようであった。

設計は完璧に近いものであり、舞台の表も裏も広々としていて、客席は三階建てだった。とりわけ音の伝わり方は、満足のいくものであった。もし俳優が舞台の上でかすかなため息をつけば、そのごく小さい音でも、三階まで届くことができるのだ。(4)

しかし、この蘭心大戯院は京劇の上演場所ではなかった。京劇の上演場所である「茶園」の中に西洋式の舞台をしつらえるところがあらわれるのは、『申報』の新聞広告から確認する限り、新舞台の開場する一九〇八年前後のことである。(5)

一方、新式舞台装置の使用については、京劇の上演場所が西洋式劇場となる前より行なわれていた。それは、「灯彩戯《とうさいぎ》」、「灯戯《とうぎ》」などと呼ばれる照明効果を駆使した京劇であり、灯彩戯は伝統的な「花灯《かとう》(飾り灯籠)」を用いたものに始まる。やがてガス灯を用いるようになり、その後電灯を用いるようになった。

上海にガス会社が設立されたのは、一八六五年、共同租界にできた「大英上海自来火房 Shanghai Gas Co.,Ltd」が最初であり、一八六七年、フランス租界にできた「法商自来火行 Compagnie du Gaz de la Concession Française de Changhai」と一八九一年に合併する。(6) ガス灯をつかった灯彩戯は一八七〇年代には上演され始めていたが、初期のガス灯は、舞台装置というよりは上演場所の装飾や設備の役割を果たしていた。その後、一八七〇年代後半から一八八〇年代にかけて、劇の内容と関わる照明の使用が始まることが、同時期の『申報』広告より確認できる。[7]

一八七六年、共同租界内の宝善街（現在の広東路・福建中路付近）にあった大観園という劇場の戯単《ぎたん》（演目一覧）に、「全本灯戯、文武全班合演」との宣伝文句を付された『蜃中楼』という演目が見える。[8] 戯単に記載された筋書きには、神仙や竜王の登場する筋が確認でき、その末尾は「新彩新切」との語で結ばれている。「彩切（彩砌）」とは照明を用いた舞台装置のことであり、[9] このころすでに神仙物の劇で照明効果や新式の舞台装置が用いられ、幻想的な場面が売り物となっていたことが推測できる。

この時期の灯彩戯について、孫玉声は次のように述べている。

> ガス灯は暗くしたり明るくしたりすることができ、そのため『大香山』、『三世修』などの神仙や幽霊物の劇では、火の元栓を少し締めて炎を弱め、不気味な青色を作った。舞台中に突然薄暗くて気味の悪い雰囲気があらわれると、観客はいまだかつて見たことがないと言った。[10]

つづく説明によれば、その後電灯があらわれたが、初期のものは明るくなったり暗くなったりしたため、舞台照明としてではなく、劇場の照明としてのみ用いられた。やがて電灯が白熱球になった後、ガス灯は次第に減っていったという。この文章からは、ガス灯時代、すでにそれが劇場の照明ではなく、舞台照明として効果を出すために用いられていたことがわかる。

次に、電灯による灯彩戯について見ていきたい。上海に電気会社が設立されるのは、一八八二年、共同租界にできた「上海電光公司 Shanghai Electric Co.」が最初であり、一八九三年、同じく共同租界に「工部局電気処」が設立される。[11] 当時、「茶園」と呼ばれていた上演場所での電灯の使用は、そのもっとも早い例を一八八三年の『申報』の広告に見ることができる。[12] しかし、孫玉声の記述によれば、初期の電灯は劇場の照明として用いられていたため、舞台効果としては花灯やガス灯との併用が行なわれていたと考えられる。

その後、電気照明が発達するのと時期を同じくして、舞台上における実物の道具の使用や、写実的な絵画を背景として用いる背景幕の使用が開始される。たとえば、『申報』一八九三年一一月一六日に掲載された天仙茶園の灯彩戯である『中外通商』の広告には、慶弔の飾りつけを専門とする福建や広東の飾り物職人と、洋画家を招き、薄絹を巻きつけた照明や汽船、砲台、外国兵などによって新境地を切り拓くと宣伝されている。[13] この広告により、新舞台開場以前の舞台装置に、すでに西洋画の手法が取り入れられていたことがわかる。

また、孫玉声は、灯彩戯で用いられた舞台装置について次のように述べている。

> 上海の各戯園の灯彩戯は、『白雀寺』、『大香山』、『游十殿』に始まり、『白雀寺』には火の情景があり、『大香山』には山の情景があり、『游十殿』では油の鍋や刀の山などさまざまな地獄変相の図

> を作り、すべてキャラコやカナキンなどの布に彩色して描かれた。『白雀寺』の火の情景には、いわゆる「倒彩《とうさい》」があり、それは重ねた背景幕のことである。舞台上で火が燃える場面を演じるとき、「検場人」〔裏方〕が松やにに火をつけたものを連続して投げ入れ、舞台上では重ねた背景幕が倒されると、先に家屋が描かれていたのが、突然炎に変わり、見る者はみな喝采した。〔中略〕しばらくして丹桂《たんけい》園主の田際雲《でんさいうん》（すなわち想九霄《そうきゅうしょう》）は、旧正月に『斗牛宮』という灯戯を上演した。〔中略〕〔灯彩戯の〕最盛期は、清光緒十余年から三〇年あたりまでである。上海南市十六鋪に新舞台が創設され、背景を劇に用いると、各舞台はみなこれにならい、やっとその客を奪った。[14]

ここで述べられる田際雲（一八六四～一九二五）とは、灯彩戯で名を馳せた梆子戯《ほうしぎ》（拍子木を用いた北方の伝統劇の一種）の男旦《ナンタン》であり、京劇史における重要な改革の局面に関わった人物である。その経歴を見ていくと、彼は芸名を想九霄（あるいは響九霄）といい、原籍は河北高陽である。一二歳のとき河北涿《たく》県双順科班に入り、梆子戯の花旦《かたん》と小生《しょうせい》を専攻し、一五歳のとき上海に渡った。一八八五年、北京に渡り、一八八七年に小玉成班を興《おこ》す。その後、灯彩戯の新作『斗牛宮』により上海で人気を博す。一八九一年、北京に戻り大玉成班を興し、上海で京劇と梆子戯の俳優が共演する「両下鍋《リアンシアグオ》」という形式の上演を始める。また、一九〇六年、福寿堂《ふくじゅどう》にて慈善公演である義務劇『恵興女士伝』を上演した。一九一〇年、王鐘声《おうしょうせい》を北京に招いて新劇の上演を行なう。一九〇九年より一九一二年にかけて、俳優の「私寓（男優が稚児をすること）」や女優の娼業の禁止を訴えた。その一方、第二章において俳優組織「正楽育化会《せいがくいくかかい》」とその女優排斥運動について触れたが、田は同会の発起人および副会長として女優の禁止を訴え、女優排斥の運動に荷担してもいる。ところが男女分演の後、女優の隆盛期を迎えると、今度は女優の養成所である女科班の崇雅社《すうがしゃ》を組織した。
田際雲の灯彩戯がいかなる上演であったのか、孫玉声は次のように回想する。

清の光緒中葉、上海にきて丹桂などの劇場で芸を披露した。〔中略〕特別に『斗牛宮』という灯彩戯を上演し、それをもって宣伝に用いた。〔中略〕舞台上には五、六〇人ほどの人が手にそれぞれ明かりをもち、とてもにぎやかであり、羅漢、金剛がそれぞれ着けているかぶりものはさらにまばゆい。芝居の途中では精巧な庭園のイルミネーションが、ひときわ燦爛と輝く。〔中略〕この劇は仙界の情景を終幕とするが、いくらか機械仕掛けを用い、鸞鶴《らんかく》に乗って上昇するところがあった。その当時、背景を用いた劇はまだ発明されておらず、このような工夫はとくにむずかしかったので、観客はいまだかつて見たことがないと感嘆した。(15)

同様の回想を孫玉声は「夏暦新年昔時之灯戯」（『梨園公報』一九二九年二月一二日）においても書き記しており、新舞台の開場前夜の上海における京劇では、すでに照明の使用に加えて、歌舞伎でいうところの「宙乗り」の試みが行なわれていたことがうかがえるのである。

新舞台の舞台装置

一九〇八年一〇月二六日、中国人の手による最初の西洋式劇場・新舞台が上海南市十六鋪に開場する。[16] この劇場は、当時上海の繁栄の中心であった租界地に対し、旧城内外にまたがっていた中国人街の南市を振興させる目的で建設され、「振市公司」という株式会社を母体として経営された。新舞台の新しさは、西洋式劇場であるということのみならず、経営形態において株式制を採用し、チケット制を開始したという運営面の改革にも見てとれる。経営陣には『新聞報』の主筆をつとめた姚伯欣《ようはくきん》や上海信成商業儲蓄銀行を創設した沈縵雲《しんまんうん》、京劇俳優の夏月珊《かげつさん》、夏月潤《かげつじゅん》兄弟や潘月樵《はんげつしょう》などが名を連ね、彼らは演劇によって社会の改良をめざす「戯曲改良運動」の推進に携わった人びとである。

新舞台開場の一一か月後、一九〇九年九月二六日から一〇月九日にかけて夏月潤は日本を訪問しており、[17] 次のように述べている。

> 新舞臺の構造を申しますと、此の建築物は日本と支那と西洋の三ヶ國の技師の合議の結果各國劇場構造法の長所を取捨して設計したもので起工より三ヶ年を經過して落成したのです、内部の構造は舞臺六間（約一〇・九メートル。なお、一九一一年開場の帝劇の舞台間口は、約八間で一四・四メート

ルである」に清國では廻り舞臺は何《ど》の劇場にも無かつたのですが新舞臺に限り廻り舞臺を作りました、又在來は背景書割を用ひ無かつたのを改良して今度背景の研究に到來した笹山小羊が大いに腕を揮つて畫いた引上げ背景や大道具を使用《つかつ》て見せた處、存外の好成績て《ママ》大好評で御座いました。(18)

図1　絵入り新聞に描かれた新舞台(『図画日報』1909年8月28日)

ここで述べられる「笹山小羊」なる人物については未詳だが、「支那俳優と語る」(『歌舞伎』第一一二号、一九〇九年一一月)においても、「新舞台の背景主任」である笹山小羊が夏月潤の来日に同行したと報道されている。したがって、新舞台の設計および舞台装置には、日本人画家が関わっていた可能性も考えられる。

新舞台は半円形のエプロン・ステージをもち、まわり舞台をそなえ、洋画家の手による背景幕を使用していた(図1)。また、『申報』の広告から、客席が三層構造だったことが確認できる。(19)孫玉声の回想によれば、この劇場の背景幕には用途に応じて複数の種類のものが用いられていた。

各舞台が劇中に背景をおくのは、もとより新舞台を嚆矢とする。その主な従事者は、名優夏月珊、月潤、月華兄弟、および潘月樵、紳士姚伯欣君である。絵画の創作はすべて著名画家の張聿光《ちょういつこう》がこれを担当し、軟片・硬片・附片などと分かれていた。軟片とはすなわち吊り下げ式のもので、まさしく装置に絵を掛けるように、上演する劇にあわせて色々なものを吊り下げることができる。〔中略〕硬片とは木枠でふちどられた臨時に設置するもので、附片とは左右両側に設置し、舞台裏をかくすものである。〔中略〕〔軟片は必要なときに下ろしてつかい、普段は舞台の上空に掛けておくため〕背景の上端に、別に彩色した絵の描かれた横長の小さな軟片があり、名を横攔《おうらん》といい、それで上方の視線をさえぎる。舞台のてっぺんの広いところに木の橋がかかっており、天橋という。雪景などの上演にそなえたものである。[20]

次に、新舞台開場当時の『申報』の広告から、この劇場の舞台装置がなにを売り物にしていたのか、いくつかの傾向別に見ていきたい。

一、伝統演目における新式装置

一九〇八年一一月一二日　夜戯『八大錘』「新添電光山景戰圖〔新たに加えた電光、山景と戦闘風景〕」

一九〇八年一一月一五日　日戯『天門走雪』「特別西法彩畫滿臺山水雪景〔特別の西洋式の、舞台一面の彩色の背景画、山水の景色と雪景〕」

これらの宣伝文句からは、伝統演目を上演する際にも照明を用い、「山景」、「雪景」などの背景を用いたことがわかる。

二、神仙・幽霊物

一九〇九年二月二八日　夜戯『紫霞宮』「滿台鬼景〔舞台一面のあの世の光景〕」

一九〇九年七月三日　夜戯『斗牛宮』「新紮異様禽獣燈彩 大轉舞台〔新たに設置した異形の鳥獣の形の照明　大きくまわる舞台〕」

「滿台鬼景」、「異様禽獣」とは、舞台いっぱいに広がるあの世の光景、異形の鳥獣を指す。このような非現実的な情景を舞台であらわす灯彩戯は新舞台でも上演され、まわり舞台の使用によっていっそう効果を高めたと思われる。

三、新作の衣装

一九〇八年一一月一六日　夜戯『黑籍冤魂』「均用佈彩畫景花卉 新排發明醒世改良全本時戲〔すべて草花を描いた背景幕を用いる　新たな創作、世を覚醒させ改良する、全編にわたる同時代の芝居〕」

一九〇九年八月一日　夜戯『二十世紀新茶花』「新編文明新劇 歐美西裝軍械〔新作の文明新劇　欧米の洋装と兵器〕」

新作物においては、新式舞台装置に加え、「時装《じそう》」と呼ばれる同時代の衣装が着用された。欧米の洋装と兵器も、宣伝文句に用いられている。

四、新式の装置と新語の使用

一九〇八年一二月二〇日　夜戯『大少爺拉東洋車』「劇中隨加巧彩新詞以實行改良 新式加景勧人善戯〔劇中に巧みに新語を交え、改良を実行する　新式の背景を加えた、人にすすめるべきよい芝居〕」

一九〇九年六月二九日　夜戯『恵興女士』「劇中隨加巧彩新詞及五色電光 新排杭州實情改良新戯〔劇中に自在に加わる巧みで鮮やかな新語と五色の電光　新たに作った杭州の実話、改良の新芝居〕」

これらの広告では、新式の舞台装置を使用するとともに、劇中で新語を用い、そのことによって社会の改良を行なうことがうたわれている。『恵興女士』とは、杭州貞文女学堂を運営するための資金補助を役所に上書したが叶わず、抗議の自殺を遂げた女性の実話にもとづいた作品だ。一九〇六年、田際雲が北京において、慈善公演である義務劇として上演している。(21) このような、実在の人物や事件に取材した演目も、当時の広告にはよく見られる。

五、実際の事件に取材した演目・裁判物

一九〇九年一〇月六日　夜戯『任順徳』「新排上海殺人放火實情新劇〔新たに作った上海の殺人放火、実話の新劇〕」

一九〇九年一〇月二〇日　夜戯『刑律改良』「新排姑蘇奇案情節新戯〔新たに作った姑蘇怪事件の新芝居〕」

『任順徳』は上海で起きた殺人放火事件を劇に仕立てたもの、『刑律改良』は蘇州の事件の裁判物であることが、宣伝文句からうかがえる。このほか、探偵物も当時流行した演目であり、新式舞台装置の発展によって写実的な情景を表現できるようになったことや、まわり舞台などの舞台機構を駆使して情景や人物の「早替わり」といった仕掛けのある演出が可能になり、そうした見せ場を効果的に発揮することのできる新作として、事件物、裁判物、探偵物が好まれたことが考えられる。

次に、新舞台が開場した後、それを模倣して作られた複数の劇場のうち、日本人が直接的に関わっていたとされる新新舞台の装置について見ていきたい。

新新舞台と日本人画家・坪田虎太郎

新新舞台とは、一九一二年四月四日に九江路・湖北路に開業された、新舞台の後に上海に陸続とあらわれた西洋式劇場のうちの一つである。開業時の経営者は、黄楚九《こうそきゅう》、経潤三《けいじゅんさん》、孫玉声であった。新新舞台の屋上には楼外楼《ろうがいろう》という屋上庭園が設置され、これは第四章で述べたように「遊戯場」の嚆矢となった場所である。黄楚九、経潤三はのちに新世界、大世界といった上海の遊戯場の創業にも関わった実業家であり、孫玉声はそこで上演される演芸の案内紙の編集を手がけていた。新新舞台の関係者が、いずれも新しい娯楽を提供する上演場所と密接に関わっていたことは、注目すべき点である。

孫玉声の回想によれば、新新舞台の舞台装置は日本人によって指導されていたという。

舞台背景には風、雲、雷、雨、日、月、星があり、二馬路の新新舞台（いまの天蟾《てんせん》舞台）を嚆矢

図２　坪田虎太郎自画像
東京藝術大学所蔵

とする。その機械は日本の東京から購入し、操作するのも日本人であり、施と趙という姓の二人の中国人がこれを補佐した。風の音はひゅうひゅうと、雷の音はごろごろと、雲は薄い板、雨は糸、日の赤色はつややかに、月の白色は明るく、星の光は水晶のようにきらきら輝き、みな幕の上を昇降できた。一切を指図する任についていたのは日本人の坪田虎太郎だ。最初の晩に『御碑亭』を上演し、「避雨」の場面ではそれぞれの背景がすべてそろい、見る者はみなすばらしいと感嘆した。おそらく、当時の上海ではまだ見たことのないものだったのである。のちにこの舞台は日本人を解雇したが、施、趙の二人の中国人はすでにその奥義を得ており、機械が壊れた後も、自ら模倣して作ることができた。いまほかの舞台にある設備は、すなわち模倣の品であり、風や雷の音はやや小さいものの、これを聞くとよく似ている。中国人が賢くないということができようか。[22]

ここに述べられる「坪田虎太郎」とは実在の人物で、東京美術学校出身の画家・舞台美術家である[23]（図2）。坪田は洋画家の山本《やまもと》芳翠《ほうすい》に師事しており、一九〇三年一一月に本郷座で上演された川上《かわかみ》音二郎《おとじろう》の『ハムレット』の舞台装置を手がけている。[24]坪田虎太郎自身の記録によれば、一九〇四年三月に、川上音二郎、高田実《たかたみのる》、藤沢浅次郎《ふじさわあさじろう》らと「戦況報告劇」上演のために朝鮮に視察旅行に出かけている。[25]その後、一九〇八年三月に明治座で上演された歌舞伎俳優・市川左団次《いちかわさだんじ》の『歌舞伎物語』の舞台装置を手がけたのが、確認できる日本での最後の仕事である。[26]

坪田虎太郎がいつ上海に渡ったのかを示す資料は、いまのところ見あたらない。考えられる可能性としては、次の二つがあげられよう。

第一に、夏月潤が日本に視察に行った際、市川左団次の紹介により、日本の舞台美術家と大工を上海に招聘したとする説がある。[27]坪田虎太郎は一九〇八年三月に市川左団次の舞台装置を担当しているため、あるいは一九〇九年九月の夏月潤来日の際、市川左団次を介して上海に渡ったのかもしれない。

第二に、東京美術学校西洋画科には、黄輔周《こうほしゅう》、李叔同《りしゅくどう》、曽孝谷《そうこうこく》といった清国留学生が在籍し、黄輔周は一九〇五年から一九〇八年にかけて、李叔同、曽孝谷は一九〇六年から一九一一年にかけて学んでいた。[28]彼らはいずれも、一九〇七年二月に東京で『椿姫』の翻案劇を上演した演劇団体「春柳社」の創設メンバーであり、黄輔周は山本芳翠が顧問をつとめていた赤坂溜池の白馬会研究所で学んでいたとされる。[29]坪田虎太郎は一九〇四年に東京美術学校を卒業しているが、[30]白馬会を通して黄輔周と知り合っていた可能性も考えられる。黄輔周は帰国後、一九一〇年から一九一二年にかけて新劇に携わっており、新新舞台で上演を行なったこともある。[31]坪田の渡航と東京美術学校にいた春柳社のメンバーには、なんらかの関わりがあるのかもしれない。
坪田虎太郎の上海渡航時期やその経緯については未詳だが、彼の残した文章からは、西洋画の教育を受けた画家が、「美術」として舞台装置を手がけようとした姿勢が読みとれる。

俳優の背面に立てる處の襖の模様などは、その色調に依つて大に留意すべき事があるのです。假令ばその建築中の粧飾として牡丹に唐獅子の畫を用ゐるとすれば、これは濃い色彩でなくボンヤリと描く様にしたいので、それといふのは幕が明くと見物に對し、俳優より畫が先に目に付く様では、背景その物が未だ不完全といつても好いので、この事と共に上下の見切にも工夫をする必要があると思升。(32)

坪田虎太郎が背景画を手がけていた当時の日本では、西洋画の手法を取り入れた新しい背景が流行しており、時として背景が劇そのものより強い印象を与えてしまうという意見もあった。坪田の舞台装置論には、劇全体と調和のとれた美術をめざすという問題意識を見ることができる。しかし、開場まもない時期の新新舞台の舞台装置に、坪田の意図が反映されたとは考えにくく、おそらく坪田虎太郎が上海でなした第一の仕事は技術を伝えることであったろう。のちに中国人の手による舞台装置の発達にともない、新式舞台装置をめぐる言論が成熟し、坪田の思想に似た主張が劇評にあらわれるのは興味深い現象である。

新新舞台の宣伝文句

次に、『申報』に掲載された、新新舞台の広告を見ていきたい。一九一二年四月の開場当時、新新舞台の価格設定は次の通りである。

昼公演価格　二階ボックス席　特等一名五角、一等四角
　　　　　　正面桟敷席　特等一名三角、一等二角、二等一角半
　　　　　　三階ボックス席　特等一名二角、一等一角半、二等一角
夜公演価格　二階ボックス席　特等一名一元二角、一等一元
　　　　　　正面桟敷席　特等一名一元、一等八角、二等六角
　　　　　　三階ボックス席　特等一名五角、一等三角半、二等二角(33)

客席は新舞台と同じく三階建てであり、新舞台開場時より一角から二角ほど高い価格設定になっている。ただし、同年五月末には値下げを行なっており(34)、結果として新舞台より一角ほど低い値段に落ちついたことがわかる。

開場当時、新新舞台は座付き作者であった孫玉声の新作『補天恨』の上演広告において、劇中に多くの情景があらわれることを売り物にしている。「新境地を拓く歴史痛快劇を特別上演　漱石生の新編岳武穆の優れた功績」と宣伝されるこの劇は、金との戦いで手柄を立てた南宋の武将・岳飛の活躍を描くものである。その広告に、電光の月色や辺境防備の野営などの情景に加え、「森林鐵像」、「法場生鑄鐵像以貽萬世惡名〔刑場で処刑される前にその姿を鉄像に鋳造し、万世に悪名を残した〕」という宣伝文句があることから、売国奴として名高い秦檜《しんかい》の像が舞台装置に用いられたことがうかがえる[35]。明代に岳飛の墓前に設置された跪《ひざまず》く秦檜像は杭州の名所となり、訪れる人びとが像に向かって唾棄《だき》することで有名な場所だ。新新舞台では、そのような現実の情景を舞台装置に仕立てて見せることも行なわれていた。

また、一九一三年一月一七日掲載の広告には、次のような宣伝文句が見られる。「東洋から新しくきた大美術家により、目新しく類を見ない装置の技をお見せします。〔中略〕麒麟童《きりんどう》演じる『御碑亭』では、風、雲、雷、雨の各種の電光が人びとを驚かせ、大いに感嘆させます。色とりどりの光景はよそでは全くお目にかかることのないものです[36]」。

ここで述べられる『御碑亭』の舞台装置は、孫玉声の回想とも合致する。「東洋から新しくきた大美術家」とは、坪田虎太郎を指すのかもしれない。

新式舞台装置と観客の反応

新新舞台の開場した当時、舞台装置はどのように用いられ、観客はそれをどのように見ていたのだろう。ここでは、一九一二年から一九二〇年代にかけての劇評を眺め、新式舞台装置の使用例を確認するとともに、舞台装置をめぐる人びとの反応や議論がどのように展開していったのかを考えることにしたい。

まず、当時の舞台装置でどのような技術が用いられていたのかについてである。民国初期の舞台装置の技術面については、孫玉声の回想を除けば、劇評の中で言及されることはまれである。その中で、一九一二年の『申報』記事に、新舞台で起きたハプニングについて述べたものがある。

　二一日の夜に友人と新舞台に観劇に行き、舞台前二五番に座ることにし、舞台の近くを選んだ。『白馬坡』を上演するときになって、〔中略〕勢いよく刀が舞台前二五番に横っ飛びに飛んできた。〔中略〕『血手印』を上演していたとき、噶林が銀行の支配人を殺すところで、その刀はまた二五番にまっすぐ飛んできて、私たちの頭のすぐそばをかすめた。(37)

当時の新舞台では、「真刀真槍」といって本物の武具を小道具として用いることが行なわれていた。このような記述が『申報』に掲載されることにより、舞台上で本物の武具がつかわれるという演出に対し、当時の観客のスリルと好奇心は一層高められたのではないだろうか。

ところで、新舞台や新新舞台といった西洋式劇場が新式舞台装置を使用し始めた当初、観客は目新しい舞台装置に驚き、感心するばかりではなかった。『申報』の劇評の主要な書き手の一人、玄郎こと顧《こ》乾元《けんげん》は、新作の新式舞台装置に対し、次のような苦言を呈している。

しかるにこの舞台〔新新舞台〕の建築の大きさ、規模の大きさは各舞台の中で一番であり、支出もよそと比べてとくに多い。〔中略〕毎晩「中華」でもなく「西洋」でもないうわべの知識をうつした新作ばかり上演している。(38)

新劇はうたの技芸が少ない上、衣装もまた見た目が立派でなく、ただ舞台装置の飾りに頼り、人の目をくらませているだけである。とどのつまり、実際は旧劇の耳と目を楽しませるのには遠くおよばず、劇場に足を運ぶ者がしばしば言うには、旧劇は一〇〇回聞いても飽きないが、新劇は一度ならまだしも二度目はよしたほうがよい、と。(39)

一方、玄郎は同時期に発表した伝統演目の劇評では、「夜景のセットは星の光がきらめき、月の色はおぼろげで、しつらえがとてもよい(40)」、「この場面は火のセットで、四方が赤く染まり情景はすこぶるそれらしい。〔中略〕雨のセットは新新舞台にはおよばないが、電光の装置の完備されている点に、見るべきところもある」(41)など、その舞台装置の使用について肯定的な意見を残している。
一般に、劇評の書き手が注目し、評価の対象とするのは俳優の技芸であることから考えれば、俳優の技芸よりも舞台装置の効果に重きをおいて作られた新作が批判の対象となるのは、さもありなんと思われる。しかし、玄郎の劇評には、舞台装置の効果と俳優の技芸とを関連づけて述べるような視点も見られる。

　賈〔賈碧雲〕は五色の電光の中できらきら輝き、「蹺《きょう》〔纏足をあらわす義足〕」の技芸は落ち着いていてすばやく、つらそうな表情で、情理を尽くして演じていた(42)。

この劇評は、幽鬼を描く『陰陽河』という演目の一場面について述べている。このような劇評からは、書き手が俳優の技芸によって示される演技の型と、新式舞台装置の効果との間に必ずしも矛盾を感じていたわけではなかったことがうかがわれる。
一方、別の書き手による劇評では、新式舞台装置を描写する際、それが劇の中でどのように用いられているかという点に注意がはらわれている。

海の艦艇のセットでは、艦艇が劇場の五、六割を占め、形は長城のようであり、少しも動かせない。汽車のセットでは、車体の下から人の足がすっかり見えており、むかでのようだ。馬や車にいたっては、舞台上で用いることができず、家庭や園林のセットでは、来客があると露天で話をする。この種の人を噴き出させるところは、みな劇場の制限を受けているのである。(43)

この劇評では、新作の舞台装置について、その仕掛けに目が向けられている。そして、舞台装置を運用するために必要な劇場の広さが足りないため、写実の度合いが足らない点を指摘している。このように、新式舞台装置の使用の際に「写実」を意識する視点は、次に見られるような、京劇のもつ演技形式と新式の舞台装置との間に調和を求める考えにもつながる。

上海に新劇が起こると、西洋式の舞台装置を用い、背景幕に絵を描くようになったが、旧式のほうを優と見なす。背景を描くものは必ず油絵を用いるが、これは西洋からきたものであるため、描かれる景色や物の多くは西洋式になる。広間やテーブル、椅子は言うにおよばず、老木や小屋、小さい橋や曲がりくねった道など、その姿かたちは中国本土のものとは異なるのに、劇中の人物は依然として高い冠に幅広の帯といった漢人の古装をしていて、つりあわないことはなはだしい。(44)

これは、中華民国初期に編纂された『清稗類鈔《しんはいるいしょう》』における、清末の舞台の道具に関する記述だ。西洋式の背景幕を用いながら、京劇の衣装が旧来の通りであるという指摘は、本章冒頭で紹介した口絵4のような演じ方に対する違和感を表明するものである。このように、舞台装置をめぐる言論の中には、新式舞台装置の使用を新奇な試みとして受け入れるだけではなく、劇の内容や京劇の演技形式とつりあった運用を求める意見も見られる。一九一八年に刊行された『鞠部叢刊《きくぶそうかん》』には、馬二先生こと馮叔《ふうしゅく》鸞《らん》（一八八三〜未詳）により、京劇の舞台装置に関する次のような見解が発表された。

旧劇の形式はいたって謹厳なものであるが、今日では破壊されてすっかりなくなっており、そのもっとも理不尽なことは背景の追加にほかならない。背景と劇中の動作表情とは密接な関係があり、もし背景を用いるなら、劇中の動作表情をみな一つ一つあらためてこそ理にかなう。いま一切が依然として古いしきたりであるのに、ただ背景のみを追加するとはいかなる姿だろうか。〔中略〕記者はこの論でもっぱら旧劇について述べ、新劇についてはその限りではない。しかるに上海の各新劇場、および舞台装置の運用を得意とすることによって誉れ高い新舞台において、その方法および物の良し悪しはさまざまだが、道理に合わないことでは同じである。一言でこれをあらわすなら、上海の劇場は新旧にかかわらず、背景の名と物があるのみで、その用法を知る人がいないのである。(45)

馮叔鸞は、一九一〇年代から一九二〇年代にかけて、『俳優雑誌』、『新劇雑誌』など上海の演劇雑誌に劇評を執筆した人物だ。江蘇揚州の人とされるが、河北出身との説もあり、著書『嘯虹軒劇談』の自序によれば、幼少時に北京の舞台を見て過ごし、辛亥革命後に上海に入ったという経歴をもつ。(46) 引用した評論には、舞台装置と俳優の演技術を結びつけて考える視点が見られ、俳優の演技の型によって情景のディテールを作り上げる伝統的な京劇の演じ方と、舞台装置の写実的方向性との間の齟齬《そご》が指摘されている。

このように、舞台装置に対して写実性の不足を見いだすことや、あるいは舞台装置の写実的な方向性と京劇の演技形式との間に齟齬を感じとる見方があらわれたことは、一九一三年から一九一四年にかけて新劇が隆盛し、大量に上演されるようになったことと関連があるのではないだろうか。

せりふとしぐさを主要な演技形式とする新劇は、うたを中心とする京劇とは異なる、当時としては新しい演劇だった。そのような演劇と比較することによってはじめて、京劇の演技形式を客観的にとらえることが可能となる。新式舞台装置を用いるなら、既存の演技術をあらためてこそ理にかなうという馮叔鸞の主張には、新劇の舞台装置を批判の対象と見る視点はない。このことから、新劇との比較を経て、京劇の舞台装置が情景を写実的に表現することの是非や、演技形式とつりあいをとることが意識されたのではないかと考えられる。

その後、京劇の新式舞台装置は、「写実」という中華民国初期における新たな視覚体験を経て、さらなる現代化をめざすこととなる。その先にあらわれるのが、一九一六年ごろから盛んに行なわれ、一九三〇年代から一九四〇年代にかけて隆盛する「機関佈景《ジーグワンブージン》」なる機械仕掛けの舞台装置である。これは、まわり舞台や滑車、ウインチや幻灯などの舞台機構を駆使することにより、神仙物の幻想的な場面や、「武俠」すなわち武芸の達人が活躍するアクション場面を描く際に用いられた。

「連台本戯《れんだいほんぎ》」と呼ばれる連続シリーズ物の新作で多く用いられた機関佈景は、その非現実的な場面を描く特殊効果が人気を博す一方、賛否両論を巻き起こした。一九二四年から一九二五年にかけて、上海で「支那劇研究会」を結成していた日本人の劇評には、とりわけ機関佈景の流行を批判するものが多く見られる。

> 特別打武、九音合奏、幻術奇異、變化無窮これでは暑さを通り越して腋下から冷汗が出るのが本當だ。氣の弱い私などは廣告を見たゞけで頭暈《めまひ》かする《ママ》。役者も好い氣なものなら觀客も涼しそう夜々満客で興業主もホクホクもの、暑いなど云ふのは上海と云ふ場所柄を辨へぬ田舎者の囈言《たわこと》である。[47]

> 狸猫換太子はこの上海で始めてから三年以上になる〔中略〕從つて第十九本廿本となつて來るともう筋らしい筋は更に見出せない。云はづ機關（からくり）の連續でその合間合間に小達子の花腔が聴ける。[48]

「特別打武、九音合奏、幻術奇異、變化無窮」とは機関佈景の宣伝文句であり、機関佈景ではマジックの手法を応用した「早替わり」や「宙乗り」、すばやいセットの転換、あるいは武器や人が飛び回るといった特殊効果を売り物にしていた。「暑さを通り越して」とあるように、暑い夏場の劇場は客の入りが悪く、そのため機関佈景で客寄せをはかったと思われる。『狸猫換太子』は機関佈景を駆使した連台本戯の人気作品の一つであり、俳優のうたを聴かせることより舞台装置の見せ場のほうが優先して作られた新作では、荒唐無稽な筋の展開が批判の対象となった。

これらの文章が発表された一九二五年ごろには、新劇はさらに写実的な方向に向かい、一方では映画も娯楽の中心的存在となっていた。その中にあっても、京劇の新式舞台装置は現代化を追求しつづけ、伝統演目と並行して新作が上演され、人気を博していた。次に、京劇の新式舞台装置の試みがたどりついた機関佈景について、その詳細を見ていきたい。

『梨園公報』と機関佈景

新舞台、新新舞台の新式舞台装置の後に登場するのが、機械仕掛けのからくりを売り物にした機関佈景である。この機関佈景については、当時の劇場で舞台装置に携わっていた関係者による回想として、徐翔雲「当時の上海共舞台の機関佈景（当年上海共舞台之機関佈景）」（一九八八）、郭大有「機関・佈景・魔術」（一九九二）に詳細な舞台機構が紹介されているほか、『中国戯曲志・上海巻』（一九九六）にも徐翔雲の記述にもとづく説明が記載されている。

また、賢驥清『民国時期上海舞台研究』（二〇一六）は、機関佈景を次の四種類に分類している。第一に、灯彩戯など伝統的技法を発展させたもの、第二に西洋のマジックやサーカスの技術を借りたもの、第三に広東の地方劇である粤劇《えつげき》の影響を受けたもの、第四に福建の地方劇である閩劇《びんげき》および福建出身の舞台美術職人の影響を受けたもの。このうち、西洋文化との接触の早かった広東由来の粤劇は、上海でもっとも早く機関佈景を使用し、衣装や道具に電球を仕込むといった試みを行ない、上海の機関佈景に影響を与えた。また、福建は祭祀で用いる紙細工、竹細工の発達していた地域であり、福建出身の閩劇の職人たち、たとえば兪《ゆ》鴻冠《こうかん》や賀《が》逸雲《いつうん》、賀《が》馨如《けいじょ》、賀《が》夢雲《ぼううん》兄弟などは、一九二〇年代から一九三〇年代にかけて上海の劇場に招聘され、その技術を上海に伝えたという(49)。

一九三〇年代から一九四〇年代にかけて、上海を中心とする京劇の舞台で隆盛し、やがてよその地域の劇でも用いられるようになった機関佈景だが、人気を博す一方で、京劇の演技術と新式の舞台装置との間に矛盾があるとする否定的見解は、つねに存在した。中華人民共和国の成立後、一九六〇年前後には、商業主義的な機関佈景の使用は批判の対象となる。

たとえば、一九五八年に発表された鮑世遠の文章は、機関佈景について、第一に俳優に十分な演技を発揮させず、劇の思想内容を損なう、第二に危険な場面に力を注ぎ、俳優はさながら動く道具のようである、第三に妖術や神通力などを用いる場面が多く、迷信のような落伍した思想を深める、などと批判している。[50]このような批判は多分に当時の政治的背景を反映したものだが、以後も、この種の意見は一定の影響力をもって存在しつづけたようだ。[51]そのため、機関佈景については技術面における記録はある程度まとめられているものの、その文化的意義が研究対象として取り上げられることはあまりなかった。[52]

京劇の舞台装置は、二〇世紀から一貫して現代化という発展の途上にあるが、機関佈景はその中でも突出した存在だ。清末から民国初期にかけての上海に新式の舞台装置があらわれ、透視図法を駆使して描かれた背景幕や本物の道具が使用されたとき、それは新奇なものを見たいという観客の欲望を満たす一方、「写実」という新しい視覚体験をも人びとにもたらした。しかし、機関佈景が隆盛を迎えた一九三〇年代は、すでに映画が娯楽の中心的存在として台頭していた。一九二一年から一九三一年にかけて、中国の各映画会社によって六五〇作ほど撮影された映画のうち、多くは武俠物や神仙物であったという。[53]武俠物や神仙物の流行は、当時のメディアに普遍的に見られる現象だが、写実的な視覚体験では映画におよばない京劇において、機関佈景は一体どのような視覚体験を観客に与えていたのだろう。

『梨園公報』と孫玉声

機関佈景の実態を探る上で、本章では『梨園公報』の掲載記事を主たる調査対象とする。『梨園公報』は、一九二八年九月から一九三一年一二月にかけて刊行された新聞であり、一九一二年に孫文に設立を申請し、批准された「上海伶界聯合会」という京劇俳優組織の機関紙である。この新聞は、一九三〇年七月一一日まで孫玉声が編集長をつとめ、その後は王雪塵《おうせつじん》、張超《ちょうちょう》に引き継がれた。

『梨園公報』における機関佈景の記録が重要なのは、まず孫玉声のような、上海の人びとに新たな視覚体験をもたらした娯楽に、深く関わった人物が編集している点にある。孫玉声は、先に見たように中華民国初期の劇場構造や舞台装置に関する詳細な記録を残した人物である。一般的に、同時期の京劇の劇評は俳優の演技の評価やうたの歌詞、劇の筋について述べられることが多く、舞台装置について言及されたものはごく少ない。その中において、孫玉声の文章は当時の劇場や舞台の設備について知ることのできる貴重な記録であり、彼自身、舞台装置に関心をもって観劇していたことがわかる。

図3　周信芳（右）演じる『封神榜』

次に『梨園公報』に注目する理由として、主要な書き手に周信芳《しゅうしんほう》（麒麟童、一八九五～一九七五）がいたこともあげられる。彼は同時期の上海においてもっとも活躍した京劇俳優で、その代表作『封神榜』は機関佈景で名を馳せた（図3）。『梨園公報』の記事は、孫玉声や周信芳の周囲にいた上海の演劇関係者の手によっており、そのため賛否両論あった機関佈景の使用に対して、好意的な視点から記述されているものが多い。

本章の目的は、京劇史における機関佈景の評価を決定することではなく、機関佈景を見る人びとの視点を俯瞰的にとらえ、それが上海における「新しい視覚体験」という娯楽の潮流の中で、どのような意義をもつのかを探ることにある。そのため、京劇に機関佈景を用いることの是非を問う見解は参照程度にとどめ、むしろ積極的に機関佈景をおもしろがった人びとが、一体なにに興奮したのかを考えたい。『梨園公報』の劇評からは、機関佈景を楽しみに劇場に通っていた観客の驚きを読みとることができ、そこには新しい視覚体験を得ることを喜びとする人びとの姿がある。彼らが体験した快楽がなんであったのかを探ることは、従来顧みられることの少なかった機関佈景の実態の解明につながる手がかりとなるだろう。

機械仕掛けの舞台

次に、機関佈景をつかった舞台で実際にどのような表現が行なわれていたのか、その具体例を見ていきたい。

『梨園公報』一九二八年一〇月五日に掲載された記事には、機関佈景の転換の速さが描かれ、また転換の際に幕を下ろさず暗転を使用したとの記載がある。

劇中には月宮の一場があり、変化のすばやさはとりわけ人を驚かせた。そもそも変化するときに、幕を閉じる必要がなく、わずかに電灯を一、二秒ほど消すと、舞台全体の情景が完全に変わっており、観客で驚かない者はいなかった[54]。

この記事では、機関佈景の仕掛けを暴こうとした少年が、暗転の最中に懐中電灯で舞台を照らしたというエピソードが紹介される。そして、転換のからくりが暴露されては、マジックの種明かしを見せられたようなもので、観客は興味を失い、営業にも支障をきたすと述べられている。このことから、観客はマジックを見るような感覚で機関佈景のからくりを楽しみにしていたことがうかがえる。

なお、先の記事は、上海の更新舞台で上演された『夢遊広寒』という演目について書かれたものだが、同じ更新舞台が巡演に出かけ、蘇州の開明大戯院という劇場で『西遊記』を上演した際、その戯単には観客に対する次のような注意書きが添えられた。「舞台上の照明を消して装置を転換するとき、懐中電灯をおもちのお客様は、くれぐれも舞台を照らして劇中の美観や奇観を妨げることのないようお願いいたします[55]」。上海の少年による「懐中電灯事件」は、よほど機関佈景の効果を台無しにしたようである。

この更新舞台とは、上海閘北《こうほく〔ざほく〕》区の蒙古路・西蔵北路に位置する西洋式劇場で、機関佈景で有名であった。更新舞台という名前は、むろん新式舞台装置のさきがけである新舞台を意識したものであろう。座席数約八〇〇の大劇場であったこの劇場は、一九二二年に開業し、一九二四年からは広東出身の周筱《しゅうしょう》卿《けい》（一八九二〜未詳）が経営に携わる。

周賜泉《しゅうしせん》の回想によれば、周筱卿はもと汽船のコックであったが、画家の陳学芳に舞台美術を学んだ後、南京で文明戯の俳優・顧無為《こむい》とともに劇場を経営し、灯彩戯で当たりをとる。やがて上海に移り、趙錦堂、王永山と共同で更新舞台の経営を始め、人力によるまわり舞台を設置し、機関佈景を売り物にした演目をつぎつぎと上演して「機関佈景大王」の異名をとったという。(56)

孫玉声の文章には、機関佈景が隆盛した後、灯彩戯は時代遅れになり、ほとんど上演されなくなったと書かれている。(57)しかし、周筱卿の更新舞台では灯彩戯の代表作『洛陽橋』（『天下第一橋』ともいう）が上演されており、この演目の成功が、同劇場が機関佈景で名を成すきっかけとなっている。したがって、かつての灯彩戯は形を変えて機関佈景に引き継がれたと見なすことができるだろう。

更新舞台の『天下第一橋』については、「もっとも驚くべきは変化の速さであり、本当に瞬く間のことである。この舞台の職員の訓練の習熟と主任者の指導の真剣さをここに見ることができる」(58)と述べた記事がある。ここでも舞台装置の転換の速さが指摘され、さらには職員や主任者の技術を評価する視点が見られることに注目したい。『梨園公報』にはしばしば劇場の職員一覧が掲載されるのだが(59)、舞台装置の技術が集客力に影響を与えるようになり、舞台装置の専門家の職能が認められるようになったからこそ、俳優以外の「舞台装置主任（佈景主任）」や「舞台装置職人頭（佈景工頭）」の名前が新聞に載るようになったのではないかと考えられる。

『天下第一橋』の機関佈景で評判となった更新舞台は、つづいて『西遊記』を上演する。当時、上海の京劇では一話完結のストーリーを連続して上演する連台本戯が流行しており、『西遊記』も連台本戯であった。この『西遊記』は、周筱卿の機関佈景の設計に合わせて脚本が書かれていたというから、[60]当時の連台本戯がいかに舞台装置を売り物にしていたかがわかる。

『梨園公報』一九三〇年六月五日の記事は、『西遊記』の衣装について、すべてが特製で、劇中に旧来の衣装は登場せず、動物などのデザインがすこぶる芸術的だと述べる。また、機関佈景については次のように描いている。

「飛禽幻人」の一幕では、まず数頭の比類なき大きさの鳥類がおり、電光の瞬く中、たちどころに絶世の美人に変わり、観客はそれがマジックの古い手だと知らないわけではないものの、その変化があまりにも速いので、驚かない者はいなかった。

「龍宮択器」、この幕は『水濂洞』の旧劇を焼き直したものだが、斬新な改編がされている。この場の情景はつづけざまに三度変わり、最後にはふた抱えほどもある定海柱〔伝説上の四海を支える海柱〕が一本あらわれ、さえぎって隠されることなく、衆目の注視する中で次第に小さくなり、ついには一本の如意棒になる。これを孫悟空が手中で振り回すところは創意に満ちており、とりわけ人びとを驚かせた。[61]

機関佈景にはマジックの手法が応用されており、暗幕の前に人や動物を配置し、黒装束の裏方がその空中浮遊を補佐するという方法や、「翻板」という歌舞伎の「戸板返し」にも似た回転式の板を用いて早替わりをする方法、正方形の机の中を十字に仕切り、中を鏡張りにして観客には空洞に見せかけ、実は仕切りの一角に裏方が隠れて机の前に座る俳優の早替わりを手伝うといった方法が用いられていた。[62]この記事で重要なのは、当時観客はすでにある程度マジックを見慣れており、早替わりの際、マジックの仕掛けを応用していると知りつつも、その速さに驚いていることだろう。

観客の驚きは、機関佈景の変化の速さを可能にした、「科学」に対するあこがれとつながっていたようだ。「科学化された西遊記（科学化的西遊記）」と題された記事は、次のように述べる。

もし時代の点から考えるなら、このような劇の筋はもとよりふさわしいものではないが、しかし科学の視点から彼らの組織の一切を見れば、美術、光学、幻術が一つに融合されているといえ、彼らが科学を運用する天才であると尊敬しない者はいない。〔中略〕弼馬温《ひつばおん》〔孫悟空が天界で授かった役目〕が着任するときの二頭のにせの馬は、なんと頭を振ったり尾が動いたりし、少しも贋物には見えない。[63]

ここでは、つくりものの馬が動き、それがつくりものに見えないほど精巧であることに観客は驚きを感じている。上海で新式舞台装置が使用された当初、舞台に本物の馬を登場させるという試みはすでに行なわれていたが、このころの観客にとって舞台における本物の使用はとくに珍しいことではなかっただろう。むしろ、機関佈景においてはつくりものの馬が本物のように動くことこそが重要なのであり、そこに観客は最新の科学の力を感じていたようだ。

一九四〇年代の北京の劇場で機関佈景を操作していた郭大有が、まわり舞台の転換には約五分を必要としたと回想していることを考えると、[64]当時の観客が口をそろえて驚嘆する機関佈景の転換の速さには、いささか誇張が含まれていると見るべきだろう。しかし、機関佈景と科学を結びつけて論じる記述はほかにも見られ、「演劇と科学機械の関係（戯劇与科学機械之関係）」[65]という記事では、演劇と科学や機械の関係、およびその効能について考察されている。これらの記事からは、当時の観客が機関佈景を見る際、そこに当時の最先端の科学に触れるという楽しみが含まれていたことが考えられる。

機関佈景の快楽

では、当時の観客は、機関佈景を見て、どのような感想をもっていたのだろうか。ここでは、書き手の評価が書きこまれた記事のいくつかに注目し、機関佈景をめぐる当時の観客のさまざまな反応を見ていきたい。

先に述べたように、機関佈景はこの時期に流行した連台本戯の中で用いられることが多く、それらは舞台装置の特殊効果を売り物にしているため、機関侑景を多用した見せ場を大量に盛りこまざるを得ない。そのため、連台本戯は、しばしば筋の複雑さや紆余曲折が多すぎる点が批判されることもあった。『梨園公報』一九二九年五月二日に掲載された劇評は、丹桂第一台で上演された第五本『開天闢地《かいてんびゃくち》』について、その劇の筋と舞台装置はますます奇抜さを増しているものの、正史の範囲を逸脱していないと述べ、新たな場面の挿入について「天衣無縫で完全なる美しさは極点に達する」と評価している[66]。この劇評からは、連台本戯を見る際に、場面の挿入の自然さに着目する視点があらわれていることが読みとれる。

そのような場面の挿入は、新作の連台本戯に限らず、伝統演目を上演する際に行なわれることもあった。一九三〇年に開業した新東方劇場では、『女起解』の上演の際、もともとうたを聴かせる演目であるため筋の曲折の乏しいこの作品に、舞台装置をつかって一瞬のうちに立派な法廷のセットに転換する場面を増やしたという。このことについて、劇評では次のように述べられている。「聞くところによれば、新東方劇場の今日の改良国劇『女起解』は、少なくとも場面の挿入については工夫を凝らし、ただ絶対に俗っぽさを拭い去り、おもしろみの中にも文芸の意図をあらわすようつとめ、まさに外国映画のように設計されているという[67]」。

こうした例は、伝統演目さえも連台本戯に近づいていたことを示すものである。「文芸の意図をあらわす」ために「外国映画のように設計」という表現からは、連台本戯における場面の挿入に自然さが求められるようになったことの背景に、当時、連台本戯と並ぶ娯楽であった、映画の筋の展開が意識されていたことがうかがえる。

連台本戯の観客の中には、同時に映画の観客でもあるという層が存在し、それぞれの教養や生活水準の違いに応じて、外国映画や国産映画などジャンルの異なる作品を見ていたと推測できる。そのため、連台本戯にも映画のような筋の整合性を求める視点があらわれたと考えられるのだが、舞台で演じられる京劇と映画とでは表現の手法が本質的に異なる。そのことについて、観客はどのようにとらえていたのだろうか。

一九二九年五月八日の「映画界の撮影しがたい本戯（電影界難攝之本戲）」は、映画と同じ題材を扱うことも多かった連台本戯の舞台装置と、映画の特殊撮影を比較して述べた意見である。

> しかるにそれらの珍奇で風変わりな神仙や妖怪〔『封神榜』を指す〕は、舞台上で表現され、巨万の資本を投じてこそ、このような優れた効果を得られるのである。もしそれを映画に撮影すれば、たとえ巨額を投じても、おそらく実現できず、かえって上手くやろうとしてしくじるだろう。京劇の舞台装置は、本物そっくりに配置し、真剣に演技をすれば、それらの神仙妖怪の形状や歴史の事柄を見る人にはっきりわからせるが、映画の手つづきは、随所にすべて実際の現物が必要である。(68)

『封神榜』など神仙の登場する劇の特殊効果場面は、京劇の舞台で贅沢な舞台装置をつかってこそ表現できるのであり、映画では不可能とするこの意見は、機関佈景の「本物そっくり（原文は「像眞」）」の舞台装置を当時の観客がどうとらえていたのかを知る上で興味深い。

右の記述について考えるとき、ほぼ同時期に発表された次のような機関佈景に対する否定的見解を参照すると、この時期の京劇と映画の関係、また機関佈景を見る観客の興味がどこにあったのかがさらに浮き彫りになるのではないだろうか。

『長板坡《ママ》』の「投井（井戸に身を投げる）」、『慶頂珠』の「繫船（船をつなぐ）」は、真に迫らないところはなく、もしあちこちで本物の道具（たとえば『長板坡』は井戸を用い、『慶頂珠』は本物の船を用いる）をつかえば、人びとは意のままにそれを運用することができるが、かえっておもしろみに欠ける。これこそまさに、旧劇のつくりごとを真に見せることの尊さである。（中略）いまの海《かい》派《は》の本戯は、あちこちを本物そっくりにすることを求め、そのため機械化、映画化、マジック化し、旧劇の規則に大いに背いており、つまらないことはなはだしい。(69)

この記述は、京劇の旧来の演技術を「つくりごとを真に見せる（原文は「將假狀眞」）」とし、連台本戯の機関佈景について「本物そっくり（「像眞」）」と述べている。伝統京劇の「つくりごとを真に見せる」

とは、俳優の演技の型によって、舞台上に存在しない光景を表現することを指していると思われる。例として、『長坂坡』の井戸に飛びこむ場面や、合戦の場面で馬や軍勢を型によって表現する演技術などがあげられるだろう。

一方、機関佈景の「本物そっくり」は、そもそもこの世に存在しない幻想的なものを、あたかも現実に存在するかのように感じさせる装置だといえるだろう。すなわち機関佈景とは、舞台のつくりごとを真に見せる伝統京劇のように、観客に「旧劇の規則」をふまえた鑑賞能力を求めるものではなかった。そしてそれは、随所にすべて実際の現物が必要であり、特殊撮影を用いたとしても、その仕掛けを存在しないものとして撮られる映画とも異なる存在であった。

機関佈景は「本物そっくり」ではあるが、映画に撮影される本当の情景と比べれば、やはりつくりものの舞台装置であり、明らかな仕掛けがある。この、本物そっくりでありながら本物ではないというところにこそ、機関佈景が見る人を楽しませた要素があるのではないだろうか。

『梨園公報』一九二九年六月一四日の劇評は、連台本戯の第六本『開天闢地』について次のように述べる。

本当に見ておもしろく、筋についていうならば、喜怒哀楽がそろっていて、一場ごとに緊密さは増し、喝采の声がやむことはなかった。私が考えるに、このような優れた舞台装置、優れた筋があっても、もし優れた俳優がいなければ、この効果を得ることはできないだろう。[70]

ここでは、書き手は舞台装置や劇の筋を高く評価しながらも、もし優れた俳優がいなければ、この劇のおもしろさは成立しなかったと指摘する。同様の見解はほかにも見られ、「新劇と俳優には連帯関係がある（新劇与角色有連帯関係）」という記事では、新作は脚本のおもしろさ、舞台装置の奇抜な仕掛け、衣装の新しさによって人を楽しませるとしても、優れた俳優がいなければ観客の目と耳を動かすことはできないと述べられている。[71]

これらの劇評により、連台本戯は機関佈景を売り物にしたとはいうものの、観客は舞台装置のみを見ているわけではなく、舞台装置、筋、俳優がそろってはじめて人気演目となったことがわかる。「本物そっくり」のつくりものである機関佈景には、やはりつくりごとを真に見せる俳優の確かな演技術が必要であった。俳優の演技の型によって観客の想像力に働きかけるという、伝統的な京劇の舞台空間を表出する方法は、機関佈景のイリュージョンを支える上でも機能していたのだ。[72]だからこそ舞台上の幻想的な場面や超人的なアクションは、観客の感覚の上では真に迫ったものとして受け止められ、彼らを驚かせたのではないだろうか。それは、映画の中で描かれる、仕掛けの存在を感じさせない特殊撮影を見ることとは異なる種類の娯楽であったろう。連台本戯の観客は、劇場でしか体験できない機関佈景のイリュージョンを求めて、観劇していたのではないかと思われるのである。

二〇世紀初頭、京劇の新式舞台装置がめざした方向性の一つに、「写実」があげられる。「立体的舞台装置は、俳優に対し、舞台光線に対し、矛盾を生じない[73]」と舞台美術家の伊藤熹朔《いとうきさく》が述べる通り、新式舞台装置には、立体的に表現される景観や、そこに光線があたることによって生じる陰影、遠近感のある光景を楽しむという視覚的な快楽がそなわっていたといえるだろう。

ところが、機関佈景は、そのような要素を引き継ぐ一方で、神仙劇の幻想的な場面や武侠物の超人的アクションといった、写実的な景観では表現できない、非現実的な空間を観客に体験させた。視覚体験の「写実」を追求すれば、舞台は映画にはおよばない。しかし、身体感覚から切り離されることによって写実的な視覚体験を得られる映画に対し、京劇の機関佈景は現実にはない空間を表現し、それを体験することのできる装置として機能していた。観客はそこに、つくりものを真に見せる京劇の約束事がもつ効果と、最先端の科学技術に対するあこがれを感じ、『西遊記』のように古くから慣れ親しんだ神仙や妖怪の活躍が、目の前で、まるでその場に居合わせているかのように体験できる機関佈景を楽しんだのだ。

機関佈景とは、新しいアトラクションの体験装置であった。それは、京劇を観劇するという行為を、俳優の技芸を鑑賞するものから、舞台装置の効果と俳優の技芸が組み合わさることによって表現されるイリュージョンを体験するものへと変化させた。機関佈景は、それ自体は「本物そっくり」のつくりものにすぎない。しかし、俳優の演技の型と確かな演技術が機関佈景のイリュージョンを完成させることによって、観客に見たこともない非現実的な空間を体験させたのである。

【注】

（1）一九一九年に開場し、北京の天橋西、香廠に位置する西洋式劇場。同時代の真光戯院や開明戯院と比べ、施工はやや簡素で、建築様式は第一舞台をまねたものであったが、規模などにおいてはおよばなかった。上演形式は昼間に女優一座による京劇、夜は男優による京劇であった。一九二四年より、映画の上映も行なった。一九二八年に焼失。

（2）一九一四年に北京の前門外珠市口北側に建設された、北京初の西洋式劇場。出資者は武生の名優であった楊小楼と、資本家の姚佩秋、殿閬仙。その様式は主に上海の新舞台にならったもので、煉瓦と木造混合型の構造と、額縁式舞台と、まわり舞台をもつ。観客席は三層で約二六〇〇名の座席があった。しかし、こけら落としの日に失火し、劇場ロビーの一部が焼け、一九一八年の二回目の火事で劇場横のレストランと喫茶店が焼けた。一九三七年には三回目の火事にあい、劇場内の一三〇余室をすべて焼失し、その後再建されていない。

（3）海上漱石生「上海戯園変遷志　七」『戯劇月刊』第一巻第九期、一九二九年、二頁。

（4）徐半梅「無人参考的参考品」『話劇創始期回憶録』中国戯劇出版社、一九五七年、四頁。

（5）「新開韶春茶園広告」『申報』一九〇七年一二月二七日（七）、「陽春茶園広告」『申報』一九〇八年一〇月一八日。

（6）『上海通志』第五冊、上海社会科学院出版社、二〇〇五年、三五三七頁。

（7）灯彩戯については沈定盧「清末上海的舞台灯彩」『中華戯曲』第九輯、一九九〇年、二三八〜二五一頁、平林宣和「上海と「看戯」―京劇近代化の一側面」『早稲田大学大学院文学研究科紀要』別冊文学・芸術編二一集、一九九四年、一三三〜一四五頁を参照。
（8）上海市文化芸術档案館所蔵。
（9）賢驥清『民国時期上海舞台研究』上海人民出版社、二〇一六年、一六三頁による。
（10）海上漱石生「上海戯園変遷志　二」『戯劇月刊』第一巻第二期、一九二八年、二頁。
（11）前掲『上海通志』第五冊、三五三二〜三五三四頁。
（12）「宝善茶園広告」『申報』一八八三年八月一二日。
（13）「天仙茶園灯彩戯『中外通商』広告」『申報』一八九三年一一月一六日。
（14）前掲海上漱石生「上海戯園変遷志　七」、一〜二頁。
（15）海上漱石生「梨園旧事鱗爪録　七」『戯劇月刊』第一巻第八期、一九二九年、二頁。
（16）沈定盧「新舞台研究新論」『戯劇芸術』一九八九年第四期、五九〜六八頁、平林宣和「茶園から舞台へ―新舞台開場と中国演劇の近代―」『演劇研究』第一九号、一九九六年、五三〜六六頁を参照。
（17）「支那俳優と語る」『歌舞伎』第一一二号、一九〇九年一一月。
（18）清潭生「清国俳優夏月潤と語る」『演芸画報』第三年一二、一三号、一九〇九年。
（19）「新舞台開市広告」『申報』一九〇八年一〇月二六日。
（20）前掲海上漱石生「上海戯園変遷志　七」、二頁。
（21）『恵興女士』と田際雲の義務劇については、吉川良和「民国初期の北京における坤劇の研究」『東洋文化研究所紀要』第八二冊、一九八〇年、および吉川良和『北京における近代伝統演劇の曙光』創文社、二〇一二年に詳しい。
（22）前掲海上漱石生「上海戯園変遷志　七」、三頁。
（23）坪田虎太郎については、坂本麻衣「白馬会の舞台背景画と「背景改良」論争」『演劇研究』第二六号、二〇〇二年、および坂本麻衣「山本芳翠と洋画背景の流行」『早稲田大学大学院文学研究科紀要』第四六輯第三分冊、二〇〇一年を参照。坂本氏には資料についてご教示をいただいた。記して感謝申し上げたい。
(24) 坪田虎太郎「背景の研究と朝鮮の風物(上)」『歌舞伎』第五四号、一九〇四年。
(25) 坪田虎太郎「背景の研究と朝鮮の風物(下)」『歌舞伎』第五五号、一九〇四年。
(26) 水調子「明治座三月興行の道具評」『美術新報』第六巻第二四号、一九〇八年。この記事では「坪田虎次郎」と記載されている。
(27) 梅蘭芳「戯劇界参加辛亥革命的幾件事」『戯劇報』第一七、一八期、一九六一年、四頁、および欧陽予倩『自我演戯以来(1907-1928)』中国戯劇出版社、一九五九年、七八頁。
(28) 吉田千鶴子『近代東アジア美術留学生の研究—東京美術学校留学生史料』ゆまに書房、二〇〇九年、一四五～一四八頁による。
(29) 無署名「美術学校留学の外国人」『美術新報』一九〇五(明治三八)年一二月五日。
(30) 東京藝術大学大学美術館所蔵の卒業制作自画像(学生制作品一二〇五)の制作年が一九〇四年である。
(31) 朱双雲『新劇史』新劇小説社、一九一四年五月、二五頁。
(32) 前掲坪田虎太郎「背景の研究と朝鮮の風物(上)」、一九～二〇頁。
(33) 「新新舞台広告」『申報』一九一二年四月三日(四)。
(34) 「新新舞台価目表」『申報』一九一二年五月二七日(四)。
(35) 「夜劇『補天恨』」『申報』一九一二年四月一九日(四)。
(36) 「夜劇『巴駱和』『御碑亭』」『申報』一九一三年一月一七日(四)。
(37) 阿土申「観劇険談」『申報』一九一二年九月四日(九)。
(38) 玄郎「新新舞台之危機」『申報』一九一二年一二月二八日(一〇)。
(39) 玄郎「論改良旧劇」『申報』一九一三年一月七日(一〇)。

(40) 玄郎「戯評 尚和玉之新長板坡」『申報』一九一二年一〇月二八日（一〇）。
(41) 玄郎「紀廿九夜大舞台之二本目蓮救母」『申報』一九一二年一二月三一日（一〇）。
(42) 玄郎「戯評」『申報』一九一二年九月二七日（九）。
(43) 秋魂「新劇芻議」『民権素』第九集、一九一五年八月。
(44) 徐珂「戯劇類 切末」『清稗類鈔』第三七冊、商務印書館、一九一八年、三〇頁。
(45) 馬二先生「旧戯不宜用背景説」『鞠部叢刊』民国叢書第二編六九所収、上海書店、一九九〇年、四九〜五〇頁。
(46) 馮叔鸞については、藤野真子『上海の京劇―メディアと改革』中国文庫、二〇一五年に詳しい。
(47) 菅原英「題目正名」内山完造編『支那劇研究』第一輯、支那劇研究会、一九二四年九月一日、三三頁。
(48) 都路多景湖「狸、猫、小達子」内山完造編『支那劇研究』第四輯、支那劇研究会、一九二五年一〇月一日、三六頁。
(49) 賢驥清『民国時期上海舞台研究』上海人民出版社、二〇一六年、一六五〜一八〇頁。
(50) 鮑世遠「不能讓〝機関佈景〞喧賓奪主」『戯劇報』一九五八年三月、三一〜三三頁。
(51) 一九八七年に発表された龔和徳「戯曲景物造型論」『舞台美術研究』中国戯劇出版社、一九八七年八月、五五〜五八頁は、機関佈景について、もし現代において用いるなら俗っぽさを排除し洗練させる必要があり、その復活には検討を要すると述べる。
(52) 機関佈景を扱った近年の研究に、孫柏「光緒元年的上海劇壇―従《申報》記載看近代演劇的商業化進程」『戯劇芸術』二〇〇九年第一期、および前掲賢驥清『民国時期上海舞台研究』がある。
(53) 程季華主編『中国電影発展史』中国電影出版社、一九六三年二月、五六頁。程樹任主幹『中華影業年鑑 民国十六年』中華影業年鑑社、一九二七年一月には、「国産荘劇総表」の項に『女俠李飛飛』（大一影片公司）、『白蛇伝』（天一影片公司）、『済公活仏』（開心影片公司）などの作品が見える。

(54) 萬能「自取其辱」『梨園公報』一九二八年一〇月五日（二）。
(55)『旧京老戯単』中国文聯出版社、二〇〇四年二月、一五六～一五七頁。なお、この開明大戯院は北京にあった同名の劇場ではなく、蘇州の劇場であることが同書九八～九九頁の戯単よりわかる。
(56) 周賜泉著、唐真、沈君白整理改訂「機関佈景大王周筱卿和更新舞台的《西遊記》」『上海戯曲史料薈萃』第三集、中国戯曲志上海巻編輯部、上海芸術研究所、一九八七年四月、六五～六六頁。
(57) 漱石「夏暦新年昔時之灯戯」『梨園公報』一九二九年二月一二日（一）。
(58) 念四生「第一橋採景記略」『梨園公報』一九二九年二月二六日（二）。
(59) 善「第一台上後台職員」『梨園公報』一九二九年八月五日（二）、亮「丹桂第一台之新職員」同一九三〇年一月八日（三）など。
(60) 前掲周賜泉著、唐真、沈君白整理改訂「機関佈景大王周筱卿和更新舞台的《西遊記》」六五頁。
(61) 念四生「誌更新之西游記」『梨園公報』一九三〇年六月五日（二）。
(62) 徐翔雲「当年上海共舞台之機関佈景」『上海戯曲史料薈萃』第五集、中国戯曲志上海巻編輯部、上海芸術研究所、一九八八年九月および郭大有「機関・佈景・魔術」『中国京劇』一九九二年第三期を参照。
(63) 無署名「科学化的西遊記」『梨園公報』一九三〇年一〇月二一日（一）。
(64) 前掲郭大有「機関・佈景・魔術」、二二頁。
(65) 天籟「戯劇与科学機械之関係」『梨園公報』一九三〇年一二月一七日（一）。
(66) 功臣「観五本開天闢地後」『梨園公報』一九二九年五月二日（一）。
(67) 痩記者「改良旧劇的貢献」『新東方劇刊』創刊号、一九三〇年九月三日。
(68) 旁観人「電影界難攝之本戯」『梨園公報』一九二九年五月八日（二）。
(69) 筱汀居士「嘯廬論劇」『戯劇月刊』第一巻第二期、一九二八年、三頁。

(70) 大外行「観六本開天闢地後」『梨園公報』一九二九年六月一四日(二)。
(71) 無署名「新劇与角色有連帯関係」『梨園公報』一九二九年八月一七日(二)。
(72) 既存の演技術とイリュージョンの効果との関連については、桂真「新派の〈海〉のイリュージョン」『文化継承学論集』第二号、二〇〇六年、九〇～一〇一頁を参照。
(73) 伊藤熹朔『舞台装置の研究』小山書店、一九四一年、二〇一頁。

第六章　日本人の描いた京劇

梅蘭芳の訪日公演

本章では、第五章で触れた福地信世《ふくちのぶよ》（一八七七〜一九三四）の「支那の芝居スケッチ帖」について見ていく。このスケッチを取り上げる理由は、京劇史上最初の海外公演にあたる、梅蘭芳《メイランファン》（一八九四〜一九六一）の訪日公演が日本の演劇人にもたらした影響を読みとることができるためである。とりわけ、中華民国期の京劇のもつ革新性が、大正期の日本の演劇界にいかに受容されたのかを、舞踊作家である福地信世の例から考えてみたい。スケッチの詳細について述べる前に、まず梅蘭芳の訪日公演の状況について、確認しておこう。

梅蘭芳は、かつて日本で三度公演を行なったことがあり、一九一九年と一九二四年の訪日公演は、帝国劇場会長・大倉喜八郎《おおくらきはちろう》男爵（一八三七〜一九二八）の招聘によって実現した。その後、一九三〇年にアメリカ公演に赴く途中にも、日本を経由し、歓迎を受けている。三度目の訪日公演は戦後の一九五六年に行なわれたが、これは当時の中国政府の政策と密接な関わりがあり、前の二回の公演とは性格を異

にする。以下、先行研究にもとづき、大正期の二度の公演について整理する。(1)

第一回訪日公演は、一九一九年五月一日から一二日にかけて、東京の帝国劇場で『大女散花』、『御碑亭』、『黛玉葬花《たいぎょくそうか》』、頭本『虹霓関《こうげいかん》』、『貴妃酔酒』の上演が行なわれた。帝国劇場は、一九一一年に開業した日本最初の西洋式劇場である。梅蘭芳の演目は数日ごとに変更し、帝国劇場の女優劇と合同上演で(2)、梅の京劇は女優劇の演目の間に挿入する形式であった。チケットの価格は一般の公演の二倍に相当したが、一九一九年の日本は第一次世界大戦を背景とする経済発展の時期にあたり、加えてメディアによる「中国第一の女形(3)」との報道や、高額のチケットはかえって観客の関心をあおり、座席数一七〇〇の帝国劇場はほぼ連日満席になったという。

その後、梅蘭芳は大阪と神戸でも巡演を行なった。大阪の中央公会堂では『御碑亭』、『琴挑』、『天女散花』を上演し、神戸の聚楽館では『遊龍戯鳳』、『嫦娥奔月《じょうがほんげつ》』、『春香鬧学《しゅんこうどうがく》』、『遊園驚夢』、『琴挑』、『天女散花』を上演した。梅蘭芳一行が本来準備していた演目には、京劇の伝統演日や「古装戯《こそうぎ》」（古代の美人画を模した衣装を身につけ、神話劇などを演じる新作）、京劇より古い伝統をもつ崑曲が取りそろえられていたが、最終的に日本で上演された演目は、「古装戯」と崑曲に偏っているといえる。

第二回訪日公演は、一九二四年一〇月二〇日から一一月四日にかけて、帝国劇場で行なわれた。演目は『麻姑献寿』、『廉錦楓』、『紅線伝』、『貴妃酔酒』（以上は初日から四日間の大倉喜八郎米寿賀宴としての貸し切り公演）、一般公演では『麻姑献寿』、『奇双会』、『審頭刺湯』、『貴妃酔酒』、頭本『虹霓関』、『紅線伝』、『廉錦楓』、『御碑亭』、『黛玉葬花』が上演された。その後、宝塚と京都で巡演を行ない、『紅線伝』、『貴妃酔酒』、『洛神』、頭本『虹霓関』、『廉錦楓』を演じた。そのほかに日本で映画撮影とレコード吹きこみも行なっており、当時の梅蘭芳の人気ぶりがうかがえる。

第二回訪日公演もまた、帝国劇場の招聘によって実現したものである。大倉喜八郎の米寿を祝賀するため、梅蘭芳は早くからこの招聘を受け入れていたが、一九二三年九月一日に日本で関東大震災が発生したことにより、帝国劇場も損壊を免れなかった。そのため、梅は一九二四年一〇月に帝国劇場が改築されるのを待って訪日した。この梅蘭芳の第二回訪日公演は、帝国劇場にとって改築後最初の公演にあたり、梅蘭芳の震災義援金に対する返礼という意義をもっていた。チケット価格は、帝国劇場の改築前後一年を通じて最高額であり、梅蘭芳の京劇は、前回の「トリ」から「大トリ」の演目となった。観客数も第一回に劣らず、こうした現象は当時の日本における梅蘭芳の影響力を物語っているといえよう。

福地信世「支那の芝居スケッチ帖」

次に、福地信世の残した「支那の芝居スケッチ帖」の詳細を見ていきたい。この資料については、早稲田大学坪内博士記念演劇博物館発行の図録『京劇資料展』(二〇〇五)に一部掲載があるほか、雑誌『早稲田大学坪内博士記念演劇博物館』第四七号(一九八二)に寄贈時の状況が紹介されている。それによれば、このスケッチ帖は、一九八二年に福地信世の長男・言一郎の妻・孝子より寄贈されたという。また、スケッチ帖について「このなかの白眉は若々しい梅蘭芳の舞台姿だが、それは信世氏の深い関心の度を示してもいる」と述べた上で、福地と梅蘭芳との関わりについて次のように指摘している。

梅蘭芳の日本初公演は大正八年の帝劇だったが、その実現の陰に信世氏の強い影響が考えられる。洒落様会の会員中には大倉氏をはじめ数人の帝劇関係者がいた。信世氏はこれら仲間に中国の名花梅氏の素晴らしさを説いたであろうことは確かで、それが日本公演に結びついたに相違ない。(4)

「洒落様会」とは、帝国劇場二代目会長であった大倉鶴彦を中心に形成された会であり、帝国劇場の廊下に集まっては劇評を交わす演劇関係者によって構成されていた。福地信世はこの会の仲間と、当時の日本演劇にまつわる見聞や批評をはがき大の絵にしたものを交換しており、こちらのスケッチ集は一九三〇（昭和五）年に演劇博物館に寄贈されている。(5)

そのほか、福地信世と梅蘭芳との関わりを明らかにした先行研究として、吉田登志子「梅蘭芳の一九一九年、二四年来日公演報告―生誕九十周年によせて―」（一九八六）がある。本章では、福地と交流のあったことがわかっている梅蘭芳を描いたスケッチに焦点をあて、梅蘭芳の訪日公演が日本の演劇人にもたらした影響と、福地信世の中国演劇観について考えてみたい。

福地信世は地質学者・舞踊作者として知られており、『東京日日新聞』の社長をつとめたジャーナリスト・劇作家・小説家の福地桜痴《ふくちおうち》（福地源一郎、一八四一～一九〇六）の五男である。東京帝国大学で地質学を学んだ後、一九〇四（明治三七）年に大本営附として金鉱調査班に属し、旧満洲・朝鮮一帯を調査した。のちに古河鉱業に入社し、大正年間を通じて中国大陸の調査旅行に出かけ、その足跡を多くの地方に残している。

福地には、その没後に近親の人びとによって編まれた私家版の遺稿集『福地信世』（「家祖伝考」と「福地信世遺稿」の二巻よりなる）および『香語録』と題された追悼文集があり、これらの資料は彼の人柄や足跡を詳細に伝えるものである。この遺稿集と追悼文集は、一九四三年三月、福地信世の親族と近親者によって編纂・出版されたもので、同年、福地信世の長男・言一郎により演劇博物館に寄贈された。

福地は幼いころから演劇の世界に親しんでおり、晩年は日本の新舞踊運動に大きな貢献を果たしたといわれる人物である。桜痴の脚本を上演する歌舞伎座に毎日通い、しまいには木戸御免となっていたとの逸話が示す通り[7]、福地にとって観劇は生活の一部であり、またそのような演劇愛好者が珍しくない時代においても、「見巧者《みごうしゃ》」として周囲から一目おかれる存在であった。そういう人物が中国に渡れば、かの地の演劇に興味をもって劇場に通いつめたであろうことは、想像に難《かた》くない。

福地信世の常人ばなれしている点は、見た演劇を克明に記憶し、毎晩それをスケッチに残していたところである。これは中国にいるときにかぎらず、絵を得意とする彼の習慣であったようだ。同級生の回想によれば、福地信世はずばぬけて記憶力がよく、また写真撮影の趣味をもっていたという[8]。福地にとって演劇のスケッチは、カメラのシャッターをきるのと同様、記録としての役割を果たすものであったのかもしれない。また福地の長男・言一郎は、そのスケッチが「科學者の寫生」として、きわめて日常的な習慣であったことを伝えている[9]。

福地信世の「支那の芝居スケッチ帖」は、はがき大のカラースケッチが、ちょうど写真をアルバムに貼りこむような形で収められている。劇場や茶館などの建築物、役柄（生と旦、および浄と丑に分かれている）、舞台装置や道具と、スケッチはそれぞれテーマ別に分けられ、その分類からは彼が中国演劇の全貌を把握しようとし、またその理解がかなり深いところまで到達していたことがうかがえる。

福地信世のスケッチがどのように作成されたのかについては、北京において福地とともに毎日のように観劇をしたという鉱物学者の若林《わかばやし》弥《や》一郎《いちろう》が、次のように回想している。

　其時分は梅蘭芳を初め北京には名優雲の如く、小生は毎日福地君に誘はれて芝居に行きました。時々は晝夜二回も行きました。福地君は鉛筆を手にし半ば眠りながら寫生をやり、デツサンの様な走り書きをやられたが、翌日の朝にはちやーんと數葉の見事なる極彩色の畫が仕上がつて居りました[10]。

この記述によれば、福地はまず劇場で観劇しながら鉛筆によるスケッチをし、帰宅後に彩色を行なっていた。そのため、彩色については記憶に頼るところが多いせいか、たとえば衣装の色が京劇の慣習とは異なっているものなど、事実関係が不明なスケッチもいくつか見られる。

しかし、ほぼすべてのスケッチに日付、劇場、演目名などが明記されていることから、福地は中国滞在中に見た演劇の記録を残す目的でスケッチを行なっていたと考えられる。さらに、地質学者であり、建築物の設計図なども描くことのできた彼のスケッチは、劇場や舞台装置の構造をうつしとるという点においてきわめて精密である。

たとえば、北京の吉祥園を描いたスケッチがある（口絵6、スケッチに付されたキャプションは【表②参照】）。この舞台について、福地は「支那の芝居の話」という日本人向けに書いた京劇解説において、次のように述べている。

> さてこの芝居の舞臺の前の二本の柱は見物に可なり邪魔になるもので、北京の吉祥園と云ふ芝居では切つて仕舞ふて上部のみ吊柱にしたる新建築法を採つて居る。然しまだ横や、後方の桟敷からは随分見悪いから、西洋式の新建築では舞臺を半分後方に押し込んだ形式のものになつて居る。(11)

このように、福地のスケッチの特徴は、外国人の視点から細かいところまでを詳細にうつしとろうとしている点にあり、当時の舞台の状況を克明に伝える貴重な役割を果たしているといえるだろう。

まず、スケッチ帖の全体構成についてまとめておきたい。
スケッチ帖は「子・丑・寅・卯」の四冊に分かれている。第一冊である「子」の冒頭には四冊全体のスケッチの総目録があり、福地信世の直筆による次の序文がある。

十年程かけて支那芝居の　スケッチか十数冊も出來た　壬戌之某月　月の某日　某学會で　支那劇之画ばなしをする事になつたので数百の写生中から百数十葉を選んで話の種にした　それをあとで順を正して四冊の画帖に綴つた　大正十一歳之春　福地信世記

また、各巻の冒頭にはその巻に収められたスケッチの目録があり、福地の直筆によるスケッチの分類が記されている。分類の構成とスケッチ点数は、左に示す通りである。なお、スケッチは一枚を一点と数えた。「A1」などの記号は福地のつけた頁番号であり、一頁に複数のスケッチが貼りこまれていることもある。福地によるスケッチの分類タイトルは「　」で示した。

第一冊　子　「舞臺と舞臺面」（スケッチ三二点、戯単一点）
A1～A4（四点）「原の形の舞臺」
A5～A7（三点）「舊式の芝居の舞臺」

A８（一点）「紳士の宅にある舞臺」
A９（一点）「改良せる芝居の舞臺」
A１０〜１１（二点）「新式の芝居の舞臺」
A１２（二点）「京調の音樂」
A１３（一点）「秦腔の音樂」
A１４（一点）「崑曲の音樂」
A１５（一点）「廣東劇の音樂」
A１６（一点）「衣裳箱」
A１７（二点）「役柄の分類（生、旦、淨、丑）」
Ｉ０（「吉祥茶園」の戲単一点）「番附」
Ｉ１（一点）「開幕前の舞臺」
Ｉ２（一点）「開場戲」
Ｉ３〜Ｉ５（三点）「男優劇の舞臺面」
Ｉ６〜Ｉ８（三点）「女役者の舞臺面」
Ｉ９（一点）「男女混合劇」
Ｉ１０〜Ｉ１１（二点）「崑曲劇」

Ⅰ12（一点）「新排劇」
Ⅰ13（一点）「金捞」

第二冊　丑　「役者　生　主役　旦　女形」（スケッチ五二点）
B0〜B5（六点）「鬚生」
B6〜B10（五点）「武生」
B11〜B13（四点）「小生」
B14（二点）「娃々生」
B15（四点）「生の顔の作り」
B16〜B17（三点）「紅面生」
C1〜C5（八点）「青衣即ち正旦」
C6〜C10（五点）「花旦」
C11（一点）「武旦」
C12（一点）「老旦」
C13（一点）「彩旦」
C14（一点）「旗装」

C15（二点）「時装」
C16〜C17（三点）「古装」
C18〜C21（六点）「旦の顔の作り」

第三冊　寅　「役者　浄―顔塗・相□□・うた□　丑―道化　雑―下まわり」（スケッチ五八点）
D1〜D4（五点）「大花瞼即ち文浄」
D5〜D6（二点）「二花瞼即ち武浄」
D7（二点）「浄の顔の作り（第一式）」
D8〜D17（一九点）「浄の顔の作り（第二式）」
D18〜D19（五点）「浄の顔の作り（第三式）」
D20〜D23（五点）「浄の顔の作り（第四式）」
D24（二点）「浄の顔の作り（第五式）」
D25（二点）「西遊記の役々の顔」
D26（二点）「雑役の塗り顔」
E1〜E3（三点）「文丑」
E4（一点）「小丑」

E5～E6（二点）「武丑即ち三花臉」
E7～E9（四点）「端役としての丑」
F1～F3（四点）「雜串」

第四冊　卯「假面　小道具　出道具　大道具　背景等」（スケッチ三五点）
G1～G4（五点）「假面」
G5～G9（六点）「幽冥界に關して」
G10～G15（七点）「乘物に關して」
G16～G20（六点）「室内家具に關して」
G21（一点）「家の戸口」
G22～G24（三点）「橋と山」
G25（一点）「城」
G26（一点）「亭」
H1～H4（四点）「新式の背景」
H0（一点）「舞臺の後面の幕」

第四冊「卯」の最後には、「支那劇解説」と題された活字のリーフレットが貼りつけられている。手書きで「(十四、七) 福地信世」と書きこまれている署名、および解説文の内容から、これは一九二五(大正一四)年の緑牡丹《りょくぼたん》訪日公演の際に、福地が執筆した解説書ではないかと考えられる。男旦《ナンタン》の緑牡丹(黄玉麟《こうぎょくりん》、一九〇七〜一九六八)は、一九二五年七月一日から二五日まで帝国劇場で公演し、その後宝塚、京都、名古屋と巡演した。(12) スケッチ帖の中にも、「大正十四年七月十四日　於帝劇　風塵三侠　紅拂女緑牡丹　斗篷と風帽に　身を纏ひ　男装して　李靖を訪ふところ」というキャプションの添えられた、緑牡丹の横顔のスケッチが収められている(口絵7)。

ところで、先に紹介した「支那の芝居の話」という日本人向けの京劇解説には、福地がどのように中国の演劇を見たかということがあらわされていて興味深い。たとえば、第五章で見たように、スケッチ帖の中には楊小楼と梅蘭芳の演じる『長坂坡』の一場面を描いたものが二点ある(キャプションは【表】③・④参照)。第一舞台を描いたスケッチには、俳優の後ろの幕に背景の一本道が透視図法を用いて描かれており、当時この演目で、写実的な背景を描いた「背景幕」を使用していたことが確認できる(口絵4)。

では、このようなスケッチを残した福地信世自身は、伝統的には背景を用いない京劇が、新式の舞台美術を取り入れることをどのように考えていたのだろうか。福地の「支那の芝居の話」は、梅蘭芳の第一回訪日公演前と、第二回訪日公演前に書かれたものの二編があるが、いまその二つを並べてみると、福地の背景に対する考え方は一貫している。

背景は前に舞台構造の中に申したやうに、全く無しで、舞台の後は羽目であつて、其羽目の上手下手に出入口があるだけである。日本の能では其羽目に松を描いたりしてあるやうに、装飾を施す爲めに綺麗なる幕を掛けるやうになつて居る。〔中略〕然るに今日の芝居では大分背景を用ひるやうになつて來て居る。例へば室内に事件が起るやうな芝居に於ては室内の書割を用ひ、山に於て事件が起るやうな芝居をやる時には山の書割を用ゆる。〔中略〕書割なしに芝居を見せるといふ事に一種の味があるのであるから、支那劇の本當の味は書割が無いといふ事の方を私等はいいと思ふ。(13)

支那劇には背景がないので、後は美しい刺繍のしてある幕があるのである。そこで總ての劇が演ぜらるゝのである。日本の芝居の事から考へると妙だが、能は總てのものが松を畫いた板羽目の前で演ぜられても、各々に別々に感じが出ると同様である。近來では日本の新派が輸入された影響として舊式の支那劇にも寫實風の背景が用ゐられて來た。然しそれは非常に惡い事である。元來支那劇の演出法は能と同じ様に極めて煎じつめた象徴的なものである。(14)

後者の引用につづけて、福地は『長坂坡』を例にあげ、趙雲が糜夫人《びふじん》に託された子を懐に抱えながら、鞭を掲げて馬に乗っていることを示す、という場面について、「寫實風の背景の前で鞭を擧げると、誠に徒歩の趙雲が馬に逃げられて鞭だけ擧げてさわいで居る様に見える。支那劇に背景は全然惡い」と述べている。

一九二〇年前後の中国では、日本の新派劇に学んだ中国人留学生によってもたらされた新劇が隆盛期を迎えた後、京劇の舞台においてもその影響をうけた新式舞台装置が出現していたことは、第五章で述べた通りである。福地はそのような現象に基本的には否定的な態度を表明しながらも、スケッチとして記録を残したことがわかる。

梅蘭芳と『天女散花』のスケッチ

つづいて、福地信世と梅蘭芳との関わりについて見ていきたい。先に述べたように、福地信世と梅蘭芳とは実際に親交があり、撮影時期は未詳だが、梅蘭芳と福地信世が一緒に写った写真も残っている（図1）。前列左から三人目が福地信世、同六人目が梅蘭芳である。

また、梅蘭芳は一九五七年に執筆した『東遊記』や一九六一年に発表した「漫談戯曲画」などの随筆において、福地信世から画集を贈られたことを繰り返し述べている。

　日本の画家で福地信士《ママ》という人が舞台のスケッチを得意としており、彼はかつて私に『支那の芝居スケッチ』を一冊贈ってくれました。その中には私やほかの有名俳優の舞台姿がありましたが、残念なことに移動するうちに散逸してしまいました[15]。

図1　福地信世（前列左から３人目）と梅蘭芳（前列左から６人目）

　「信士」と「信世」とは中国語では同音であり、福地は大同炭田の調査にあたる際、技術者として調査に赴くことが不都合であったため、画家という名目で渡航していた[16]。そのような事情から、梅蘭芳は福地のことを画家だと思っていたようである。

　福地信世のスケッチ帖の中に梅蘭芳を描いたものは二八点あり、これは他の俳優に比べて圧倒的に多く描かれているといえる。参考資料として、本章の末尾に、画中に梅蘭芳が描かれているスケッチ、およびスケッチに付された手書きのキャプションの一覧を【表】として掲げておく。

　梅蘭芳を描いたスケッチの中に、一九一九年五月二日、梅の第一回訪日公演時の舞台を描いたものがある(口絵8、キャプションは【表】①参照)。帝国劇場で上演された「古装戯」の『天女散花』を描いたこのスケッチに、「理想の背景」というキャプションが添えられていることに注目したい。『天女散花』は、古代絵画を模した衣装である「古装」や舞台美術など、視覚的な新しさが話題を呼んだ作品であった。(17) では、この演目は日本公演の際、どのように演じられたのだろう。

帝国劇場における『天女散花』の舞台美術について、『都新聞』に掲載された伊原青々園《いはらせいせいえん》の劇評は、次のように述べている。

> 此の道行が見せ場と聞いて居るが、前興行の「一の谷」で使つた浪の道具を應用したは餘りにズボラであり、一体帝劇のやうな廣い舞臺で支那劇を演ずるには特別な設備を要する〔中略〕もし能樂を帝劇で演ずるとすれば舞臺の上へ更に小ぢんまりした能樂堂を拵へる必要がある《ママ》支那劇を演ずるにも其れと同じやうに支那劇の舞臺を拵へたら宜かつたらうと思ふ、其んな特別な設備がない上に日本の歌舞伎劇で使つた道具を應用するなどは以ての外の疎漏である、評者は梅の爲めに氣の毒に思つた。〔中略〕後の黒幕の內から天女の唄が聞こえる、黒幕が取れて雲幕に圍はれた二重舞臺の上に天女と花奴とが現はれて花を降らす、此處でもなまし《ママ》日本風の道具立てをした事が調和を缺いた、此の一段になつて音樂が面白かつた。(18)

新作である『天女散花』は、演目選定にあたり帝国劇場から強い要望のあった作品である。この演目は歌舞を中心としているため、京劇の習慣や言葉のわからない日本人が見ても理解しやすいということもあってか、訪日公演の期間にもっとも多く上演された。

しかし、日本で上演された『天女散花』は、その視覚的な美しさや音楽が好評を得た一方で、伝統演目を期待していた観客からは落胆の声も上がった。とりわけその舞台美術については、まず背景を用いた点、さらには歌舞伎『一谷嫩軍記《いちのたにふたばぐんき》』の、「組打」の場面の背景を用いたことが批判の対象となった。そのため、一九二四年一〇月に梅蘭芳が二度目の訪日公演を行なった際は、帝国劇場の舞台の上に中国の伝統的な舞台である「戯台」を模した装置を作り、四柱方形の舞台で演じる形式をとったという。

この経緯については、『演劇新潮』一九二四年一二月号に掲載された「演劇新潮談話会」の記録に詳しく記されている。梅蘭芳も出席したこの談話会の記録によれば、第一回訪日公演の際、歌舞伎の背景を使用したのは、梅の希望によるものであった。また梅蘭芳自身は、第二回訪日公演でも背景を用いる新作『洛神』を上演するつもりであったが、今回は背景を用いることができないのでやめたという主旨の発言をしている。

この談話会で、当時帝国劇場専務をつとめた山本久三郎は、次のように述べている。

> 梅さんは進歩的といふか、新しいことを工夫してやる人だから、此の前のときは『天女散花』といふやうな新しいものを出して、背景も新しいものを拵へてやつた。所が一般の説は、支那からか

ういふ人が來たのに、純粋の支那のものを見せて呉れない。帝劇は金をかけてあんな馬鹿げたことをやつたと云はれた。〔中略〕所で今度は本當に支那式にやりたいと思つて背景を使ふやうなことは止して、出しものなんかも新しいものを避けて舊いものをやることにしました。つまり今度は皆前回の批評に鑑みて決定されたのです。〔中略〕主に福地信世さんなどゝ謀つて、支那の劇場の方の意見を聴いてやつたのです。[19]

この発言によれば、梅蘭芳の第二回訪日公演に、福地信世は深く関わっていたようである。同様の記述はほかにも見られ、このとき梅蘭芳一行に演出監督として同行した波多野乾一の回想によると、福地は招聘業務や演目の選定について細かな指示を出していたという。[20]

先に述べた通り、福地信世は京劇が新式の舞台美術を取り入れることに対し、否定的な態度を表明している。そのことをふまえれば、このたびの訪日公演において中国の舞台の構造に詳しい福地が、帝国劇場の舞台上に中国の伝統的な舞台をこしらえ、新式の背景を用いないようにするという意見を出したことは、さもありなんといえるだろう。しかし、上記の経緯を考慮に入れた上でもう一度福地の『天女散花』訪日公演のスケッチを眺めると、ある疑問が浮かび上がってくる。福地はなぜ、第一回訪日公演の際、その舞台美術が批判されることとなった『天女散花』をスケッチに残し、「理想の背景」との一言を添えたのだろうか。

ここで、福地信世がスケッチに残した『天女散花』の上演の記録を、『東京朝日新聞』に掲載された久保天隨の劇評と、舞台写真から確認したい。

久保の劇評では、『天女散花』を「三齣に分れて居る」とし、場面ごとの様子を次のように詳述する。

第一齣に於ては、天女に扮せる梅蘭芳が、八人の侍婢に前後を圍繞せられて、しづ〳〵と登場する。〔中略〕背景は、まことに詰まらぬが、掛けてある匾額に因つて、その衆香國たるを知る。〔中略〕第二齣に於ては、近くは白波巖を嚙んで岸を拍ち、遠くは一碧渺として天に接する大海を背景とし、はじめに、侍婢の花奴が、一寸出て來るが、間もなく引込んで、その後には天女唯だ一人、霞の紐ともいふべき、二筋の丈長の彩帛を巧に曳いたり、振つたりして、頻りに舞ひ廻る〔中略〕第三齣に於ては、一榻横に陳して、其上に鬢髯蒼白の一老爺が、つくねんと坐つて居る。〔中略〕後の幕が、ばたりと落ちると、依然玉の如きの一天女が、もく〳〵と湧き出る萬重の雲を背景として、立つて居る。やがて、前齣に於けると同じく舞ひ始めると、そこへ、侍婢の花奴が、花を盛つた綺麗な籠を持つて來る。天女は、舞ひ廻る間に、花片を攫み出して振り撒くこと數次、繽紛たる曼陀羅華の雨は、方丈の室中に滿ち、彷彿として、靈光普く照し、天も地も共に耀くばかり、妙香四に薫し、眼前に淨土の光景を見る想ひがするといふ處で幕。[21]

図２　帝国劇場『天女散花』
早稲田大学演劇博物館所蔵

また、早稲田大学演劇博物館には「大正八年五月（帝國劇場）（天女散花）（梅蘭芳）（姚玉芙）」とのキャプションの入った舞台写真が所蔵されており（図２）、花片や背景の雲幕から、これが上記の「第三齣」の場面であることがわかる。

しかし福地のスケッチには、「理想の背景」というキャプションがつけられていながら、場面を特定することのできるような背景が明確に描かれていない。濃淡のつけられた淡い青色の背景は、あるいは歌舞伎『一谷嫩軍記』の波の背景を描いたものなのだろうか。しかし、それを「理想の背景」と見なしていたのなら、第二回訪日公演時の舞台美術は実現しえなかっただろう。したがってこのスケッチは、第一回訪日公演の際、帝国劇場で用いられた背景を写実的に描いたものとは考えにくい。では、この「理想の背景」には、いったい福地のいかなる中国演劇観が込められていたのだろう。

『思凡』のスケッチと舞踊劇『思凡』

梅蘭芳の二度の訪日公演は、日本の演劇人の中国物への関心を喚起した。この時期に、日本では歌舞伎俳優・市村羽左衛門の『楓橋《ふうきょう》雪《ゆきの》夜譚《よばなし》』（一九二六）など、中国あるいは梅蘭芳を題材とした演劇の上演や、また一九二四年の市川左団次による満洲巡業と天津、北京、上海訪問など、日本人俳優の中国訪問があいついで行なわれ、一種の「中国ブーム」ともいうべき状況が出現する。[22]福地信世もまた、晩年に中国演劇を題材とした翻案物の舞踊劇をいくつか作っている。そのうちの一つに『思凡』があげられ、一九二一年五月に、有楽座において開催された藤蔭会で初演された[23]。

　これは同名の崑曲に取材した翻案劇で、うら若い尼僧が俗世恋しさから修行を捨て、山を下りる話である。この作品については、一九三三年の再演時に福地信世が自ら書いた解説があり、彼がどのような演出の構想をもっていたのかを知ることができる。またスケッチ帖には、梅蘭芳と尚小雲《しょうしょううん》の演じた『思凡』のスケッチが含まれており、これらの資料には福地の中国演劇観が反映されていると考えられる。以下、福地の舞踊劇『思凡』の解説と、残されている『思凡』のスケッチを手がかりに、梅蘭芳訪日公演が福地にもたらした影響について考えてみたい。

　舞踊劇『思凡』の解説によれば、『思凡』は初演から一九三三年までの間に数回再演されており、少しずつ手が加えられている。少し長くなるが、その部分を引用しておく。

> 初演は大正十年五月有樂座にての藤蔭會に、作詞は平山晋吉で、作曲は西山吟平（一中節）と落合安恵（生田流箏曲）とであります。然し出來た曲は一中節でも箏曲でもありません、三絃曲に箏

を伴曲とする邦樂であります。振付及演出は藤間《ふじま》靜枝《しずえ》（今の藤蔭靜枝）で、舞臺裝置及衣裳は田中良でありました。

再演は大正十二年十二月帝國ホテル演舞場で開催の藤蔭會でありました。

次は昭和五年十一月飛行館で開いた花柳舞踊研究會の時に演じましたが、こん度は歌詞を少々變更しまして、作曲は常磐津文字兵衛、振附は花柳壽輔で、演出は水谷八重子でした。

次は昭和六年一月帝國劇場の普通の興行に水谷八重子が花柳舞踊研究會で演じた常磐津の思凡を其まゝ演じたのであります。舞臺裝置は田中良が帝劇の興行に準じて、立派にしました。[24]

また、解説において、福地は梅蘭芳、尚小雲、韓世昌の『思凡』を比較して、次のように述べている。

支那北京で梅蘭芳、尚小雲、韓世昌、其他數人の思凡を見た。名優梅、尚、韓の演出を比較して見よう。

(1) 梅は唯無邪氣な乙女
(2) 尚は寺がイヤだと悲觀してゐる乙女
(3) 韓はふざけてゐるお轉婆娘

福地は(1)の心持ちをとる。[25]

『思凡』の演出について、福地は梅蘭芳の尼僧の解釈を採用すると述べているが、スケッチ帖に描かれた『思凡』のうちの一つに、梅蘭芳の全身像を描いたものがある（口絵9、キャプションは【表】⑤参照）。このスケッチには、福地の見た梅蘭芳演ずる尼僧の、「唯無邪氣」な姿があらわされているといえるだろう。

もう一つの『思凡』のスケッチは、尚小雲の舞台を描いたものである（口絵10）。こちらは舞台の全景が描かれており、尚小雲の姿は小さいものの、その表情は面影を留めている。スケッチに添えられているキャプションは、次の通りである。「尚小雲の思凡　哭皇天の調子にて　唱ふところ　十八羅漢と觀世音の中　に立ちて　大正十年三月廿八日　三慶園にて」。

このスケッチに描かれている羅漢像を登場させるか否かについて、福地は自身の舞踊劇を創作する際、試行錯誤を重ねたようである。

羅漢様を舞臺に出したのは第三回常盤津で花柳でやつた時に初まり、帝劇でも出したが、これは藤蔭會でやつた時の様に出さぬ方が却て想像が入つて見て居る方でわかる。梅と韓とは出さぬ。尚は出す。(26)

ここにも、先に紹介した背景幕に対する考え方と同様、できるだけ実物を用いないほうがよいという

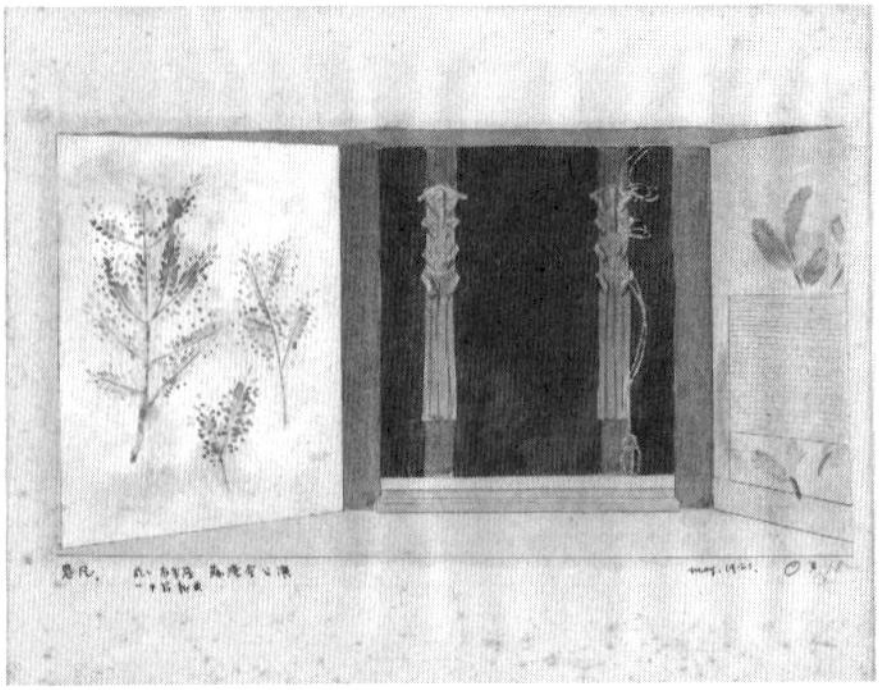

図３　田中良舞台装置図『思凡』（大正 10 年５月有楽座）早稲田大学演劇博物館所蔵

福地の態度がうかがえるだろう。「藤蔭會でやつた時」というのは、初演時を指す。そして、この解説を書いた一九三三年の再演時には、脚本に「舞臺装置は、上段下段の二重の舞臺にて朱の柱を立てゝ大體に於て藤蔭會の初演の時の感じにて演[27]」との指示があることから、一九三一年に帝国劇場で行なった再演の際、「立派にしました」という舞台美術を、初演の形（図３）に戻したことがわかる。

それでは、福地の舞踊劇『思凡』は、新しい試みを排除して伝統的な崑曲の形式を採用したものかというと、実はそうではない。舞踊劇『思凡』の脚本によれば、その衣装には朝鮮の舞踊の要素が取り入れられ、音楽は邦楽を基調としながらも洋楽器を用いている。

曲は常盤津よろしい。舞踊會には洋樂器を補助樂器に用ゐる事も大いに賛成。
然し支那の崑曲といふ古き氣分を其まゝ觀察すれば一中節と箏との混合したヘンテケレンな邦樂は一種の味があつた。[28]

このような記述を見ると、福地は日本の伝統とも中国の伝統とも異なる新しい舞踊劇を目指していたのではないかと思われる。また、福地には「劇場舞台照明」、「舞台装置の原理」といった著作があり、遺稿集に収められているこれらの文章を読むと、彼が写実的な演劇で用いられる舞台照明や美術の方法についても、実践的な研究をしていたことがうかがえる。

こうした試みは、振付を行なった日本舞踊家の藤間静枝（一八八〇〜一九六六）にも受け入れられ、志が共有されていた。藤間は初演時に『思凡』について語った記事の中で、次のように述べている。

> 此の振りの要所々々の極りは、此の劇の主唱者福地さんが、嘗て支那漫遊の途に上られました際、彼の地での名女形梅蘭芳の所演されたのを見物され、其の折り寫生された梅の舞臺姿の数々を、私に貸して下さいましたのが、今度の上演については参考となりまして、要所々々の極り處は、皆な此の寫生の型によつてつけましたから、勝手が知れて大變樂に振りがつきました。[29]

また、藤間静枝は、舞台で使用した払子《ほっす》について、『思凡』を翻案するという福地の試みを聞いた梅蘭芳が、自らの用いた払子を福地に譲ったものであるとも述べている。[30]

藤間静枝も梅蘭芳の第一回訪日公演を見ており、京劇『貴妃酔酒』の楊貴妃を淀君に翻案した『酔淀君』を考案するなど、梅蘭芳の影響を受けていた。[31] この上演は実現しなかったが、その構想は『思凡』

に引き継がれた。『思凡』は梅蘭芳の動きの型を振付に取り入れ、曲は既存の流派にとらわれず、邦楽でありながら五線譜を用い、洋画家が舞台装置を手がけ、舞台照明を用いるという、日本と中国、そして西洋の要素を組み合わせた新舞踊を記念する作品となったのである。

福地信世の舞踊劇『思凡』の創作は、福地のように中国の伝統劇の特徴をよく理解し、その中に新しい試みを取り入れることの困難を指摘していた人物が、にもかかわらず日本舞踊の領域において、同様の試みに挑もうとしていたことを示すものであろう。さらに、福地は梅蘭芳の第一回訪日公演に合わせて執筆した前掲の「支那の芝居の話」において、梅蘭芳について次のように紹介している。

梅蘭芳は前に説明したやうな支那固有な劇についてすべて缺點が無いと云ふ外に、一つ獨特なる新しき藝風を發明して居るのである。其題材は祖父の有つて居つた院本であつて、今日世間に殘つて居らね《ママ》ものに取り、或は又極く古い小説なぞに題材を取つて、樂音の調子を耳觸り好く靜かな音樂の調子となし、唱の調子は新らしく自分で案出して居つて、舞の手の如きは多少西洋の舞踏などを加味して居る點もあるし、衣裳は其當時の古き衣裳を用ひてやる。表情の如きも今迄の舊支那芝居の有り觸れたる約束の表情と餘程變つて、心より表はれ出づる意味のある表情に富んで居る。〔中略〕之が梅蘭芳の獨特のものである。或は他日支那の芝居が現在の世界の大勢に合はないで、日本の能の如く一種の骨董的藝術品として實社会から離れて了ふ時期がありはしないかと思ふて居る今

日、梅の新しいやり方は、此進歩しつゝある世の中と一致して進む事が出來るものであらうと、將來を希望して見て居る。(32)

この文章の中で、福地は梅蘭芳による新作京劇の試みである「古装戯」について、その意義を評価している。「心より表はれ出づる意味のある表情」という観察は、梅蘭芳が京劇にもたらした改革の一面を言い当てており、福地は梅蘭芳の試みを、同時代の観客として共感をもって受けとめていたのではないかと考えられる。

ところで、福地の『思凡』の解説は、次のような一文で結ばれている。

粋をつくして建てたお座敷で、島の娘の半西洋踊を味ふ時代から、何時もつと進歩か退歩した静な藝術の時代が來るだらうか。(33)

新しい日本の舞踊を模索していた福地信世にとって、同様に新しい京劇を模索しながら崑曲という古典に材を見いだし、京劇の新作の活路を拓いた梅蘭芳の『思凡』は、心に響くものがあったのではないだろうか。「進歩か退歩した静な藝術」という表現は、同時代演劇としての舞踊劇を創作する際に、梅蘭芳が「古装戯」や崑曲の改編によって新作を創作したように、福地もまた伝統を強く意識したことを想像させる。そのとき福地の脳裏にあったのは、自身の描いた梅蘭芳の『天女散花』のスケッチだったのかもしれない。

一九一九年と一九二四年の梅蘭芳の訪日公演の前後、戦前の日本では、伝統芸術の改良をめぐる議論が盛んに交わされていた。梅が上演した帝国劇場は、日本の観客の西洋文化吸収において大きな役割を果たしただけでなく、日本の伝統芸術と外来の芸術様式が交差する地点でもあった。

福地信世の残したスケッチと文章からは、そのような潮流の中で伝統形式の改良に従事した芸術家として、彼が梅蘭芳の「古装戯」の試みに敬意と共感を抱いていたことが読みとれる。福地の創作した舞踊劇『思凡』は、梅蘭芳の試みた京劇の現代化が、同時代の日本の演劇人にも影響を与えたことを示す一例であるといえるだろう。

【表】梅蘭芳のスケッチ一覧

福地信世はスケッチ帖を作成する際、おのおののスケッチをテーマ別に分類し、編集して貼りこんでいる。ここではそれらを、スケッチに付された年月日に従って並べ替え、スケッチが描かれた順に示した。また、当時の新聞『順天時報』にもとづき同定作業を行ない、関連記事の見つかったものは新聞の年月日を併記している。

C4　一九一八年六月二日
「玉堂春　梅蘭芳　大正七年　六月廿日　吉祥園にて　信世」
C6　一九一八年六月二二日（本書カバー）
「梅蘭芳の貴妃酔酒　大正七年六月廿二日　北京　吉祥園にて　信世写」
I4　一九一八年六月二六日
「按察使　玉堂春　三堂会審の場　大正七年六月廿六日吉祥園にて　山西巡按使　王金龍（姜）玉堂春（梅）布政使」
I12　一九一九年五月二日（口絵8）①
「天女散花　梅蘭芳　理想の背景　帝劇に於て　大正八年　五月二日　写」
B11　一九一九年一一月九日
「八年十一月九日　於北京　新明大戯院　福地信世写　轅門射戟　梅蘭芳の小生（反串）呂布」
＊『順天時報』一九一九年一一月九日に広告あり
A8　一九一九年一一月一五日
「福地信世写　大正八年十一月十五日北京金奥胡同　那家花園に於ける大倉男爵の夜宴　梅蘭芳が驚夢を演じてある　光景なり」
＊『順天時報』一九一九年一一月一五日、辻聴花「梨雲録（一五八）」、一一月一六日、辻聴花「梨雲

録（一五九）」に劇評あり
C2左　一九二〇年一〇月二日
「六月雪　獄屋に於ける　竇娥　梅蘭芳　大正九年十月二日　北京新明大戯院にて」
C2右
「六月雪　刑場に於ける　竇娥　梅蘭芳」
＊『順天時報』一九二〇年一〇月六日に広告あり
＊『順天時報』一九二〇年一〇月八日、辻聴花「秋廬雑綴（一四八）」に劇評あり
A10　一九二〇年一〇月八日
「北京　新明大戯院　8／10　大正9　武家坡　梅と王合演」
＊『順天時報』一九二〇年一〇月八日に広告あり
G16　一九二〇年一〇月一三日
「大正九年　十月十三日記　新明大戯院　状元祭塔　青衫串　梅蘭芳　許士林の母　白氏　白蛇の化物の幽霊なり　赤官衣　小生串　状元及第の許士林なり」
＊『順天時報』一九二〇年一〇月一三日に広告あり
C15左　一九二〇年一〇月一五日
「時装新戯　童女　斬蛇　梅蘭芳　姚玉芙　大正九年　十月十五日　新明大戯院」

＊『順天時報』一九二〇年一〇月一五日に広告あり
注：右に金少梅のスケッチが並べて貼りこまれている。
C15右　一九二一年二月二六日
「醋海波・金少梅　大正十年二月廿六□□」
A9　一九二〇年一〇月二四日（口絵6）②
「後見　音楽手　梅蘭芳・陳徳霖　合演　麻姑献寿　大正九年十月廿四日白天　東安市場内吉祥園」
G20　一九二〇年一一月二〇日
「木蘭従軍　第二場　機房に於ける　花木蘭　大正九年十一月廿日　新明大戯院にて　梅蘭芳　演之」
＊『順天時報』一九二〇年一一月二〇日に広告あり
C21　一九二〇年一一月二一日
「大正九年十一月廿一日　北京　新明大戯院にて　信世写　遊園　梅蘭芳の　杜麗娘」
H3　一九二〇年一一月二七日
「虹霓関　頭本　辛文禮　葬儀の場　夫人　梅蘭芳　丫環　王蕙芳　大正九年十一月廿七日　新明大戯院」
＊『順天時報』一九二〇年一一月二七日に広告あり
H4　一九二一年二月二日（口絵4）③
「長坂坡　糜夫人　梅蘭芳　趙雲　楊小樓　大正十年二月二日　北京　第一舞臺にて」

＊『順天時報』一九二一年二月二日に広告あり
＊『順天時報』一九二一年二月五日、汪隠侠「隠侠劇談」に劇評あり
C11　一九二一年二月一一日
「穆柯塞　穆桂英　梅蘭芳　大正十年二月十一日　信世写」
G15　一九二一年二月一五日
「牢獄鴛鴦　花嫁さんが轎から出るところ　大正十年　二月廿五日　文明茶園にて　梅君蘭芳　演」
C1　日付なし（右記G15と同日と考えられる）
「牢獄鴛鴦　気に染まぬ婚礼の夜　花嫁　梅蘭芳　北京文明茶園にて　信世写」
C14　一九二一年二月二三日
「廻龍閣の西涼公主　梅蘭芳　十年二月廿三日　文明茶園にて　信世写」
C16左　一九二一年二月二七日
「黛玉葬花　梅蘭芳　黛玉が西廂記を讀んで居るところ　大正十年二月廿七日　文明茶園　信」
注：右に髷の部分の拡大スケッチが貼りこまれている。キャプションは次の通り。
「古装の髷　額の毛と　耳の前の毛ハ　貼り毛　まげハ　下げ髪の上に唯つける」
G18　一九二一年三月二日
「四郎回令　四郎改木易　王鳳卿（老生）　鉄鏡公主　梅蘭芳（青衣）　太后　陳徳霖（老旦）　大正十年

三月二日　白天　北京　東安市場　吉祥園」

H0　一九二一年三月五日（口絵5）④

「長坂坡　糜夫人　梅蘭芳　趙雲　楊小樓　大正十年三月五日　吉祥園にて　糜夫人が　井戸に飛び込むところ」

C17　一九二一年三月七日

「丫環《こしもと》の古装の髻　大正十年三月七日　北京の奉天會館　堂會　千金一笑　丫環　晴雯　梅蘭芳」

＊『順天時報』一九二一年三月七日に広告あり

＊『順天時報』一九二一年三月一〇日、辻聴花「秋盧雑綴（二六九）」に記事あり

C5・1　一九二一年三月一一日

「大正十年三月十一日記　罪なくして湯欽に縛はられたる雪雁　梅蘭芳　刺湯　北京　銀行公會にて演信世写」

C9　一九二一年三月一九日（口絵9）⑤

「思凡　崑曲にて演ず　若き尼　趙色空　（貼）梅蘭芳　大正十年三月十九日　吉祥園にて」

G13　一九二一年三月一九日

「回荊州　孫夫人　梅蘭芳　趙雲　楊小樓　劉備　王鳳卿　大正十年三月十九日　吉祥園」

G10左　一九二一年四月七日

「打奥殺家　父と共に舟を出して漁する時　蕭恩の娘　桂英」
G10右
「丁を殺しに行かんとして　舟をこぎ出だす時　青衣串　梅蘭芳　大正十年四月七日　吉祥園にて」

【注】

（1）伊藤綽彦「一九一九年と一九二四年の梅蘭芳来日公演について」『中嶋敏先生古稀記念論集』下巻、汲古書院、一九八一年、吉田登志子「梅蘭芳の一九一九年、二四年来日公演報告―生誕九十周年によせて―」『日本演劇学会紀要』第二四号、一九八六年、吉田登志子「京劇来日公演の記録：大正八年（1919）より昭和三十一年（1956）まで」『京劇資料展』早稲田大学坪内博士記念演劇博物館、二〇〇五年、袁英明『東瀛品梅：民国時期梅蘭芳訪日公演敘論』北京大学出版社、二〇一三年を参照。

（2）女優劇の演目は次の通り。歌舞伎『本朝廿四孝』、現代劇『五月の朝』、アラビア古典劇『呪』、浄瑠璃『新曲娘獅子』。女優のほか、松本幸四郎（七世）、守田勘弥（十三世）も出演した。

（3）『東京日日新聞』一九一九年三月一日。

（4）林京平「収蔵品こぼれ話（五）　日中両国劇のスケッチ」『早稲田大学坪内博士記念演劇博物館』第四七号、一九八二年、一六～一七頁。

（5）福地信世と早稲田大学演劇博物館との関わりについては、河竹繁俊「福地信世氏と演劇博物館」福地信世追悼文集『香語録』一九四三年に詳しい。

（6）新舞踊とは、一九一七年、日本舞踊家の藤間静枝（のちの藤蔭静樹）の催した「藤蔭会」の舞踊公演を嚆矢とする、日本舞踊における創作舞踊の総称である。「藤蔭会」には、福地信世のほか洋画家の和田英作、舞台美術家の田中良などが同人として参加した。
（7）坂井定吉「福地も冥土で噓する」『香語録』、一五頁。
（8）「追悼座談会　その二、二校時代」『香語録』、二七頁。
（9）福地言一郎「倅から見た親父」『香語録』、一四七頁。
（10）若林弥一郎「福地君のことども」『香語録』、三八～三九頁。
（11）福地信世「支那の芝居の話」福地信世遺稿集『福地信世』一九四三年、一二四頁。なお、福地信世には、「支那の芝居の話」と題する文章が二種類ある。遺稿集収録のものには「一九二三年三月鈴の音所載」とあり、もう一つは『中央公論』一九一九年四月号に掲載されたものである。
（12）緑牡丹の訪日公演については、前掲吉田登志子「京劇来日公演の記録」に詳しい。
（13）福地信世「支那の芝居の話」『中央公論』第三四年四月号、一九一九年、八八～八九頁。
（14）前掲福地信世「支那の芝居の話」『福地信世』所収、一二五頁。
（15）梅蘭芳「漫談戯曲画」『梅蘭芳全集第三巻　梅蘭芳戯劇散論』河北教育出版社、二〇〇一年、六一頁。初出は『文匯報』一九六一年四月九日。
（16）牧野孝三郎「古河合名會社在職中の福地信世氏」『香語録』、七七頁および長崎英造「所感」『香語録』、一五七頁を参照。
（17）清癯「天女散花梅蘭芳　其二（園名）」『順天時報』一九一九年四月一九日（五）。
（18）（伊原）青々園「梅蘭芳の天女―帝劇の支那劇―」『都新聞』一九一九年五月三日（三）。
（19）「演劇新潮談話会　第十回」『演劇新潮』一九二四年一二月号、七～八頁。

（20）波多野乾一「福地信世氏と私」『香語録』、一一二頁。
（21）久保天随「梅蘭芳の天女散花（中）」『東京朝日新聞』一九一九年五月六日（七）。
（22）前掲伊藤綽彦「一九一九年と一九二四年の梅蘭芳来日公演について」、六九七〜六九八頁を参照。
（23）脚本は福地信世「（舞踊）思凡」『福地信世』、一八二〜一八六頁を参照。初演時の『思凡』の振附および舞台装置については、水田佳穂「藤蔭会の「思凡」について—背景を中心に—」『演劇博物館グローバルCOE紀要　演劇映像学』二〇一〇年第一集に詳しい。
（24）福地信世「思凡解説」『福地信世』、一八七〜一八八頁。
（25）前掲福地信世「思凡解説」、一八八〜一八九頁。
（26）前掲福地信世「思凡解説」、一八九頁。
（27）前掲福地信世「（舞踊）思凡」、一八二頁。
（28）前掲福地信世「思凡解説」、一八九頁。
（29）藤間静枝「「思凡」に就いて」『演芸画報』第八年第八号、一九二一年八月、九九〜一〇一頁。
（30）前掲藤間静枝「「思凡」に就いて」、および藤間静枝「『思凡』を舞台まで」『新演芸』第六巻第七号、一九二一年七月、一一八〜一一九頁。
（31）藤間静枝「藤蔭会の新舞踊」『演芸画報』第八年第二号、一九二一年二月、五四〜五六頁。前掲水田佳穂「藤蔭会の「思凡」について」を参照。
（32）前掲福地信世「支那の芝居の話」『中央公論』一九一九年四月号、九八頁。
（33）前掲福地信世「思凡解説」、一九〇頁

第七章　「孤島」期上海と戦時下の演劇

「孤島」期の上海演劇

一九三八年一一月一日、上海の新聞『申報《しんぽう》』に、「游芸界」という演芸欄が開設された。開設に際し、編者は次のような前口上を述べている。

孤島に住んでいるに等しい上海の民衆は、窮屈なこと馬車馬のごとく、あるときは困窮して流浪した後、またあるときは仕事に追われた後、芸に遊んで憂さを晴らし、つらい気持を和ませ、疲れた心を奮い立たせるのも、無理からぬことであろう(1)。

本章では、上海が「孤島」と称された一九三七年一一月から一九四一年一二月にかけての演劇をめぐる状況を、新聞・雑誌の報道から見ていく。一九三七年七月七日、盧溝橋事件が勃発した後、八月一三日に日本軍は上海に侵攻する。一一月一二日、日本軍は滬西、南市、浦東、滬郊などの地区を占領し、上海の共同租界、フランス租界は被占領区域に包囲された「孤島」となった。この時期、上海市政府は政治や日本軍の侵攻について公開の場で談論することを禁止し、租界内の抗戦活動には厳しい制限が加えられた。

抗戦期（一九三七～四五）における上海の演劇については、とくに話劇《わげき》に関する研究が盛んに行なわれている。エドワード・M・ガン（Edward M.Gunn）の『不遇のミューズ――一九三七～四五年の上海と北京における中国文学（*Unwelcome Muse:Chinese Literature in Shanghai and Peking,1937-1945*）』（一九八〇）[2]によって本格的に着手された抗戦期上海話劇の研究は、その後、当時の関係者に対する聞きとり調査など、つづく研究によってより詳細な状況が明らかにされた[3]。

その一方で、同時期の話劇のみならず、京劇（平劇）や文明戯、また申曲や越劇といったジャンルの伝統劇にも目を向け[4]、それらが「抗戦期上海」という同じ時空間に共存していた、との視点に立った研究はいまだ数少ない[5]。その理由としては、話劇が同時期に急激に発展し、抗戦期を代表するメディアへと成長したことや、また先述の記事にいう「芸に遊んで憂さを晴ら」すことを目的とする演劇が、左翼系話劇人に重視されなかったことがあげられる。

実際のところ、上海にあった複数の種類の伝統劇は、必ずしも話劇と観客層を共有していたわけではない。中国語では、伝統劇の種類のことを「劇種」と呼ぶが、各種の伝統劇が共存した時空間を仔細に見れば、それぞれの劇種間、または同一劇種の内部において、上演場所、演者、観客層などは階層化され、話劇圏と重なる、あるいは重ならない層に、さらに細分化されていたと考えられる。

第四章で述べたように、二〇世紀初頭に新聞劇評の発達した上海では、演劇とジャーナリズムの間に相互の連携が形成され、演劇の担い手が記事の書き手となるなど、両者は密接な関係にあった。数多《あまた》の新聞・雑誌に、各種の観客層に向けた記事が掲載され、読者および観客に情報を発信したのである。したがって、今日の視点から当時の実態を把握するには、同時期の報道の中から、各劇種の接触、それぞれの共存関係、その間にはたらく力学などを解読する作業が必要となるだろう。

本章では、このような立場から抗戦期上海の演劇を眺め、京劇と話劇の『明末遺恨』に着目する。同一の題名をもつものの、内容の異なるこの二作は、それぞれ「孤島」期上海において抗戦の意図をもって上演された。そして、「抗戦期演劇」たることは、話劇以外のジャンルの演劇にとっては、「改良」のスローガンをつきつけられることを意味した。二作を中心に、戦時期における京劇と話劇の接触と共存、「孤島」内外の観客の声、「改良」のスローガンに対する演劇界の反応といった現象について、新聞・雑誌の報道から読み解いてみたい。

周信芳と『明末遺恨』

京劇『明末遺恨』で演じられるのは、明朝最後の皇帝、崇禎帝《すうていてい》の亡国の物語である。明末、官僚の腐敗により、明朝の国庫は窮乏していた。李自成が反乱を起こし、北京に侵攻すると、崇禎帝は岳父の周奎のところに赴き、皇太子を託そうとする。しかし、芸妓たちと酒色にふける周は、崇禎帝を門前払いする。やがて北京が陥落すると、崇禎帝は剣を手にして皇后と皇太子に死を賜り、自害するのであった。

この演目に関するものとして、清末に書かれた『都門紀略』（一八四五）に「殺宮」の一場の記録が見え、崑曲に同題材の演目『鉄冠図』がある。のちに、京劇俳優汪笑儂《おうしょうどう》が『大鉄冠図』に改編し、一九〇八年に上海の春桂茶園で上演した。一九一〇年に新舞台でこの劇が上演された際には、姚伯欣《ようはくきん》が改編し、潘月樵《はんげつしょう》が崇禎帝を演じ、夏月潤《かげつじゅん》、夏月珊《かげつさん》、夜来香《やらいこう》といった俳優陣と共演した。このとき、『明末遺恨』という題名がはじめて用いられる。上演後まもなく清朝によって禁演となるが、辛亥革命後にふたたび上演され、潘月樵の代表作となった。

一九一九年、京劇俳優・周信芳《しゅうしんほう》（麒麟童、一八九五〜一九七五）は崇禎帝を演じ始め、一九三一年に上海の天蟾《てんせん》舞台で連台本戯《れんだいほんぎ》『満清三百年』を上演した際、潘月樵の『明末遺恨』を改編して取り入れた。一九三二年より、周信芳は「移風社」を組織し、上海を離れ、天津、北平、大連、瀋陽、長春、ハルビン、営口などを巡演し、このとき『明末遺恨』は連台本戯から取り出され、単独の演目として演じられるようになった。一九三五年に上海に戻り、黄金大戯院で上演すると、この劇は好評を博す。瞬く間に人口に膾炙《かいしゃ》し、周信芳の抗戦期における代表作の一つと見なされた[6]（図1）。

周信芳の『明末遺恨』が抗戦期の上海を沸かせたのは、彼の歌唱と演技が迫真の力をもって、亡国の皇帝を描き出したからであろう。一九三六年、周信芳は蓓開唱片（Beka Record）で『明末遺恨』の第一八場を吹きこんでいる。これは周信芳扮する崇禎帝と劉韻芳《りゅういんほう》扮する王承恩との間に、官僚の腐敗という目前の政治状況を諷刺するせりふのやりとりのある場面である。(7)『明末遺恨』は全劇にわたり、こうした諷刺性を含み、劇作家の田漢《でんかん》は、「ある種の力強い警句、たとえば横領を罵り、無批判であることをとがめ、民衆の苦痛を描き、亡国の惨禍を警告するところは、いずれも劇場中の賞賛を得た」と述べている。(8)

映画俳優の趙丹《ちょうたん》は、第二三場「危うきに臨みて鐘を撃つ（臨危撃鐘）」の演技が彼に深い印象を残したことを回想しており、周信芳演じる崇禎帝が忠臣を送り出す際、一人ずつに「行け」と声をかける演技に注目し、次のように述べる。「私は一人の俳優としての鑑賞習慣から、周氏の最後の一言「行け！」がどのようにすれば的確に表現できるのかわからず、案じていた。というのも、芝居がここまで進めば、もはやクライマックスに達し、ほぼ土壇場に追いこまれたといえるからだ。しかし周氏は慌てず急がず、無言の沈黙をもって、このもっとも複雑で困難な最後の一言「――行け！」にかえ、左手で顔を押さえ、右手を横にはらい……それは本当に、一千一百句の「行け！」よりもさらに沈痛で重々しかった。その沈鬱な雰囲気は、いまにいたるもずっしりと重い

図１　周信芳（左）演じる『明末遺恨』

一塊の石のごとく、私のみぞおちを押さえつけ、切実な記憶はなおまざまざと、まぶたに浮かび上がるのだ」[9]。

周信芳は、一九二〇年代に田漢、洪深《こうしん》など話劇界の演劇人とも交流を始め、一九二七年には田漢の主宰する南国社に参加し、欧陽予倩《おうようよせん》、高百歳《こうはくさい》らとともに新編京劇『潘金蓮』を演じている。周信芳の思想や演技は、話劇、映画の影響を受けていると考えられ、彼は老生《ろうせい》（うたを主とする男役）の演技の型の上に、人物の性格や心情にもとづき、論理的に解釈することの可能な表情や動作などの演技術を作り上げた。

周信芳の演技術については、彼自身の文章が参考になる。たとえば、一九二八年から一九二九年にかけて、周は「士楚」の署名で『梨園公報《りえんこうほう》』紙上に「譚劇を談ず（談譚劇）」および「芝居を学ぶ初歩を語る（談談学戯的初歩）」という文章を発表している。この二篇における京劇俳優の譚鑫培《たんきんばい》に対する評価から、周信芳が人物に対していかに論理的な解釈を行なったかを読みとることができる。

周は譚鑫培の『斬馬謖』という演目における諸葛亮の演技を、次のように分析している。「通常、趙雲が登場し、酒を受けとると、下場門のほうに向きを変え、（左の）内のほうを見やると、武侯〔諸葛亮のこと〕は拱手《きょうしゅ》の礼をし、趙雲もまた拱手の礼をし、退場する。老譚〔譚鑫培〕の違うところはそこで、すなわち趙雲と武侯の言葉のないところに、心の中で言いたいことや、喜怒の態度を表情で表してみせ、趙雲が登場して「丞相」と言うと、武侯は拱手の礼をしてみせるが、面持ちには怒りを隠し、取り繕った偽りの笑顔を浮かべ、向きを変えて文堂（龍套）〔従者の役〕の捧げる祝賀の酒を受けとると、恭しく趙雲に授ける」[10]。

この場面では、諸葛亮は命令にそむいて敗戦を招いた腹心の部下・馬謖を、自らの手で斬首せねばならない立場に追いこまれている。京劇の演技は、伝統的な様式を用いるものであるが、周信芳は譚鑫培の表情に人物の内面を読みとっている。こうした分析にもとづく人物造型を、京劇の演技に融合させたことが、周信芳の演技術の新しさだと考えられる。そのような演技術は周信芳が話劇や映画から吸収したのみならず、趙丹の回想が示すように、反対に映画俳優の演技にも影響を与えた。周信芳が『明末遺恨』を演じたのは一九三〇年代から一九四〇年代にかけての短い間だが、当時の周信芳の演技は、同時代人の情感に訴える現代性をもつものであったのではないだろうか。

次に、抗戦期の観客が周信芳の『明末遺恨』をどのように見たのか、一九三〇年代末の京劇をめぐる環境と劇場内の反応について整理してみたい。

『明末遺恨』の受容

一九三六年一〇月の『戯劇週報』創刊号では、「国防戯劇」というスローガンがさかんに唱えられる。「国防戯劇」とは、反帝国主義、抗日、反売国奴を創作テーマとする演劇であり、芸術形式においては「通俗化」および「大衆化」と、方言による話劇が提唱された。その背景として、中国左翼作家聯盟の解散と「国防文学」スローガンの提唱にともない、演劇人の組織である中国左翼戯劇家聯盟も解散し、上海劇作者協会が組織されたことがあげられる。彼らは「国防戯劇」のスローガンを唱え、演劇界の抗日統一戦線組織となった(11)。

『戯劇週報』編集者の王雪塵《おうせつじん》(白雪、一九〇六〜四九)は、『上海報』、『上海日報』、『羅賓漢』などの新聞の主編を担当した人物であり、「発刊辞」において、『戯劇週報』創刊の目的を「旧劇の新たな生命を創造せねばならない」、「旧劇自体の改良から始める」と明言している(12)。同誌の執筆者はすべていわゆる「旧劇」愛好者であり、彼らが繰り返し述べるのは、話劇は広大な民間に深く入りこむことができないが、しかし旧劇ならば「大衆」に深い印象を与えることが可能であり、だから旧劇を「改良」して国家民族の思想、文化、政治などを表現するに足るものにすれば、旧劇が中国の「国劇」となるであろう、という主張である。

そのうち、「梯公」と署名された「国防戯劇を談ず(談国防戯劇)」という一文は、直接周信芳を名指しし、「国防戯劇」の必要性を次のように呼びかける。「今日の国防文学、国防映画の呼び声は高いが、禁令の網はすでに密であり、映画界は気息奄々として、まさに言いがたい痛みがある。化外《けがい》の地を作ることができ、自由に呼吸することができるのは、ただ旧劇界の人のみであり、ここにおいて国防の意義を発揮し、まさにやるべきことを行ない、言いたいことを存分に言う利点がある。君はなぜ「姜太公ありて万事禁忌なし」の好機に乗じず、この仕事に努めないのか？　信芳は煮え切らず、脚本が得がたいのでゆっくりやるほかないと言う。ああ、信芳は間違っている！」[13]。

「梯公」こと胡治藩《こちはん》（一九〇二～六六）は、中国早期の華資私営銀行であった浙江実業銀行の幹部や、上海の大光明電影院の総経理をつとめた人物で、『金剛鑽報』、『社会日報』などにおいて「梯公」、「梯維」、「不飲冰生」といった筆名を用いて文章を発表し、抗戦期に周信芳に『香妃恨』、『文天祥』の脚本を提供した。演劇とジャーナリズムの双方を股にかけて活動した当時の知識人の一人であり、その発言は演劇界に対し影響力をもったと考えられる。この一文で梯公は、「旧劇」すなわち京劇であれば、検閲の網をくぐり、「国防」の意義をもつ演劇を上演することができると、京劇がプロパガンダの役割を果たす可能性をもつことを指摘している。

梯公の提唱を受けて、一九三六年一一月には、「国防旧劇」を次のように定義した記事が掲載された。

「旧劇は現代の題材を演じるのに適さない。ここでわれわれの「国防旧劇」は、「国防文学」がもっとも理想に合うと見なしている「社会主義の写実主義」とは袂《たもと》を分かち、古紙に埋もれた歴史に材料を探すのだ。〔中略〕しかし実際のところ、歴史題材で「国防旧劇」に供給できるのはただ二種類しかない。一つは「民族英雄」を称えるもの、たとえば郭子儀、岳飛、文天祥、于謙らである。もう一つは亡国の悲痛を描くもの、たとえば宋末、明末の事蹟である。このような題材を脚本にすれば、そのほかの現実を描く脚本が検査の難関を通らないようなことにはむろんならないが（このことは前に梯公の文章の中でも述べられている）、しかしまた積極的な意義にも欠けるのだ」[14]。

この一文では、梯公の論をふまえ、周信芳が「国防旧劇」を担う際、まず必要となる脚本の提供方法を、以下の三点に絞って提案している。第一に、歴史題材を用いるべきこと。第二に、劇作家に人材が必要なこと。ただし、旧劇内部の人間の協力を得て、観客の心をつかむことのできるものにすべきである。第三に、営業面においても観客の心をつかみ、赤字の出ないようにすること。ここで重要なのは、「国防文学」の「社会主義の写実主義」とは一線を画し、「旧劇」のやり方で観客に訴えかけ、「国防旧劇」を立ち上げることがめざされている点であろう。

同時期に、『戯劇週報』は、話劇および映画界の応雲衛《おううんえい》、趙丹、梅熹《ばいき》らの周信芳に対する関心と彼らの間の交流についても報道しており(15)、当時、演劇とジャーナリズム双方の圏内で発言権を掌握していた人びとが、『明末遺恨』と周信芳を「国防戯劇」の模範となると見なしていたことがわかる。

実際のところ、周信芳の演技は、新聞・雑誌に文章を発表するような層とは異なる、多種多様な観客の心をつかんでいた。一九三六年の「『明末遺恨』と『潘金蓮』(『明末遺恨』和『潘金蓮』)」という一文は、当時『明末遺恨』がなぜ一世を風靡したのかという理由について、同じく人気のあった評劇女優・白《はく》玉霜《ぎょくそう》(一九〇七~四二)の『潘金蓮』と対比しながら次のように述べる。「この時代の中国の大衆は、客観的な分析と主観的な需要において、以下の二種類の深刻な要求をもつ。第一に、われわれの内心の苦悶をできる限り吐露してほしい！　第二に、われわれの苦悶を吐露することができないのなら、われわれを麻痺させてほしい！　『明末遺恨』は第一種の要求の産物で、『潘金蓮』は第二種の要求の産物である」[16]。

この記事はさらに、読者に劇場内の空気を伝染させるかのような筆致で、周信芳が劇中涙すると、観客もそれに呼応して涙を流す様子を伝える。「筆者はこの眼で麒麟童――すなわち周信芳――がこの『明末遺恨』を演じるとき、彼自身の感極まった涙が、あろうことか堪《こら》えきれずにしきりに流れるのを見た。このとき劇場中に悲壮かつ苦悶の情緒が充満し、この悲壮かつ苦悶の情緒は、千余人の観客の劇場内での死んだような沈黙と、千余人の観客の赤くなった眼のまわりに、はっきりと見てとることができた」。

このような叙述からわかるのは、周信芳の『明末遺恨』が、劇場の観客の間に共同の感傷体験を作り出していたことだ。演劇とジャーナリズム双方の圏内において発言権をもつ知識人の目には、この感染力こそが「国防戯劇」の可能性をもつととらえられたのだろう。

『明末遺恨』が観客を代弁して吐露する「われわれの内心の苦悶」とは、単に目前の状況を歴史人物に仮託し、劇場全体で亡国の悲しみを分かち合う、というものにとどまらなかった。とりわけ、一九三七年の上海の観客にとって、この感傷は具体的な恐怖をともなうものに変質していたのではないかと思われる。

同年の『聯華画報』上に、一九三二年に長春の満洲大戯院（旧名愛国茶園）で周信芳の『明末遺恨』を見たという観客が、この劇にまつわる「内心の苦悶」を吐露している。周信芳が北方の巡演を開始したのは、まさに満洲事変後にあたり、当時の東北におけるこの劇の上演には、とくに切実な意図が込められていたと考えられる。

いつのことかはっきりと覚えていないが、私がまだ寝床で眠っていたとき、突然二人の銃剣をさげた兵士が闖入してきて、私を指さして私にはよく聞きとれない大量の言葉を浴びせ、寝床から下りるよう命令し、その凶暴な様子におののいた私は、おとなしく寝床のそばに立ち、私の妾に対する彼らの無礼を見ているほかなかった。彼らは立ち去る前に、私が頂戴したばかりの任命書に気づき、にわかに室外での敬礼をして「謝謝《シエシエ》」と述べ、友好的な様子で別れを告げて出て行った。『明末遺恨』（そのとき新聞紙上には『鉄冠図』と記されていた）はその晩見に行ったのだ。芝居がはねて帰ってくると、妾の平手打ちを食らった。堂々たる男子が、かよわい娘一人かばうことができず、他人に思うさま蹂躙されるのを見ながら、平手打ちを一つ食らったのみなのだ。まだ軽いといえよう。〔中略〕彼――崇禎帝が周后に「……賊が宮中に入れば、白玉のきずも免れまい！……」と告げたとき、私の心がどれほどやりきれなかったかは、言い表すことができない！　妾の姿はまだ深く脳裏に刻まれており、情愛と感傷があふれ、涙を流さずにいられようか？　麒麟童が「世の中なにがもっとも痛ましいか、亡国がもっとも痛ましい……」と言うところが、前よりもさらに人の心を打つのだろうが、しかし自身は聞いてもそれほど心が痛まなかった。人はどうか知らないが、私はこの芝居は禁演の必要があるとつくづく思う。目下、国はすでに統一され、太平の世を謳歌し、人び

との口に声のない時代、この芝居は「治安」において差し障りがあると見なされるべきだろう。(17)

冒頭で「いつのことかはっきりと覚えていない」と述べられるように、この文章の書き手は故意に記憶を曖昧に記しているようだ。そのため、この記事を事実の正確な記録と見なすことはむずかしいかもしれない。しかし、一九三七年、聯華影業公司の閉鎖にともない、停刊直前であった『聯華画報』が北方の観客の観劇体験を掲載した理由は、おそらくそれが当時、上海の観客の抱えていた潜在的な恐怖と響き合うものだったからではないだろうか。

本来、『明末遺恨』の物語は一種の寓意であり、目前の現実を直接描くものではなかった。それゆえ知識人たちはこの劇に注目し、戦時期の厳しい検閲をくぐりぬけ、「大衆」の心に訴えるものとして「旧劇」に「国防戯劇」の機能を期待したのであった。しかし、この記事では『明末遺恨』の物語やせりふが、観客個人の男性アイデンティティが蹂躙された記憶と結びつけられている。戦時下においてこの記事に触れた観客にとって、東北の観客の体験はまもなく上海において再現される可能性のある「予言」となり、周信芳の『明末遺恨』は「寓言」としての虚構性をもったメディアから、より現実的かつ直接的な意味を内にはらみ、発信するものに変質したといえるだろう。すなわち、周信芳演じる亡国の皇帝は、占領による男性アイデンティティの剥奪、男性主体が直面する危機感をあらわすものとなったのである。

もちろん、このような内に含まれた意味は、戦況によってさらに変質する。たとえば、一九四四年の『明末遺恨』は、すでに一九三〇年代にもっていたような現代性を失い、劇場の観客は周信芳の伝統演目、あるいはより通俗的なメロドラマを見るようにこの劇を見ていた。「麒麟童は芝居の中で繰り返し涙し、泣き止まず、観客もまた繰り返し涙し、泣き止まない！　麒麟童の涙は、胸に成算あり、とうに準備ができている。観客の涙は、お悔やみを述べに行くようなもの、やはりとうに準備ができている（筆者はこの眼で後ろに座る数名の女性観客が、崇禎帝が登場するや、そのうちの一人が全員に大きなハンカチを配り、それで涙をぬぐうのを見たことがある。彼女らはもっぱら慟哭するためにきたのだ。その話を聞いていると、全員が麒麟童ファンであるようだ）。そこでもの悲しい場面になるたび、舞台の上と下とで、涙は潮のごとく湧き起こる。これらの悲しみの涙は崇禎帝のために流され、麒麟童のために流され、時代のために流されるのだ！　麒麟童の『明末遺恨』は、すでに流行して何年にもなるが、そのときはそのときの意義があった。いままた何度も演じられるが、このときはこのときの意義があるのだ[18]」。

おそらく、周信芳の『明末遺恨』が同時代の観客に対し、現代性をそなえたメディアとしてもっとも有効に機能したのは、一九三七年である。同年一一月、「孤島」となった上海の租界において演劇を上演するためには、租界当局に登記し、責任者と従事者の名簿を報告し、上演台本を外国語に翻訳して租界当局の審査を受けねばならなかった。当時、大部分の演劇人が上海を離れることを余儀なくされたが、于伶《うれい》（一九〇七〜九七）、阿英《あえい》（一九〇〇〜七七）など一部の左翼系話劇人は上海に残り、周信芳もまた、上海の舞台に立ちつづけた。

一九三八年七月、フランス租界において上海劇芸社が正式に成立すると、一九三九年に彼らは、阿英が「魏如晦《ぎじょかい》」の筆名を用いて書いた、もう一つの『明末遺恨』を上演する。この劇はもとの題名を『碧血花』といい、内容は周信芳のものとは異なる。しかし、租界当局の審査を通過するために題名をあらため、周信芳の京劇を改編上演するように見せかけ、阿英の名前も筆名に変えたという(19)。

この二作は劇の種類、プロットや人物などまったく異なるものの、しかし広告戦略や人脈において、つながりを見いだすことが可能である。次に、両者が「孤島」に共存したという視点から当時の報道を整理し、両者の接触と関係性について見ていきたい。

図2　唐若青扮する葛嫩娘

もう一つの『明末遺恨』――『碧血花』

話劇『明末遺恨』は一九三九年一〇月二五日、璇《せん》宮《きゅう》劇院において初演された（図2・図3）。脚本は魏如晦、演出は呉永剛《ごえいごう》、出演者は唐若青《とうじゃくせい》（客演・葛嫩《かつどん》娘《じょう》役）、劉瓊《りゅうけい》（鄭成功役）、趙恕《ちょうじょ》（余澹心《よたんしん》役）、厳斐《げんひ》（馬金子役）である。この作品は、秦淮《しんわい》の名妓・葛嫩娘が桐城の名士・孫克咸《そんこくかん》について従軍し、清の将軍・博洛

図３　話劇『明末遺恨』第四幕

に捕らわれた後、舌をかみ切って血を浴びせるというプロットをもつ。当日の『申報』広告には「明末遺恨すなわち『碧血花』」、「平劇『明末遺恨』と決して同じものにあらず、より緊迫し人を感動させる！」、「かよわい娘が賊を罵り節に殉じ、悪党は恥じ入る　好男子が悲憤慷慨、義のために死す、懦夫《だふ》は慚愧《ざんき》にたえず」などの文句が見える(20)。

『明末遺恨』の題名を用いながら、この広告には明確に「平劇」との違いがうたわれ、しかしながら周信芳や張善琨《ちょうぜんこん》らの賛助と指導に対する謝辞も同時に掲載されている。また、ヒロインには中国旅行劇団の唐槐秋《とうかいしゅう》の娘・唐若青を客演に招いたことが伝えられるなど(21)、これら一切は読者の興味をかきたてたであろう。脚本を執筆した「魏如晦」こと阿英は、同日の紙面に「碧血花公演前記」を発表し、この題材を選んだ理由を次のように述べる。「もはや二年前のことだが、ある夜、欧陽予倩兄の作った改良平劇『桃花扇』を見に行った。劇場で、李香君という伝奇的な人物をふたたび学んだことにより、『板橋雑記』の中に、香君よりもさらに積極的な人物がいることを思い起こした。まず浮かんだのは、死してなお不屈の、舌をかみ切って血を浴びせかけた葛嫩である(22)」。

一九三九年に、葛嫩娘のような女性像が話劇の舞台にあらわれた背景には、ここで述べられる「改良平劇」の『桃花扇』のほかに、同年二月に封切られた映画『木蘭従軍』の影響もあると考えられる。美商中国聯合影業公司・華成製片廠によるこの映画は、やはり欧陽予倩が脚本を手がけ、卜万蒼《ぼくばんそう》の監督により、女優の陳雲裳《ちんうんしょう》が花木蘭《かもくらん》役を演じた(23)（図4）。花木蘭とは、北魏の時代に民間歌謡にうたわれた女性であり、その物語は、父にかわって男装して従軍し、戦功をあげて勝利した後、帰還し女性の姿に戻る、というものである。この伝説の女性は、「孤島」期の映画においては、「愛国」の「新女性」として描かれた。のみならず、上海、重慶、日本など政治状況の異なる地でさまざまに読み替えられ、各地で受容されるという興味深い「越境」の現象を巻き起こしてもいる(24)。

図4　映画『木蘭従軍』

映画『木蘭従軍』は封切りから連続八三日間上映され、当時の上海映画界の興行成績記録を作ったという(25)。『申報』一九三九年八月四日の記事では、同年上半期に製作された新作映画のうち、十分の三が「古装《こそう》片《へん》」であると報道される(26)。「古装片」とは、「古装」すなわち古代の服装を模した衣装を用いる時代劇映画、歴史物映画を指す。一九四〇年三月一九日の記事には、国産映画が「古装片」一辺倒となる様子が述べられている。「近年来、上海では環境のせいかもしれないが、大部分の国産映画がみな「古装片」という以前ならまったく思いも寄らなかった路線に走っており、とりわけこの一、二年来は、ほとんど「古装片」が世界を独占している！　「古装片」では、またほぼすべてが「女性」の身辺に考えをめぐらせており、これはむろん極めてゆゆしきことだ[27]。話劇『明末遺恨』は、まさにこのような「古装」、「女性」といった題材が流行する中で作られた作品であった。

上海劇芸社は『明末遺恨』にさきがけ、『花濺涙《かさんるい》』のような同時代の「舞女（踊り子）」を題材にした作品や、『賽金花《さいきんか》』のような「救国の名妓」を描く作品を上演している。『明末遺恨』もまた、「救国の名妓」を描く女性叙事に属するといえるだろう。同作は初演から三三日間、六四ステージ連続上演され、連日満席で幅広い層の観客がつめかけ、「孤島」期話劇の記録を達成したと報道される[28]。他の女性を描く作品と比べ、『明末遺恨』がこれほど人気を博した理由について、雑誌『良友』の記事は次のように述べる。

これほどまでに大きな影響力をもつことができたのは、俳優と脚本の時代性のほか、この劇の劇作術が、過去の話劇が踏襲してきた西洋劇の劇作術から脱却し、一種の新たな「中国風」を創造したためである。またかつての劇が、もっぱら人物の物語を中心としていたのとは異なり、完全に社会全体の動態をプロットとし、段階的に発展させている。そのためこの劇の上演後、演劇界では大きな動揺が起き、平劇においてはとりわけはなはだしく、一般の観客で最高時には一人で一〇回以上も見たものがいると記録している。この劇はもとからいた話劇の観客を吸収したのみならず、さらには平劇の観客、文明戯の観客、地方戯の観客といった諸方面に発展した。すなわちこれまでは話劇を見ず、映画を見なかったにもかかわらず、前例を破り見に行った人も少なからずいたのである。[29]

注目に値するのは、話劇『明末遺恨』に「平劇」、「文明戯」、「地方戯」の観客が集まったという点だ。話劇『明末遺恨』と周信芳の『明末遺恨』の間には、題名を借用したのみならず、同じく歴史劇であるといった共通点により、観客層の重複が見られた。また、劇評においても両者を比較する視点をしばしば見いだすことができる。

しかし『明末遺恨』〔話劇を指す〕には欠点があり、それは人物の類型化で、典型化されていないことだ。〔中略〕だが『明末遺恨』の全体の構成は、演劇の新たな作風を創造した。この作風の本質は、より写実主義的だ。〔中略〕すなわち、この劇には系統だった物語があるわけではない。この劇の各幕は、ほとんどそれぞれが一つの一幕劇として成り立つほどである。[30]

まず、話劇『明末遺恨』が話劇や映画を見ない層に受け入れられた理由の一つに、ここで指摘される

「人物の類型化」があげられるだろう。この劇は全四幕に分かれ、第一幕では秦淮の妓女たち、第二幕では福州の鄭成功とその父・鄭芝龍の対立、第三幕では葛嫩娘の率いる民兵の女たち、第四幕では清の将軍・博洛に抵抗する葛嫩娘を描く。抵抗者（葛嫩娘や鄭成功）と敵（博洛）、そして「内部の敵」たる投降者（鄭芝龍や奸臣・蔡如蘅《さいじょこう》と妓女・王微波）が明確に分かれている脚本は、話劇としては「欠点」と見なされたものの、幅広い観客に受け入れられる要因となった。また、各幕が一幕物のように独立していて飽きさせない一方、いずれの幕も社会的な強者に抵抗する弱者に焦点をあてているために、観客の感情移入を誘いやすかったと思われる。そのような脚本の構造は、『良友』の記事が指摘するように「社会の動態」を描くものとなり、周信芳の『明末遺恨』と比較して、「大衆」を描くと述べた劇評もある。

話劇の『明末遺恨』は、一方では民族の正しい気風を表し、もう一方では邪な醜態を描き、これはかつての雑劇のおよぶところでないばかりか、皮黄《ひこう》劇〔京劇〕の『明末遺恨』もまた、いまだおよばざるところだ。というのも、話劇が描くのは大衆で、宮廷の中の帝王ではなく、孫三〔孫克咸〕と葛嫩を単独で描くわけでもないからである。(31)

同様に、梯公は「皮黄」批評家に対して、話劇『明末遺恨』を観劇し、その経験と発見を京劇界にも広めるべきだと主張する。

周信芳のせりふに「商女は知らず亡国の恨み、江を隔てて猶《なお》唱う後庭花[32]」がある。嫩娘のせりふにもこの二句があり、蔡如蘅のせりふにおいてすらこの二句が叫ばれ、しかし観客に三種の異なる反応をもたらす。これまでのところ、皮黄において『明末遺恨』よりも有意義な作品は見いだせない。だが、魏如晦氏の新作は、間違いなく前者より少なくとも十倍の力強さをそなえている。その原因は、崇禎帝とわれわれ庶民との間の距離が、いささか疎遠であるからだ。しかしわれわれは孫克咸になり、葛嫩娘になり、少なくとも一人の馬金子になることならできる。〔中略〕私はいっそう熱烈に皮黄の批評家に対して希望したい。前例を破り、一度話劇『明末遺恨』を見に行き、音韻、節回し、身のこなし、言葉づかいのほかにも、新たな萌芽を発掘し、しっかりともち帰って皮黄の園に散布していただきたいのだ[33]。

梯公の劇評は、彼をはじめとする知識人が周信芳の『明末遺恨』を「国防戯劇」の模範と見なしていたことを考慮すると、「広大な民間に深く入りこむことができない」とされた話劇に、「大衆」への訴求力という新たな可能性を見いだしたものといえる。この一文の冒頭で、梯公は「嫩娘が口の中の血を浴びせかけたとき、私の全身の血も沸騰したようになり、いまにいたるも静まらない」と述べており、弱者による抵抗をあらわす見せ場が、彼に強い印象を残したことがうかがえる。実際に、梯公こと胡治藩は、周信芳や、のちに胡の妻となる金素雯《きんそぶん》ら京劇俳優と、桑弧《そうこ》、唐大郎《とうたいろう》といった映画人やジャーナリストとともに、話劇『葛嫩娘――新明末遺恨』を上演しようとしたという。[34]

また、梯公の劇評で注目に値するのは、「商女は知らず亡国の恨み、江を隔てて猶唱う後庭花」という二句を、妓女である葛嫩娘が口にした際の効果について指摘している点だ。周信芳の『明末遺恨』では、この二句は原義の通りに用いられ、宴会中の岳父に皇太子を託そうとして門前払いを食わされる崇禎帝の嘆きとして語られる。一方、話劇『明末遺恨』では、同じ二句をまず清に投降する奸臣の蔡如蘅が、葛嫩娘に向かって言う。この場面では、亡国の責任を負うべき奸臣が、葛嫩娘ら妓女たちに責任転嫁をする姿があぶり出される。その後、葛嫩娘は次のように言い返している。「もし私たちがここで唄い奏でるのを、「知らず亡国の恨み」とおっしゃるのでしたら、では蔡の旦那様、あなたがたの一団のように、事ここにいたってもなお、お庭で駆けまわっているお大臣がたは、一体なにをしておられるのでしょう？[35]」

「商女」たる葛嫩娘自らがこの二句を用いて奸臣をやりこめる場面は、主客の転倒の可笑しみを生み出し、ヒロインが「古装」の「女性」、すなわち本来は貞淑に描かれるべき旧時代の人物であるからこそ、その内面の「新女性」ぶりは観客の溜飲を下げる効果をもたらしたであろう。

前述した通り、周信芳の『明末遺恨』が、一九三七年の時点で占領による男性アイデンティティ剝奪の意味を内に含んだとするならば、一九三九年の映画『木蘭従軍』における「男装の麗人」花木蘭と、話劇『明末遺恨』における「救国の名妓」葛嫩娘の出現は、それぞれ男性アイデンティティの喪失を補う役割を果たしたのではないだろうか。ただし、未婚の少女が男装した後、女の姿に戻って結婚する『木蘭従軍』とは異なり、妓女が女の姿のまま軍装する葛嫩娘の場合、その人物造型が「葛嫩娘の性格は一面的に発展しており、彼女には男性の勇ましさが必要なだけでなく、同時に女性の本領もまたそなえているべきである。しかし舞台上の演技を見ると、この点はなし得ていない[36]」と評され、「女性の本領」が求められているのは興味深い。映画『木蘭従軍』が、戦闘し自由恋愛もするが、父権制イデオロギーから逸脱しない「新女性」を描いたとすれば、話劇『明末遺恨』では、本来父権制社会における「家」の外側にいる「妓女」を、敵の辱めを受ける前に自決する「烈女」として描くことにより、女性叙事の要素をプロットに含みながらも、それらを抗戦、愛国の物語に帰結させている。

「周信芳の『明末遺恨』を見るとき、一代の帝王のこのような末路は人に涙を流させるだろう。しかし『碧血花』の葛嫩が舌をかみ切り賊を罵り、また孫克咸が泰然として義のために死すのを読めば、人を憤慨させるのみだ！[37]」という公演初日の『申報』に掲載された宣伝文が示すように、この二作には抗戦メディアとしての役割の違いがあった。二作の間には、涙する男性主人公から抵抗し戦闘する女性主人公へ、そして京劇から話劇へ、また男優の身体から女優の身体へ、という主人公の性質と劇種、演じる俳優の性別に関わる変化が見られた。そのことに意識的であったのは、それら複数のメディアの相互接触をうながす役割を果たした当時のジャーナリストだ。そして、彼らの新聞・雑誌への寄稿を通して、この意識は読者および観客にも浸透し、共有されたことが読みとれるのである。

「孤島」内外の声

先に述べた「孤島」期上海の初期の状況を、「孤島」内外の演劇、映画界あるいは新聞・雑誌上において発言権を有していた知識人は、どのようにとらえていたのだろうか。

一九三九年、劇作家の夏衍《かえん》（一九〇〇～九五）は、香港から上海の于伶にあてて書いた文章の中で、次のように述べている。「いつのころからかわからないが、中国の話劇は感謝するに値しない伝統を残しており、それは演出と演技に対する軽視である。上演レパートリーを決定する際、演出と演技の要素が考慮すべき問題のうちにおかれることはあまりなく、八〇パーセント以上の期待は脚本の上に寄せられ、プロットの曲折とストーリーの盛り上がりが、上演するか否かを決定する基準となる。話劇が、無縁の小市民の中で「天下」をとらんとするとき、その苦心は理解できるが、しかしこうした固定化は一種の伝統、一種の偏見、一種の労せずして成功を収める（主に商業的な）近道となっており、それは演劇芸術が成長する際の障害となりうる。八一三事変〔第二次上海事変〕以前、話劇が大劇場に向かって発展していた時期、たとえ試験的な上演であっても、演じがたい著名脚本を上演しようとした劇団は一つとしてなかった。これはなんと嘆かわしい現実だろう！」[38]。夏衍は、「孤島」期上海の話劇が脚本のプロットやストーリーを重視し、演出や演技を軽視しているために、かえって脚本不足の状況に陥っていると指摘した。

于伶によれば、一九三九年下半期の上海劇芸社はたしかに脚本不足に陥っていた[39]。一九三九年九月一日、二日の『申報』では、于伶は『花濺涙』の再演に際し、「第二次上海事変」以降、租界の厳戒態勢が強化されたため、度重なる上演中止や上演時間の短縮などの問題が起きたことに触れている[40]。

この時期の上海における話劇活動が、左翼系話劇人のめざす抗戦活動と、興行成績の問の矛盾によって困難に陥っていたことは、一九四〇年に発表された「この一年の孤島劇運の回顧（一年来孤島劇運的回顧）」という一文からもわかる。

「孤島」における畸形的繁栄によって育まれた娯楽場所の激増は、いたるところで人を驚嘆させるほどだ。その上、劇場主の「商売の眼」と左翼戯劇運動（原文は「劇運」）の従事者の「劇運の眼」は、ときに矛盾する。劇場主は客が入りさえすればよく、低級かつ色情的な内容で観客を麻痺させ、客観的には観客に血なまぐさい現実を忘れさせ、淫靡な世界に没入させるのだ。こうしたことがすべて、「孤島」における劇運が容易に展開できない逆流と障害を形成している[41]。

この「回顧」では、とくに「歴史劇問題」という一節を設け、話劇『明末遺恨』の主たる成果として「大量の旧劇の観客を話劇の劇場に来させることに成功し、同時に演劇の大衆化における旧形式の利用という点からいえば、一定の経験をおさめた」と、同作が観客層を拡大したことを評価している。

話劇以外の演劇界の様子はどうだったのだろうか。一九三九年、京劇の愛好者向け雑誌である『戯迷伝』に掲載された「上海における演劇についてのすべて〔海上有関於戯劇的一切〕」という一文は、京劇、話劇、越劇、申曲のそれぞれの状況を次のように伝える。

〔京劇〕上海が孤島となって以来、梨園の営業は、商売上の利益が三倍にならないところはない。人びとが密集し、平時に比べて数百万人も激増したため、歌を聴く者もいつの間にか増加し、加えて内地の富裕者がみな上海に避難し、このこともまた劇場の商売が発達したもっとも有力な原因だ。〔中略〕共舞台の『火焼紅蓮寺』はもはや継続して演じることはないという。というのも、毎回の中に挿入〔原文は「穿插」。雑技や武術などの要素を挿入すること〕を入れて変化をつけようとすると、材料は日ごとに枯渇する。趙如泉《ちょうじょせん》の一行を上海に招くという確聞の後、『紅蓮寺』の三文字はもはや上海の人びとの話題にのぼることはなく、他日必ずや新しいギャグ〔原文は「噱頭」〕が出現するに違いない。卡爾登《カールトン》では三本『文素臣』を上演するという。その広告はまた「作風を大いに変える」ことを表明し、この劇場が作風を大いに変える必要があると自覚していることがうかがえる。

〔話劇〕上海の話劇は、その意識と作風は京朝派の旧劇とは大いに異なり、また海派新戯とも同日に談ずることはできず、観客は実際のところ知識人が多く、上海の一切の演劇とはまったく別の境地、独自の一派を形成している。もし脚本が日ごとに増え、劇作術も日を追って向上すれば、その発展も見込みがあるだろう。

〔越劇〕越劇は昨年一世を風靡し、そのうち一娟三花〔姚水娟、施銀花、趙瑞花、王杏花の四大女優〕の才能はまた人口に膾炙した。しかしよいことは長つづきせず、越劇の鋭気は、いまでは次第に衰退を見せている。

〔申曲〕申曲はかつて、もとより劇場を独占する勢力ではなかったが、近年では南方の人びとはただ申曲のみを好むため、その勢力は日を追って膨らんでいる。おそらくその物語が婦女子の周知するところであり、言語やしぐさが南方人の習慣に近いためであろう。(42)

これら複数の雑誌記事からは、まず左翼系話劇人の直面していた困難と、それを取り巻く「孤島」期の上海演劇界全体における話劇の状況の特殊性を指摘できる。その一方で、「孤島」期上海に流入してきた富裕層の避難民により、京劇は隆盛したものの、「穿插」、「噱頭」といった荒唐無稽なプロットやギャグに頼った共舞台の演出は飽きられ始め、周信芳の出演していた卡爾登大戯院が風気を一新しようとしていたことのほか、新興の伝統劇である越劇や申曲の興亡をうかがうことができるだろう。では、「孤島」の外側からは、この時期の上海演劇界はどのように見えていたのだろうか。

一九四一年、桂林で編集された雑誌『戯劇春秋』に、田漢が重慶で記録した「演劇の民族形式問題座談会（戯劇的民族形式問題座談会）」が掲載される。(43)その中に、「孤島」期上海を二度訪れた施白蕪《しはくぶ》（施冰厚、一九〇四～未詳）の発言があり、天津新大華通訊社社長であった彼は、上海の演劇について次のように回想している。

そのような環境において正面から敵に抵抗する脚本は容易に上演できず、「石圧《お》して筍《じゅん》斜めに出ず」の道理にしたがい、上海の演劇界ではいわゆる古装話劇が流行している。私が見たものに阿英の『明末遺恨』があり、物語は葛嫩娘を中心としている。〔中略〕この種の新形式は、新興の話劇の手法により、われわれの今日の政治的需要に照らして歴史題材を処理したものであり、孤島においてはむろん非難の余地のない賢明な方法である。しかし、大体のところ、やはり上層の観客は受け入れることができるが、一般市民層は歴史物の衣装を着ているのに動作に拍子がなく、せりふが多すぎ、プロットは盛り上がりを欠き、緊迫感がなく、そのため興奮のしようがないとおおむね思っている。(44)

ここでは話劇『明末遺恨』は、「孤島」内部で評価されているほど「一般市民層」に支持された作品ではなく、「上層」の観客にのみ受容され、古装であるにもかかわらず、動作に京劇のような打楽器による拍子がなく、せりふに頼るために冗長である点が指摘されている。
また、つづく発言において彼が「孤島」内部の、とりわけ知識人からは軽視されていた「老戯」についても言及し、高い評価を与えていることは注目に値する。

老戯も非常に活気がある。今年の八月に私は大舞台で林樹森《りんじゅしん》らの『神仙剣俠伝』を見た。ある場面では清兵が山海関内に入り、江陰城を砲撃するところを描き、機械仕掛けの大がかりな舞台装置と音響の用い方がすこぶる巧妙であった。〔中略〕坤角〔女優〕が多く、演技は幼稚で、幕の分け方も乱雑であり、物語は系統だっていないが、しかしその効果はやはり優れており、一本の芝居を一か月上演しようとしていた。というのも、劇の中には売国奴批判についての強烈な内容が含まれ、つまらない機械仕掛けの舞台装置も、売国奴批判の内容を強調したために効果がとくに大きかったのだ。とりわけ注目に値するのは、吶喊《とっかん》の効果であり、かつてはまだ旧式の美学による調子があったが、ここでは完全に写実的な「騒音」(Noise)であった。平劇も一歩一歩変化していることがうかがえよう。

施白蕪によれば、「孤島」期の上海においてはありふれて「つまらない」と見なされるはずの演出が、「反売国奴」を描くという内容において、伝統的な演技様式から逸脱した点に「写実」という評価が下され、京劇の変化として語られている。ほかにも、京劇が「孤島」の鬱屈した観客の要求にこたえ、「反売国奴」を売りにしていた例として、『西遊記』の中に本来の物語とは無関係な「祖国を売り渡す奸賊め！」といった時局にかなったせりふが挿入されたことについて、「ここにいたると一階席の観客は熱狂的に拍手し、下層の観客は口笛を鳴らして狂騒した」と述べられている。

このように、「孤島」内外において、話劇と京劇に与えられる評価は同様に「抗戦期演劇」という軸をもちながら、明らかに異なっていた。「孤島」の外側にいた知識人からは、話劇の試みた「大衆化」や「旧形式の利用」よりも、京劇に抗戦イデオロギーをつけたした演出のほうが、観客の心をつかんだと見なされているのである。

例外的に、「孤島」内外から一致した評価を得ているのが周信芳の京劇であった。

信芳の政治認識は明確であるとはいえないが、しかし彼は一人の民族感情にあふれた芸術家だといえる。もし彼に十分な自由があれば、われわれにより多くの芸術上の満足を与えてくれるだろう。ただ、彼は『明末遺恨』でさえ自由に上演できない環境にある。〔中略〕私は、彼が自身の筋肉で観客の感情を支配していることに気づいた。観客の呼吸は、彼の筋肉の伸縮につれて、はりつめたり緩んだりさせられる。〔中略〕これらはみな、古い形式を墨守し、追随するうちに真の感情を完全に忘れてしまう、並の俳優のなしうることではない。信芳の芸術は、美と感情を統一させたものだといえよう。(45)

「美と感情を統一させた」という表現によって示されるのは、周信芳の演技に含まれる現代性だと考えられる。それが、「彼の筋肉の伸縮」という身体性によって発揮されていることに注目したい。周信芳の演技の現代性とは、巧みな心理描写を型のある演技術にのせることによって観客の感情をゆさぶり、抗戦イデオロギーへの同一化をうながすようなものであった。そして、施白蕪の見解にしたがうなら、「孤島」期初期の上海演劇界においては、周信芳の京劇こそがもっとも「抗戦期演劇」としての機能を果たしていたと評価することもできるだろう。

「演劇の民族形式」を論じたこの記事のつづきで、編者の田漢は、「古い形式を正確かつ適切に用いれば、それが古い形式であることを忘れさせる。しかも実のところ、採用された旧形式が抗戦に積極的な効果を発揮したことを批判した時点で、それはもはや旧形式ではなく新形式の第一歩を踏み出しているのだ」と述べる。こうした話劇関係者による伝統劇の形式への関心は、一九三〇年代後半より、話劇の上演技術の向上が意識されるようになり、伝統劇の方法論が再評価されたことがその背景にある。[46]

この施白蕪の「孤島」体験は、「今日、旧劇の玄人はより謙虚に大胆に新しい思想、生活を受け入れるべきであり、旧劇の改革に興味をもち大望を抱くのなら、その形式をより深く確実につかむべきだ」と、京劇の形式に新しい思想を注入するという主張に帰結していくのである。

「改良」のスローガン

最後に、「孤島」期上海の話劇以外の演劇の状況に目を向けてみたい。先に述べたように、一九三六年にはすでに京劇に対し、「国防戯劇」たるべく「改良」を求める声が上がっていた。また、そのような声に応じるため、周信芳の出演する卡爾登大戯院では従来の上海京劇の風気を一新したと伝えられるのは、先に見た通りである。一例をあげれば、一九三八年一一月の『申報』に、周信芳率いる移風社が『趙五娘』の一場を削除したことについて、「この場面はもともと滑稽で調子がよく、人を笑わせることによって悲劇の雰囲気を調節するが、しかし現在では悲劇の緊迫した局面でそれを緩ませることは許されない」と、回答したとの記事が掲載されている。(47)

一九三九年、左翼系話劇人の議論と研究の場であった雑誌『劇場芸術』には、周貽白《しゅういはく》（一九〇〇～七七）による「皮黄戯はなぜ改良が必要か（皮黄戯為什麼要改良？）」という一文が掲載された。この文章では、「皮黄劇がもし改良しなければ、たとえあからさまに排斥されなくとも、自然の淘汰を受けるだろう」と、京劇に「改良」のスローガンがつきつけられている。(48)

「孤島」期上海において、「改良」のスローガンに直面し、また自らも「改良」をめざし、抗戦期における現代性を獲得しようとした演劇は、京劇に限らない。一九三八年の『申報』には、文明戯の「改良」の様子を伝え、話劇関係者およびジャーナリストに接触を呼びかける次のような記事が掲載される。

新新公司がこの団体〔大中華劇場〕のもとの陣容を招き、緑宝劇場《りょくほう》を成立させた後、形式的には話劇を上演する麗しい小劇場が完成した。とりわけすばらしく奇特なのは、若干の向上心あつい俳優（たとえば責任者の陳秋風、劉一新など）がなんと幕表制〔固定した脚本がなく、大まかなプロットにあわせてアドリブで芝居をする方式〕の廃止を力強く主張し、すべて対話による正式な脚本にあらためた点だ。このやり方は全体の俳優を苦しめた。実のところ、彼らはみな文明戯を演じ慣れ、達者な話術に頼っているため、舞台上でからかうのはお手の物だ。だが、脚本をよく読み、個性を保ち、舞台の上でまじめに事を行なおうとすると、苦痛でないことがあろうか！〔中略〕話劇と文明戯の違いは、幕表と台本の別のみならず、話劇のとくに重んずるところは、それぞれの脚本に中心となる思想、一つの主題があることだ。〔中略〕あらゆる芸術は時代を推進する道具であり、演劇はとりわけそうである！　緑宝劇場の公演する脚本は物語がないわけではなく、構成がないわけでもなく、個性がはっきりしないわけでもない。ただある一点、もっとも重要な一点が欠けており、主題がない――演劇の魂がないのだ。〔中略〕私はこの一篇の短文をもって話劇批評家の注意を喚起し、旧形式が戦闘の宣伝道具とされる今日、この一定の規模をそなえた緑宝劇場は重視されるに値するとここで提唱したい。批評に値しない対象を批評し、批評の激励と指摘によってそれを進歩させること、それこそが今日旧形式を利用することを提唱する批評家の現実的な仕事なのだ！(49)

文明戯とは、第一章で紹介したように、京劇など型のある伝統劇の要素と、「話劇」といわれるせりふを中心とする近代劇の要素をあわせもつ形態の演劇を指す。その特徴の一つに、固定した脚本を用いない「幕表制」があり、俳優はアドリブで演説をしたり、観客の笑いを誘ったりする演技術に長けていた。そのため、脚本によって主題を伝えるという近代劇の理念から見れば、「主題がない――演劇の魂がない」と見なされ、左翼系話劇人からは軽視される存在であったといえるだろう。

一方、ここで述べられるように、緑宝劇場の文明戯は、プロットのみを頼りにアドリブで進行する「幕表制」を廃し、俳優が脚本に固定されたせりふを覚えるなどの「改良」を行なっていた。そして文明戯の側からは、こうした「話劇化」した文明戯を、話劇の「大衆化」をめざす話劇界とジャーナリズムに注目してほしいという希望があったことがわかる。

しかし、結局のところ、話劇と文明戯の間には観客層の棲み分けがあり、上海の左翼系話劇人は文明戯とその観客層を重視していなかった。(50) 一九四〇年には、阿英（魏如晦）と周貽白が文明戯の脚本執筆に従事するという報道(51)や、天津から上海にきた話劇演出家の黄佐臨《こうさりん》が緑宝劇場で観劇し、俳優の演技を評価したといった報道(52)も見られるが、いずれにしても、両者の間に「改良」のスローガンをつきつける側とつきつけられる側という関係があったことには変わりない。

同様に、崑曲、越劇といった伝統劇にも改良を求める声があがっており、(53)新興の伝統劇である越劇については、「改良申曲を推進する新芸人戈戈」(54)による申曲改良にならうべきとの提言が新聞紙上に掲載される。こうした話劇や京劇以外の伝統劇にとっては、申曲が「改良」の先駆者と目されていた。申曲界もまた、第三の勢力としての自負をもち、映画から演目を移植するなど、「申曲の映画化」といった路線をめざしていた。(55)

左翼系話劇人、および新聞・雑誌において発言権をもつジャーナリストら知識人により、「孤島」期以前から唱えられてきた「改良」のスローガンは、周信芳の京劇において、話劇以外の伝統劇が現代性を獲得するという形で実現され、方向性を示したといえるだろう。周信芳のなした「改良」が、思想や演技における話劇、映画の方法の吸収であったという点に着目すれば、同様の路線をめざした申曲が京劇の後を追ったという見方もできる。そして、抗戦期を背景とした「改良」のスローガンの提唱は、「孤島」期上海に共存する多種多様な演劇、およびその観客たちの間に、接触と境界を作り出したのである。

「孤島」期上海演劇の接触と境界

本章では、二つの『明末遺恨』を中心に、「孤島」期上海のさまざまな劇種の間の関係性を、同時期の新聞・雑誌記事から読み解くことを試みた。「孤島」に共存した京劇と話劇の『明末遺恨』は、異なる劇種が「抗戦期演劇」として接触したことの事例といえるだろう。

涙する男性主人公（亡国の皇帝）から、抵抗し戦闘する女性主人公（妓女）へという変化は、劇種の接触という観点から見れば、より「大衆」に近い社会的弱者を描くという意味で、京劇に対する話劇のイデオロギー的な優位性を示している。その一方で、話劇が京劇のような歴史劇を題材とすることにより、その観客層を取りこもうとしたという要素も見いだせる。

また、主人公の性別および演じる俳優の身体に着目すると、京劇の男役を演じる男優から、話劇の女役を演じる女優へという変化は、「孤島」期上海という戦時下の抑圧された状況によってうながされたと考えられる。周信芳演じる亡国の皇帝の姿は、占領による男性アイデンティティの剝奪というナショナルな叙事と結びつけて受容された。新たにあらわれた「救国の名妓」は、父権制社会において「家」の外側におかれた妓女が、敵に立ち向かい自尽することにより、愛国の象徴となる物語である。この「救国の名妓」の物語は、京劇の男旦《ナンタン》ではなく生身の女性の身体によって演じられることで、父権制社会の均衡を崩すことなく、弱体化した男性アイデンティティを補う役割を果たした。

同時期に「抗戦期演劇」を牽引する存在であった左翼系知識人、および各種の伝統劇の愛好者でもあったジャーナリストらは、それぞれ「改良」のスローガンを唱え、新聞・雑誌上に意見を表明することで、異なる劇種間の接触をうながした。しかし、この「改良」という新たな評価軸の導入によって、同時期の各劇種の間、および同一劇種の内部には、境界もまた作り出された。京劇をはじめとする各種の伝統劇は、話劇や映画にならうのみならず、それらに匹敵するような思想の伝達を可能にする演技術を摸索することによって現代性を獲得しようとし、「改良」を求める声にこたえようとしたのである。

【注】

（1）編者「游芸界：開場白」『申報』一九三八年一一月一日（一三）。

（2）中国語訳に耿徳華著、張泉訳『被冷落的繆斯―中国淪陥区文学史（1937-1945）』新星出版社、二〇〇六年がある。
（3）葛飛『戯劇、革命与都市漩渦―一九三〇年代左翼劇運、劇人在上海』北京大学出版社、二〇〇八年、胡昰『上海孤島話劇研究』文化芸術出版社、二〇〇九年、李涛『大衆文化語境下的上海職業話劇：1937～1945』上海書店出版社、二〇一一年、邵迎建『抗日戦争時期上海話劇人訪談録』秀威資訊科技、二〇一一年、邵迎建『上海抗戦時期的話劇』北京大学出版社、二〇一二年など。
（4）京劇について、中華民国期の新聞・雑誌記事では「平劇」、「皮黄」、「旧劇」、「老戯」などさまざまな呼称が用いられるが、凡例で述べた通り、本書では基本的に「京劇」を用い、引用文においては原文の表記にしたがう。申曲については、一九四〇年代には「滬劇」という呼称が用いられ始めるが、基本的には「申曲」を用いる。
（5）複数の著者が女性叙事と抗戦期上海の演劇を扱った論文集に、姜進ほか『娯悦大衆：民国上海女性文化解読』上海辞書出版社、二〇一〇年がある。
（6）龔和徳「『明末遺恨』」『中国京劇百科全書』上巻、中国大百科全書出版社、二〇一一年、五八八～五九〇頁、沈鴻鑫、何国棟『京劇泰斗伝記書叢　周信芳伝』河北教育出版社、一九九六年を参照。
（7）この場面のせりふは以下の通りである。「承恩：陛下、彼らは八ヶ月手当を支給されていないのです。崇禎：朕の府庫は空であるぞ、とうに手当は出していよう！　承恩：あなたさまのお手当は毎月滞ったことなどございません、みな彼らの長官が上前をはねているのです。崇禎：なんと、それでは天下も大いに乱れよう！」。『京劇大師周信芳唱片全集』中国唱片上海公司、『麒麟童真本之八　明末遺恨』上海戯学書局。
（8）田漢「重接周信芳先生的芸術」『田漢文集』第一四巻、中国戯劇出版社、一九八七年、四九七頁。
（9）趙丹「周信芳的性格化表演」『周信芳芸術評論集』中国戯劇出版社、一九八二年、四二八頁。
（10）士楚「談譚劇」『梨園公報』一九二八年九月二〇日（一）。
（11）一九三〇年代の左翼戯劇運動に携わった葛一虹主編の『中国話劇通史』文化芸術出版社、一九九七年による。

前掲葛飛『戯劇、革命与都市漩渦』は、「国防戯劇」の重要な成果と見なされた『賽金花』が、「妓女（舞女）＋国防」のモデルを作り出し、大量の後継作品を生み出したことを指摘している（一九六〜一九七頁）。

（12）白雪「劇壇：改良旧劇　発刊辞」『戯劇週報』創刊号、一九三六年一〇月、二頁。ただし『戯劇週報』全体は、俳優の動向や各地の演劇情報、遊戯場の紹介などを掲載する、「旧劇」の観客を対象とした総合娯楽雑誌であった。

（13）梯公「劇壇：談国防戯劇：請舞台主人少賺洋銭 願梨園同志激発良知」『戯劇週報』創刊号、一九三六年一〇月、四頁。

（14）小冊「劇壇：国防旧劇的実施」『戯劇週報』第一巻第八期、一九三六年一一月、一四三頁。

（15）鳳毛「麒麟訊」『戯劇週報』第一巻第五期、一九三六年一一月、八八頁。

（16）達生「劇壇：『明末遺恨』和『潘金蓮』」『新人週刊』第一巻第二期、一九三六年、五六〇頁。

（17）騎士「看了『明末遺恨』以後」『聯華画報』第九巻第一期、一九三七年、一三頁。

（18）門外客「明末遺恨哭麒麟」『語林』第一巻第一期、一九四四年、八八頁。

（19）劉強「阿英与《碧血花》」『戯劇報』第一一期、一九八六年、五六〜五七頁、前掲邵迎建『上海抗戦時期的話劇』、四一頁を参照。

（20）『申報』一九三九年一〇月二五日（一〇）。

（21）魏如晦「碧血花公演前記」『申報』一九三九年一〇月二五日（一〇）。

（22）前掲魏如晦「碧血花公演前記」。

（23）中国聯合影業公司と華成製片廠は、いずれも張善琨の創設した新華公司の子会社である。

（24）戴錦華著、宮尾正樹監訳、舘かおる編『中国映画のジェンダー・ポリティクス―ポスト冷戦時代の文化政治』御茶の水書房、二〇〇六年、晏妮『戦時日中映画交渉史』岩波書店、二〇一〇年、鷲谷花「花木蘭の転生―「大東亜共栄圏」をめぐる日中大衆文化の交錯」『大東亜共栄圏の文化建設』人文書院、二〇〇七年を参照。

(25) 傅葆石著、劉輝訳『双城故事―中国早期電影的文化政治』北京大学出版社、二〇〇八年、四三頁。
(26) 徳恵「半年来上海各影業公司的出品」『申報』一九三九年八月四日（一六）による。
(27) 包復興「関於国片的建議」『申報』一九四〇年三月一九日（一二）。
(28) 作者不詳「上海劇芸社演出之「明末遺恨」：編劇者魏如晦：導演呉永剛」『劇場芸術』第二巻第一期、一九四〇年、華「「明末遺恨」上銀幕：更名「葛嫩娘殉国」：張善琨親自導演」『申報』一九三九年一一月三〇日（一二）、華「轟動上海市民的一齣〔齣〕愛国史劇：明末遺恨」『良友』第一四九期、一九三九年、三四頁。『劇場芸術』第二巻第一期、一九四〇年所収の「孤島戯劇浪花報道」には、三五日間連続上演との記載も見える。
(29) 前掲「轟動上海市民的一齣愛国史劇：明末遺恨」。
(30) 毀堂「歴史与現実」『戯劇雑誌』第三巻第五期、一九三九年、一五三頁。
(31) 剣廬（周貽白）「話劇与皮黄的明末遺恨比較観」『戯劇雑誌』第三巻第五期、一九三九年、一五四頁。
(32) 杜牧の七言絶句「泊秦淮」による。
(33) 梯公「推薦新明末遺恨」『申報』一九三九年一一月七日（一二）。
(34) 胡思華『大人家』上海人民出版社、二〇〇七年、一四六頁。
(35) 魏如晦『新芸戯劇叢書之一：碧血花：一名「明末遺恨」又名「葛嫩娘」』国民書店、一九四〇年、二八頁。
(36) 前掲毀堂「歴史与現実」、一五三頁。
(37) 天問「介紹「明末遺恨」」『申報』一九三九年一〇月二五日（一〇）。
(38) 夏衍「論『此時此地』的劇運　覆于伶」『劇場芸術』第一巻第七期、一九三九年、一～二頁。
(39) 于伶「戯劇上海一九四〇年」『劇芸』一九四一年、一三頁。
(40) 于伶「「花濺涙」重演感言（下）」『申報』一九三九年九月二日（一六）。
(41) 李宗紹「一年来孤島劇運的回顧」『戯劇与文学』第一巻第一期、一九四〇年、一二頁。

(42) 側帽客「海上有関於戯劇的一切」『戯迷伝』第二巻第四期、一九三九年、一七頁。
(43) これは実際には座談会ではなく、戦火の折、重慶で会議を召集することが困難だったため、田漢が一人一人の発言者のもとを訪ねてインタビューを記録し、座談会の形式に編集して発表したものである。杜宣「田漢同志和『戯劇春秋』」『戯劇芸術』Z1期、一九七九年、一三二～一三三頁。
(44) 施白蕪「戯劇的民族形式問題座談会：中会 田漢記録」『戯劇春秋』第一巻第四期、一九四一年、一三頁。
(45) 前掲施白蕪「戯劇的民族形式問題座談会：中会 田漢記録」、一四～一五頁。
(46) 松浦恆雄「梅蘭芳訪蘇と中国話劇界」『野草』第九九号、二〇一七年を参照。
(47) 海「「趙五娘」的「大小騙」：麒麟童説明不演的理由」『申報』一九三八年一一月三日（一三）。
(48) 周貽白「皮黄戯為什麼要改良？」『劇場芸術』第一巻第八期、一九三九年、五頁。
(49) 新石「游芸界：話劇的霊魂（下）：論緑宝劇場」『申報』一九三八年一二月一二日（一五）。
(50) 楊柳「話劇在上海的前途」『申報』一九三九年九月二六日（一四）。
(51) 前掲李宗紹「一年来孤島劇運的回顧」、一六頁。
(52) 前掲李涛『大衆文化語境下的上海職業話劇』、一二九～一三〇頁。
(53) 宋瑞楠「改良崑曲之我見」『申報』一九四一年三月一二日（一二）。
(54) 未人「越劇：棄旧條規・走新途径：戈戈発表意見」『申報』一九四一年八月八日（一二）。申曲の改良と「戈戈」については、三須祐介「曲から劇へ─上海滬劇社という経験─」『帝国主義と文学』研文出版、二〇一〇年に詳しい。
(55) 茜蒂「談談今日的申曲界」『申報』一九四一年六月八日（一二）。

第八章　たたかう女性像の系譜

中国共産党による京劇改革

本章では、一九六〇年代から一九七〇年代にかけて、中国共産党のプロパガンダを目的として作られた舞台芸術作品「革命模範劇」（中国語で「様板戯《ヤンバンシー》」）を取り上げる。革命模範劇の多くは、日中戦争もしくは国民党と共産党の内戦を背景に、共産党員の男性英雄の活躍を描く。以下、革命模範劇に見られる女性像に焦点をあてて、女性のイメージが革命叙事においていかなる役割を果たしたのかを見ていきたい。

まず、革命模範劇が作られた経緯について、簡単に流れをふり返っておく(1)。二〇世紀初頭から、西洋体験をもつ中国知識人によって京劇改良が唱えられていたが、第七章で見たように、日中戦争期に京劇は「大衆」向け抗戦プロパガンダの役割を担うこととなった。その後、一九四二年、「延安文芸座談会」において、毛沢東（一八九三～一九七六）がのちに『文芸講話』と題される方針を提出し（一九四三年一〇月一九日『解放日報』に掲載）、「われわれの文芸が、基本的には労働者・農民・兵士のためのものであるからには、普及ということも、労働者・農民・兵士への普及であり、向上ということも、労働者・農民・兵士からの向上である(2)」と、共産主義下の文芸の方向性を指し示す。一九四九年に中華人民共和国が成立すると、京劇を中国共産党のプロパガンダ芸術に改革しようとする動きは加速する。

一九五八年には、「大躍進《だいやくしん》」が始まった。これは、毛沢東によって一九五七年一〇月に「一五年後にイギリスを追いこす」と提起され、一九五八年に人民公社の設置や、前年の倍近い穀物と鉄鋼の生産目標が決定された政策である。実際には、高すぎる目標と資金や技術不足のために、経済の混乱を招く結果となった。また自然災害も重なり、中国全土で三〇〇〇万人を越す餓死者を出した。

同時期の演劇について見ると、一九五八年の六月から七月にかけて、現代生活を題材とする伝統劇の創作が活発化し、京劇の現代物である『白毛女』などが好評を博した。しかし、大躍進の失敗の後、一九六〇年代には、京劇は「現代物、伝統演目、新編歴史劇」の三つの路線を推進する「三并挙《さんへいきょ》」に方向転換した。大躍進の失敗により一九五九年に国家主席を辞任し、自己批判をせまられた毛沢東は、一九六三年より演劇改革を強く主張し、それによって自らの復権をはかろうとしたのである。

一九六四年、北京で「全国京劇現代物コンクール（全国京劇現代戯観摩演出大会）」が開催されると、革命模範劇の原型となる作品が上演され、京劇の現代物の芸術水準が演劇関係者からも評価された。その後、これらの作品には度重なる改編が加えられ、革命模範劇として作りかえられていくのである。

革命模範劇の誕生

革命模範劇と「文化大革命」（略称「文革」）は、切り離せない関係にある。文化大革命とは、一九六六年から一九七六年にかけて発動された大規模な政治闘争であり、大量の粛清による犠牲者を出した。文革は段階的に進展し、一九六六年から一九六七年にかけては毛沢東が学生を組織した紅衛兵運動が暴徒化したことにより、鎮圧のため人民解放軍が投入された。一九七一年には、毛の後継者であった林彪がクーデター失敗により失脚する。以後、経済の建て直しをはかる周恩来ら「脱文革派」と、毛沢東夫人の江青ら「四人組」の対立が深まり、一九七六年の周恩来死去による天安門事件、および毛沢東死去により、収束に向かった。文革の特徴として、メディアのプロパガンダ的活用、とりわけ京劇が政治闘争に利用されたことがあげられる。

一九六六年に文革が始まると、一九六七年には『文芸講話』発表二五周年を記念して北京で八つの作品が合同上演され、このときに正式に「様板戯」と命名された。なお、中国語で「様板」とは「模範」の意をあらわす。八つの作品とは、次の通りである。

革命現代京劇『智取威虎山《ちしゅいこざん》』、『紅灯記《こうとうき》』、『沙家浜《さかほう》』、『海港』、『奇襲白虎団《きしゅうびゃっこだん》』

革命現代バレエ『紅色娘子軍《こうしょくじょうしぐん》』、『白毛女《はくもうじょ》』

革命交響音楽『沙家浜』

「八つの模範劇」[3]とも呼ばれたこれらの作品は、映画化され、第二次革命模範劇（革命現代京劇『龍江頌』、『杜鵑山《とけんざん》』、『平原作戦』、『磐石湾《ばんせきわん》』、『紅雲崗《こううんこう》』、『紅色娘子軍』、革命現代バレエ『沂蒙頌《ぎもうしょう》』、『草原児女』、ピアノ伴奏歌『紅灯記』、ピアノ協奏曲『黄河』）とともに、文革期に中国全土で繰り返し上映された。また、革命模範劇はプロの俳優のみならず、地方の文芸工作隊や農村、学校などでアマチュア俳優によっても演じられた[4]。

映画化された革命模範劇の特徴は、次のようにまとめることができる。第一に、中国共産党の軍あるいは軍と連絡を取る地下党員が活躍する。地下党員の活躍を描く革命模範劇は、プロットにスパイ物の要素をもち、地下党員が工員などに身をやつしている設定が非常に多い。これは、プロットの起伏を構成する要素ともいえるだろう。

第二に、敵（日本軍、国民党、地主、軍閥など）による苦しみを訴え、敵との闘争と勝利によって共産党政権の正統性を示す。これは日中戦争・国共内戦の記憶を「建国神話」化するための手つづきであり、敵が強大であればあるほど、叙事の主体である英雄が勝利した際のカタルシスは大きくなる[5]。

第三に、善玉と悪玉の区別を類型的に示す。この特徴は、革命模範劇の前身にあたる京劇の役柄類型を応用したものだ。とりわけ、于会泳《うかいえい》（一九二五〜七七）によって、一九六八年より提唱された「三突出《さんとっしゅつ》」理論は、あらゆる人物の中で正面人物を、正面人物の中でも重要な英雄人物を、重要人物の中でももっとも重要な中心人物を突出させるという手法である[6]。これは、英雄人物を教条的に描く手法といえ、たとえば一九七四年に映画化された『平原作戦』では男性英雄が複数登場するが、その序列化された構造が特徴となっている。

革命模範劇における女性像

次に、革命模範劇に描かれる女性像について見ていきたい。先行研究には、次のような特徴が指摘されている。[7]

第一に、英雄はほぼ単身者として描かれ、男女の愛情や両性の交流、平等な両性関係は存在しない。第二に、女性の英雄はその成長過程において次第に女性的特徴を薄め、男性英雄の行動パターンや価値観に同一化する。第三に、「女性役割」をそなえた人物は革命の従属的立場に立つことしか許されず、共産党に指導される側に立つことによって、女性的特徴を描くことが可能となる。

先に述べたように、革命模範劇の人物像は京劇の役柄類型を応用しているが、革命模範劇の女性像もまた、京劇の伝統的な役柄類型を部分的に引き継いでいる。たとえば、歌唱の演技を中心とし、主役級の女性を演じる役柄「青衣《せいい》」の演技術を身につけた女優は、模範劇においても主役級の女性を演じる。同じく歌唱の演技を中心とする老女役の「老旦《ろうたん》」は、歌声の力強さが観客に対する訴求力をもつため、その演技術は敵に屈しない老女の役柄に応用された。

すなわち、革命模範劇の人物像や演技術は、一八世紀末から二〇世紀にかけて形成された京劇のコードの換骨奪胎によって成り立っていると考えられる。先行研究に述べられるような「女性役割」とは、革命模範劇においては髪型によってコード化されており、その役柄類型は次のように分類することが可能である。

A　長髪（おさげ）＝少女（未婚）：『智取威虎山』〔小常宝〕、『紅灯記』〔李鉄梅、一七〕、『紅色娘子軍』〔呉清華、一八〕、『白毛女』〔喜児〕、『平原作戦』〔小英、一八〕、『草原児女』〔斯琴〕（図1）

B　短髪（おかっぱ）＝革命戦士（寡婦）：『紅色娘子軍』〔連隊長〕、『海港』〔方海珍〕、『龍江頌』〔江水英〕、『杜鵑山』〔柯湘、三〇〕（図2）

C　長髪（おだんご）＝妻（夫不在）：『沙家浜』〔阿慶嫂〕、『沂蒙頌』〔英嫂〕、『紅雲崗』〔英嫂〕[8]（図3）

D　長髪（しらが）＝老婆（既婚）：『紅灯記』〔李奶奶〕、『沙家浜』〔沙奶奶〕、『奇襲白虎団』〔崔大娘〕、『平原作戦』〔張大娘、五〇余〕、『磐石湾』〔曾阿婆〕（図1）

＊〔　〕内は登場人物名、数字は年齢設定、傍線は寡婦、明朝体は第二次革命模範劇を示す。

劉文兵『映画のなかの上海――表象としての都市・女性・プロパガンダ』（二〇〇四）は、一九五〇年代から一九六〇年代にかけての映画が女性共産党員を描く際、モダンガールの外見的特徴や身ぶりを変形させながら取り入れたことを指摘する。長い髪の毛を封建社会の象徴とし、西洋の風俗である断髪をその代替とする点が女性共産党員とモダンガールの共通点だが、女性共産党員を描く際には「無造作なおかっぱ頭」といった操作を介在させ、モダニズムとは一線を画したという(9)。

革命模範劇において、髪型、とりわけ黒髪の割合は、「女性役割」を示す重要なコードである。そもそも、模範劇にさきがけて作られ、一九四五年から文革期にかけて歌劇、映画、革命現代バレエへと形を変えた『白毛女』では、地主に陵辱され、山中へ逃げこんだヒロインの黒く長い髪と体毛が白髪になるプロットが、地主の抑圧と共産党による解放の象徴として繰り返し語りなおされた(10)。

図1　A・D『紅灯記』左：李鉄梅、右：李奶奶

図2　B『紅色娘子軍』連隊長と呉清華

図3　C『沙家浜』阿慶嫂

模範劇においては、黒髪の割合は男性英雄によって救済、あるいは教導される客体としての程度を示しており、AとCが強く、BとDは弱い。また、CとDの人物はいずれも既婚者であることを示す呼称「嫂」（あねさん、よめさん）、「奶奶」（ばあさん）、「大娘」（おばさん）をもっており、髪型が示す役柄類型は、婚姻状況をも示唆していることがわかる。

ちなみに、文革終結後になると、革命模範劇で「女性役割」を示すコードであった黒髪は、文革の暴力によって奪われたものとして描かれる。たとえば一九八一年の映画『小街』（楊延晋監督）は、文革中に迫害を受けたため、髪を短く切って「男装」する少女に、男性主人公が模範劇でつかわれるおさげのかつらを与えようとするプロットを描く。彼はそのために模範劇を演じる劇団の楽屋からおさげのかつらを盗もうとし、見つかって打倒され、失明してしまう。

本章で注目したいのは、AからDの中にコードの境界をまたぐ、あるいはコードの意味を攪乱《かくらん》するような女性像が見られることである。それは、A（少女）の髪型で登場し、途中でB（革命戦士）へと成長をとげる『紅色娘子軍』のヒロイン呉清華《ごせいか》と、C（妻）という「女性役割」の強調された髪型、したがって本来は男性英雄に救済されるべき客体として登場するにもかかわらず、「夫不在」という設定により革命叙事において主体的な役割を担う『沙家浜』のヒロイン阿慶嫂《あけいそう》と、『沂蒙頌』のヒロイン英嫂《えいそう》である。次に、彼女らのコードの越境、あるいは攪乱の意味を、中国文芸における伝統的な女性像の系譜において分析してみたい。

戦闘少女の系譜――花木蘭から紅色娘子軍へ

まず、『紅色娘子軍』のヒロイン呉清華についてである。「紅色娘子軍」とは共産党の女子遊撃隊を指し、この物語は史実にもとづく報告文学、演劇、さらに映画に改編された後、革命模範劇に作りかえられた。一九六〇年、上海天馬電影製片廠により製作された映画『紅色娘子軍』は、謝晋監督、梁信脚本、祝《しゅく》希《き》娟《けん》主演である。同作の主題歌は人口に膾炙《かいしゃ》し、その歌詞は「むかし花木蘭《かもくらん》は父にかわって従軍し、いま娘子軍は人民のために銃をとる。……共産を主義とし、党は導き手、婦人は生まれ変わる、婦人は生まれ変わる」とうたい上げる。[11] ここで示されるのは、女性兵士と、中国における戦闘する女性像の祖ともいえる、「花木蘭」とのつながりだ。

第七章で触れたように、花木蘭伝説の骨子は「父の代理」として「男装」し、戦場に赴き、帰還して「女装」に戻る点にある。この物語は、父に対する「孝」や、主君に対する「忠」の象徴として、二〇世紀以降、さまざまな意図を帯びた物語に改編され、語り継がれた。[12]

いくつか代表的な例を見ていくと、まず一九一七年、京劇『木蘭従軍』では男旦《ナンタン》の梅蘭芳《メイランファン》が花木蘭に扮し、本来女性が男装する物語を、男性である梅蘭芳が女装し、さらに劇中劇で男装するという複雑な性別の転倒を演じた。[13] 日中戦争期、一九三九年には映画『木蘭従軍』が製作され、従来の木蘭叙事にはなかった軍中における自由恋愛、結婚というプロットがつけたされ、花木蘭は「新女性」として国民国家の叙事を担うこととなった。[14] 戦後、一九五六年には豫劇《よげき》（河南省の地方劇）の『花木蘭』が映画化され、「女が男におよばないと誰が言ったのか」という歌唱の一節は、社会主義イデオロギーとしての女性解放を高らかに宣言した。その後、前述した一九六〇年の映画の主題歌により、花木蘭のイメージは共産党の女性兵士に継承される。

しかし、「党は導き手」という歌詞に明確に示されるように、『紅色娘子軍』の物語において、ジェンダーの非対称は男性地主に虐げられる女性奴隷という階級対立をあらわす場合にのみ描かれ、女性は階級の移動によって「生まれ変わる」とされた。したがって、「党」の代理たる男性英雄が女性奴隷の「導き手」である、という階級内のジェンダー非対称は、不問に付されている。花木蘭から『紅色娘子軍』にいたる叙事は、男装は「男性役割」の獲得を可能にするが、その最終目的は娘として父、家、国、党に奉仕することだというテーマを繰り返し語っている。いわば花木蘭は、父権制のイデオロギーに従順な「娘」の系譜だと見なすことができるだろう。

革命現代バレエ『紅色娘子軍』における「女性役割」

次に、革命模範劇になった『紅色娘子軍』の改編過程から、その後の花木蘭の系譜について考えてみたい。

同作の舞台は、一九三一年、中国南部の海南島である。ヒロインの少女・呉清華は、国民党の手先である反動地主・南覇天《なんはてん》の屋敷に売られ、脱走をはかり、拷問されたところを共産党員・洪常青《こうじょうせい》に救出される。女子遊撃隊「紅色娘子軍」に入った呉清華は、一度は私怨によって作戦を乱し、南覇天を捕り逃すが、洪常青の指導により、革命精神に目覚めていく。地主一味との戦闘のさなか、敵に捕らわれた洪常青は処刑されるが、呉清華はその仇を討ち、彼の遺志を受け継ぐ。

この物語は複数のバージョンをもち、幾度も改編を経ているので、先行研究にもとづき改編過程を整理しておく。(15)「紅色娘子軍」の物語は、一九三一年に実在した「中国工農紅軍第二独立師第三団女子軍特務連」に取材している。しかし、モデルとなった女性兵士たちは、実際には階級の矛盾に抵抗するためではなく、家庭内の不和により従軍したのであった。しかもその多くは、国民党との内戦期に捕虜となり、国民党関係者と結婚したことによって、文革中に迫害を受けたことが明らかにされている。(16)

一九五七年、劉文韶《りゅうぶんしょう》の報告文学によってはじめて「紅色娘子軍」と題され（『解放軍文芸』一九五七年第八期）、五九年には呉之《ごし》ほか集団創作によって瓊劇《けいげき》（海南省の地方劇）が作られるが、これらの物語はいずれも映画版とは異なる。その後、一九六〇年に製作された映画『紅色娘子軍』は、革命模範劇の原型となった。ただし、脚本にあった主人公の女性奴隷・呉瓊花《ごけいか》に対する地主の陵辱(17)、および男性英雄の洪常青と瓊花との愛情を描く場面は、いずれも映像では削除されている。洪常青と瓊花の愛情関係は、「分界嶺」の石碑の前で再会する場面においてのみ、二人の視界を示すキャメラ・ワークによってその痕跡が示唆される。(18)

また、登場人物のうち紅蓮という女性は、一〇歳で実在しない人形の「夫」と縁組をさせられ、「童《トン》養媳《ヤンシー》」（売買婚による嫁）として舅と姑に仕えてきた「寡婦」である。注目すべきは、映画の中で紅蓮の入隊および男性兵士との結婚や出産が描かれるにもかかわらず、このプロットが男女の生殖によって革命の後継者を育成するという方向に向かわないことである。かわりに、瓊花と紅蓮が一緒に入隊することで芽生える女性同士の絆と、新たに生まれた女児によって継承される娘子軍、という女性の叙事が形成されている。これは男女の愛情場面の削除と軌を一にする描写といえ、両性の性愛ではなく階級による結びつきを強調する操作を行なった結果、女性同士を親密に描くプロットが前景化したものといえるだろう。

その後、この物語は一九六四年に革命現代バレエと革命現代京劇に改編され、六七年に革命模範劇（革命現代バレエ）となり、七〇年から七一年にかけて北京電影製片廠により映画化される（薛菁華《せっせいか》主演）。模範劇となる際、毛沢東夫人の江青により、ヒロインの名は「呉清華」とあらためられ[19]、映画にあった男性英雄との愛情関係の痕跡や、紅蓮のエピソードなど、男女の性愛を想起させる場面は徹底的に削除された。七二年には、革命現代京劇も映画化されている。

ここで問題にしたいのは、映画化された革命現代バレエに見る女性像についてである。ヒロイン呉清華は、女性奴隷から革命戦士へと転身する過程で、赤い上着とズボンの衣装から、軍装へと着がえる（図4）。この軍装とは、花木蘭の「男装」のように、戦闘に参加する「男性役割」の獲得を意味していると考えられよう。さらにバレエの身体表現により、軍装をまとった女性たちが男性英雄の身体と同一化するところが、視覚的にも強調されている（図5）。

しかし、革命現代バレエの演技術は、衣装というコードの上では「男性役割」を獲得した女性兵士の身体が、やはりまぎれもなく「女性役割」を帯びていることをあらわにする。そのとき、彼女らの身体は、凝視される対象として客体化しているといえるのではないだろうか。

いくつかの例をあげてみたい。まず、ヒロイン呉清華は、冒頭で拷問され傷つけられる身体を、赤い衣装を身にまとって表現する。その後軍装に転じるが、作戦の中で娘に変装する場面で、彼女はふたたび赤い衣装に身をやつし、命令にそむいて地主を取り逃がす際に、拷問されていたときと同じ片足をあげるポーズをとる（図6）。

図4　長髪（おさげ）、赤い衣装の呉清華。「女性役割」（未婚）が強調され、男性地主対女性奴隷の関係が、ジェンダー非対称の形式であらわされている

図5　短髪、軍装を身につけた呉清華。「男性役割」を獲得した身体は、党の代理である男性英雄に同一化し、革命化する

図６　作戦の中で娘に変装する場面

このポーズは、一度は軍装を身につけた呉清華が、兵士としては未熟であることを示しており、そうした未熟さは「軍装」のもつ「男性役割」のイメージではなく、模範劇では「女装」に身をやつしている状況において可視化されるのである。

また、革命現代バレエにおいて軍装を身につけた女性同士の絆が描かれる場面に、軍事訓練と水浴びがあげられる（図７・図８）。

これらの場面に描かれる、跳躍する女性たちの身体、とりわけバレエの演技術によって強調されるまっすぐにのびた脚は、文革期の革命叙事における女性像が、実は中華民国期の商業広告ポスターに描かれた健康美を誇示する女性像や、双子のような姉妹像の延長線上にあることを想起させる（図９）。

また、図10のような女性兵士の身体は、一九三〇年代上海において人気を博した孫瑜監督の映画における王人美《おうじんび》、黎莉莉《れいりり》といったモダンガールの身体とも連続性をもつ[20]。

さらには、劉文兵が革命模範劇『海港』を例にあげて指摘するように、模範劇の女性像には改作の指揮をとった江青の自画像が投影されている[21]。実は江青こそ、『紅色娘子軍』にさきがけて花木蘭の系譜になぞらえられた革命戦士なのであった。一九三九年、「江青」ことかつての上海の女優・藍蘋《らんひん》と毛沢束の結婚を伝える新聞記事には、軍装し敬礼する彼女の写真が、「旧時の旗袍《チーパオ》（チャイナドレス）を脱ぎ、紅軍の制服を着て、愛する前髪を犠牲にして雄々しい紅星の帽子をかぶり、その様子は雌雄見分けがたく、まるで現代の花木蘭だ」と報道される。[22]

革命現代バレエ『紅色娘子軍』の女性像は、モダンガールから革命戦士へと転身をとげた江青をなぞるような、少女（おさげ）から革命戦士（おかっぱ）へのビルドゥングスロマンを描くものであった。ここに、少女と革命戦士の間を往き来する「戦闘少女」キャラクターの出現を見ることができる。少女の成長過程を描く『紅色娘子軍』では、戦闘少女たちは「軍装」と「脱軍装」（たとえば、作戦中の女装や水浴びの場面[23]）を反復することによって、観客に「女性の身体」を暴露する。師永剛・張凡『様板戯史記』（二〇〇九）は、文革期に『紅色娘子軍』が「女性の身体」への関心を喚起するものであったと指摘しており、[24]これは、花木蘭が最終的に「娘」に戻るイメージを継承しているといえるだろう。

図7　軍事訓練

図8　水浴び

他方、一九六〇年の映画版にあった

図9　ジン・メイション（金梅生）《ローラースケートをする二人の女性》1920～30年代、福岡アジア美術館所蔵

図10　革命現代バレエ『紅色娘子軍』

男性英雄との愛情場面の痕跡、および寡婦の結婚と出産のプロットが削除されることにより、革命現代バレエは「生殖」なき戦闘少女の「増殖」を描くものとなった。映画化された革命現代バレエの最後は、前進する女性兵士たちの脚が無限に増殖していく場面でしめくくられる。このような表現は、映画版におけるヒロイン呉瓊花と寡婦・紅蓮の女性同士の連帯の叙事を引き継ぐものだ。しかも、この女性叙事は、少女の成長過程において彼女を見守る主体であった男性英雄が、革命に殉じるというプロットによって強化される。さらにいえば、一九六〇年の映画版には、男性英雄が「自首書」への署名と投降をせまられるが、かわりに絶筆として詩をしたため、火刑に処せられるという場面がある。この文字テクストによる抵抗が、革命模範劇では自首書を破り捨てる視覚的な表現にあらためられる点からは、男性英雄

とともに文字テクストを操るリテラシーも放逐されているように読みとれる。革命模範劇『紅色娘子軍』は、男性主体が物語から放逐されることによって、男性英雄の死を共有する「寡婦」型革命戦士の叙事として完成するのである。

寡婦の系譜――花木蘭から穆桂英へ

革命模範劇の中で、「寡婦」は「おかっぱ」の革命戦士として描かれることはすでに述べた。次に見ていきたいのは、髪型のコードとしては「おだんご＝妻」に分類されるものの、「夫不在」という設定により、革命叙事において主体的な役割を担う『沙家浜』のヒロイン阿慶嫂と、『沂蒙頌』のヒロイン英嫂である。彼女らは「寡婦」型革命戦士ではなく、「女性役割」を保持したまま革命叙事の主体となるという点で、男性英雄に救済される長髪のコードを攪乱する存在である。この種の女性の類型をさかのぼると、宋代の講談から生まれ、明の万暦年間（一五七三～一六二〇）に書物として編まれた「楊家将演義」に行きつくだろう。

「楊家将演義」とは、武芸に秀でた北宋の名門・楊家の成年男性が死に絶え、その母、娘、妻らが戦場に赴き、遼に勝利する物語である。ヒロインである穆桂英《ぼくけいえい》の名前は、花木蘭と樹木、香草というイメージを共有しており、木蘭を継承する意図が込められているという。(25) だが注目すべきは、彼女らが父権制社会によって課せられた纏足《てんそく》のまま戦い、しかも北宋と遼の関係など史実の「転覆」が描かれる点である。[26] 花木蘭のように「男装」せず、女性の姿のままであるところは、「男性役割」、「女性役割」といった伝統的なジェンダーの規範を無効化しているといえるだろう。

この物語は、一九五九年、梅蘭芳演じる京劇『穆桂英、元帥となる（穆桂英掛帥）』に改編された。

齢よわい五〇を超えた楊家の嫁・穆桂英がふたたび出陣するさまを描くこの作品は、建国一〇周年記念演目として「愛国」の象徴となった。[27] その後、六〇年には京劇『楊門女将』が作られる。実は、『穆桂英、元帥となる』では穆桂英は寡婦ではなく、夫と息子を率いて出陣していた。しかし『楊門女将』では、穆桂英ほか楊家の女将軍を寡婦として描いており、この作品によって「愛国寡婦」のイメージが確立し、のちに映画化もされた。

本来の「楊家将演義」とは、父権制イデオロギーの周縁に位置づけられた「寡婦」を描く物語であり、最後には朝廷を見限る寡婦たちには、花木蘭にはないアウトサイダー性や、父権制イデオロギーの転覆の意義が含まれていた。[28] しかし、「寡婦」とは宗族の周縁にいる「嫁」でありながら、子を産んだ場合には宗族の血を継承する「母」にもなりうる、両義性をもつ存在である。たとえば、岡崎由美『漂泊のヒーロー――中国武侠小説への道』（二〇〇二）は、「楊家将演義」を女性が婚姻により宗族コミュニティに組みこまれる物語と定義している。梅蘭芳の『穆桂英、元帥となる』による「愛国」への読み替えは、まさに後者の「母」の機能に光をあてることによって可能になったといえるだろう。

「夫」の不在――「妻」と「寡婦」の間

では、こうした「嫁」であり「母」でもある女性像は、革命模範劇においてどのように描かれたのだろうか。

一九七一年に長春電影製片廠により映画化された革命現代京劇『沙家浜』は、洪雪飛《こうせつひ》主演である。ヒロインの阿慶嫂は共産党の地下工作員だが、茶店のおかみに身をやつしている。この作品は、日中戦争のさなか、阿慶嫂が国民党と日本軍という二大勢力の双方の男たちを手玉に取り、傷兵を抱える共産党新四軍の危機を救出する物語を描く(29)。

阿慶嫂は、たくみに「女性役割」を演じることによって、地下工作員の任務を全うする。彼女の真の姿は「革命戦士」であり、おだんご髪に結っているのは作戦において「妻」という役柄に身をやつしているにすぎず、これは一種の「女装」である。そのことは、劇中、彼女が幾度も衣装を着がえる点からも指摘できる。阿慶嫂は任務を遂行するときは共産党のシンボルカラーである深紅の衣装を身にまとい、「妻」を演じるときは、藍色の衣装で敵の目をくらますのだ。

そして、阿慶嫂の「女装」を敵に信じこませ、しかも任務を遂行しても怪しまれない行動の自由を保障するのは、夫の不在という設定である。阿慶嫂とは中国語で「阿慶のよめさん」の意であるが、夫の「阿慶」は一度も登場せず、生死も不明である。この「阿慶」については、劇の冒頭で、中国共産党常熟県委書記の程謙明により「われわれの党の交通員だ」と説明される以外、詳細は不明である。そのほ

図11　革命現代バレエ『沂蒙頌』

か、阿慶嫂は茶店のおかみとして敵の胡伝魁に対し、「上海で担ぎ屋をしていて、一人前になるまで戻ってこないつもりですって」と説明している。[30] こうした「不在の夫」の物語は、一九七五年に八一電影製片廠により映画化された革命現代バレエ『沂蒙頌』（程伯佳主演）にも見ることができる。

第二次革命模範劇となった『沂蒙頌』は、農婦の英嫂が山中で傷を負った共産党の解放軍兵士を見つけ、とっさに自らの母乳を与えて兵士の命を救う物語である。母乳を与えるプロットに明らかなように、ヒロインは母性によって革命を継承する存在として描かれている。しかし、この母性からは「生殖」にまつわるイメージが削除されており、夫以外の男性に母乳を与えるプロットの整合性を支えるのは、やはり夫の不在という設定だ。むろん英嫂が兵士の口に直接乳房を含ませることはなく、劇中、彼女の母乳は兵士の水筒に絞り出されるのであり、その過程は岩陰で行なわれ、観客の目からは隠される（図11）。

また、赤ん坊が出てくるにもかかわらず、英嫂は赤ん坊よりも兵士を守ることを優先する。彼女の母乳が軍の水筒という近代的かつ革命的な小道具を介して兵士の体内に注がれる点は、この母性が子供を産み育んで革命を継承するものではないことを示している。

『沙家浜』と『沂蒙頌』の二作において描かれるのは、ヒロインを「所有」する男性が不在であることによって可能となる、彼女らの「党」との一体化である。阿慶嫂と英嫂が行なうのはどちらも傷兵の救出と再生であり、これは革命模範劇においては、寡婦型「革命戦士」ではなく、「女性役割」をそなえた人物が担う任務として描かれる。「妻」と「寡婦」の中間的存在としての「妻（夫不在）」という役柄類型は、「女性役割」を演じ、あるいは「生殖」なき「母性」を発揮することによって、この任務を党の「妻」または「母」として遂行するのである。

文化大革命後の女性像

ここで、革命模範劇における「戦闘少女」と「妻（夫不在）」の共通点について考えてみたい。「戦闘少女」も「妻（夫不在）」も、「女性役割」と定められていたコードを自在に越境することによって、女性の身体をあらわにしながら革命叙事の主体を担う。そのことの曖昧さは、「生殖」を禁忌とする原則により、革命叙事の内部においては不可視化されている。しかし、それを見つめる者の欲望を喚起するという点では、常に革命叙事そのものを無効にする可能性をはらむものでもある。両者はともに、生殖可能な身体をもちながら、革命叙事においては不可侵な身分であるという両義的な女性像なのだ。

文化大革命が終了すると、こうした両義性を抱える女性像は解体され、欲望のまなざしもむきだしにされる。李晨による連環画『紅嫂』（一九九二）では、母乳を与える英嫂の乳房は直接兵士の口に含まれるものとして書き換えが行なわれた。(31) また、「戦闘する女性像」そのものも解体され、二〇〇三年に初演された李六乙《りりくいつ》作・演出の現代劇『穆桂英』では、出陣する穆桂英が楊家の英霊によって女装から軍装へと着がえさせられる過程が描かれた。この作品には、二〇世紀の中国が戦闘する女性像をプロパガンダとして利用してきたこと自体を内省する意図があると考えられる。

一九八〇年代以降の現代美術においては、革命模範劇の様式を脱構築し、ポップ・アートに仕立てた作品は枚挙にいとまがない。(32) さらに、女性作家・林白《りんはく》が一九九四年に発表した小説『たったひとりの戦争(一個人的戦争)』には、女性の語り手による、模範劇を演ずる女性の身体への欲望があらわされる。

次に、林白が一九九五年に発表した中編小説『危険な飛翔(致命的飛翔)』の一場面を見てみたい。この小説では、『紅色娘子軍』のヒロイン呉清華や、女性同士の紐帯といったイメージが、李萵《りか》と北諾《ほくだく》という二人の女性の人物に投影されている。小説の後半、北諾が自身の身体を男性権力者との取引に用いる性交渉の場面では、男性に身体を貪られた北諾がその後に見る夢において、『紅色娘子軍』の地主・南覇天のイメージが引用される。

夢の中で、南覇天が自分の身体に這い上ってくるのを感じた。彼女の口をこじあけ、一丁の銃を口の中に押しこむ。彼女は吐き出したかったが、どうしても吐き出せない。この銃はねっとりとして生臭いものを彼女の口の中に注ぎこみ、たえきれなかった。(33)

『危険な飛翔』は、『紅色娘子軍』のヒロイン呉清華になぞらえられる北諾の身体を、語り手である李蒿が凝視するという、同性の身体に対する女性の視線の描写が特徴的な作品である。林白の叙述は、文革期のプロパガンダ芸術に見られる脱性化した女性群像や女性同士の紐帯といった公的なイメージを、女性の私的な身体の記憶として書き換える意図をもっていると考えられる。

『紅色娘子軍』の物語には、中国共産党の代理たる男性英雄が女性後継者を導いた後、犠牲の死を遂げることにより、毛沢東が絶対的な家長となる父権制イデオロギーが内包されていた。林白が描く女性の語り手による女性の身体の凝視とは、客体化された女性像を眺め、欲望する主体を女性とすることによって、革命模範劇にひそむ父権制イデオロギーから女性たちを解放する試みなのではないだろうか。

最後に、第七章から本章にかけての内容を、「演じられる女性像」に焦点をあててふり返っておきたい。戦時期および中華人民共和国建国後には、演劇がプロパガンダの役割を果たす中で、女性像およびそれを演じる生身の女性の身体は、ナショナルな叙事と結びついていった。第七章で述べた通り、日本軍による占領が間近に迫った「孤島」期の上海では、直接的に抗戦を描くことができず、「古装」の「女性」を描く演目に、抗戦の意図を仮託する作品が作られる。こうした作品の女性像は、男旦ではなく女優の身体によって演じられることで、戦争によって抑圧された父権制社会の均衡を崩すことなく、弱体化する男性アイデンティティを補う役割を果たした。

戦後、中華人民共和国が成立すると、京劇は新たな政治体制を民衆に啓蒙する、中国共産党のプロパガンダメディアとなった。中華人民共和国の京劇からは、男旦が姿を消し、党のために「戦闘する女性像」がさかんに演じられるようになった。それらの女性像は、抗戦期に見られたように、父権制社会の均衡を崩さず男性アイデンティティを補うという役割を踏襲しており、やはり女優によって演じられた。

このように、京劇の役柄とそれを演じる俳優の身体には、二〇世紀中国におけるジェンダーロールとナショナルイメージという二つの規範が、相互補完関係を結んできたことの痕跡があらわされているといえるだろう。そして、文化大革命終結後になると、そうした相互補完関係のありようを問い直す意図をもった作品が発表されるようになったのである。

【注】

（1）以下の記述は、牧陽一、松浦恆雄、川田進『中国のプロパガンダ芸術』岩波書店、二〇〇〇年、一五九〜一九五頁、傅謹『新中国戯劇史：1949〜2000』湖南美術出版社、二〇〇二年、師永剛、張凡『様板戯史記』作家出版社、二〇〇九年、李松『「様板戯」編年史・前篇—1963-1966年』秀威資訊科技、二〇一一年、李松『「様板戯」編年史・後篇—1967-1976年』秀威資訊科技、二〇一二年を参照。

（2）毛沢東著、竹内好訳『文芸講話』岩波書店、一九五六年、二九頁。

（3）革命模範劇の作品の序列には、政情の変化に合わせて変動が見られる。とくに江青が関与した『智取威虎山』は、林彪、江青が要職に就いた一九六九年に筆頭に掲げられ、最初に映画上映された。前掲師永剛、張凡『様板戯史記』、一二五頁による。

(4) 武田雅哉『よいこの文化大革命　紅小兵の世界』廣済堂出版、二〇〇三年は、文革期に出版された児童雑誌『紅小兵』に、革命模範劇を紹介する絵画や連環画のほか、模範劇を実演する子供の写真や歌詞が大量に掲載されることを指摘する。農村で上演された模範劇については、李松「〝様板戯〟観衆的角色認同」『芸術学界』二〇一一年第一期、大野陽介「関於新中国成立後農村劇団的演出活動―以〝文革〟時期為中心」『梅蘭芳与京劇的伝播：第五届京劇学国際学術研討会論文集』文化芸術出版社、二〇一五年を参照。

(5) 杉山太郎『中国の芝居の見方』好文出版、二〇〇四年、二三四頁による。

(6) 于会泳「譲文芸舞台永遠成為宣伝毛沢東思想的陣地」『文匯報』一九六八年五月二三日。

(7) 前掲牧陽一、松浦恆雄、川田進『中国のプロパガンダ芸術』、一八四頁、前掲傅謹『新中国戯劇史』、一四一頁による。

(8) 革命現代バレエ『沂蒙頌』を革命現代京劇に改編したものが『紅雲崗』であり、この二作においてヒロインの夫の人物造型には変化が見られる。『沂蒙頌』では夫は開幕直後に戦場へ赴き、最終幕までほぼ不在である。大野陽介「〝紅嫂〟作品の成立とその女性像」『野草』第八三号、二〇〇九年を参照。

(9) 劉文兵『映画のなかの上海―表象としての都市・女性・プロパガンダ』慶應義塾大学出版会、二〇〇四年、一三八頁。

(10) 革命現代バレエでは、ヒロインが凌辱され妊娠し、山中で出産するというプロットは削除された。

(11) 梁信「紅色娘子軍」『中国電影劇本選集（七）』中国電影出版社、一九七九年、九五頁による。のちに「共産主義は真理」、「奴隷は生まれ変わる」と改作された。前掲師永剛、張凡『様板戯史記』、三三九頁。

(12) 映画における花木蘭イメージの変遷については、戴錦華著、宮尾正樹監訳、舘かおる編『中国映画のジェンダー・ポリティクス―ポスト冷戦時代の文化政治』御茶の水書房、二〇〇六年、晏妮『戦時日中映画交渉史』岩波書店、二〇一〇年、鷲谷花「花木蘭の転生─「大東亜共栄圏」をめぐる日中大衆文化の交錯」『大東亜共栄圏の文化建設』人文書院、二〇〇七年、張小青「男装する愛国ヒロインの演出 『ムーラン』と『花木蘭』における男装の発覚シーンをめぐって」『論叢クィア』第四号、二〇一一年に詳しい。

(13) 梅蘭芳述、許姫伝、許源来記『舞台生活四十年』中国戯劇出版社、一九八七年、四〇五頁による。

(14) 前掲鷲谷花「花木蘭の転生」、一五一頁は、同作を五四運動期の「新女性」と日中戦争期の「国民」という二つのロール・モデルの融合であり、アメリカナイズされた溌剌とした身体・表情と、伝統的な中国女性の美徳を体現する主演女優陳雲裳によって、木蘭像に「フェティシズム的な魅惑」が備わったと指摘する。

(15) 羅長青「〞紅色娘子軍〞創作素材之史実考証」『南方文壇』二〇一〇年四期、羅長青「〞紅色娘子軍〞的文芸叙述史」『新文学史料』二〇一〇年第四期、陳吉徳「電影『紅色娘子軍』創作人員考」『南京師範大学文学院学報』二〇一一年第二期、菱沼透「三つの「紅色娘子軍」─映画から舞劇・京劇へ─」『中国古典研究』第二〇号、一九七五年を参照。

(16) 前掲羅長青「〞紅色娘子軍〞創作素材之史実考証」による。

(17) 前掲梁信「紅色娘子軍」、一三〇頁。映像では鞭打たれ傷つけられる身体として表現される。

(18) たとえば袁慶豊「愛你没商量:『紅色娘子軍』─紅色風暴中的愛情伝奇和伝統禁忌」『渤海大学学報 哲学社会科学版』二〇〇七年第六期は、呉瓊花と洪常青の再会の場面について、二人の視界を示すキャメラ・ワークが双方向かつ平等であり、削除された愛情表現の痕跡を残す「抒情場面」であると指摘する。なお、この映画において真に二人の視線の高さが「平等」となるのは、呉瓊花の入党申請が受理され、党員となったことを洪常青に告げられるときである。

(19) 実在した「女子軍特務連」連長龐瓊花が、のちに国民党関係者と結婚したことが理由の一つであるという。前掲羅長青「〞紅色娘子軍〞創作素材之史実考証」、七〇頁。

（20）前掲劉文兵『映画のなかの上海―表象としての都市・女性・プロパガンダ』、一一六～一一七頁、吉川龍生「孫瑜映画の脚―脚の表象にみる一九三〇年代の孫瑜映画―」『慶應義塾大学日吉紀要：中国研究』第三号、二〇一〇年を参照。

（21）前掲劉文兵『映画のなかの上海』、一六六～一七一頁。

（22）冷芳「伝将与毛沢東結婚的！　藍蘋的芸壇旧時―一位思想新鋭的勇敢女性―」『申報』一九三九年九月二四日（一六）。

（23）前掲張小青「男装する愛国ヒロインの演出」は、映画において木蘭のジェンダー・アイデンティティ発覚の危機がいずれも「水浴び」の場面である点について、男性の去勢不安が除去され欲望生成へ向かう心理メカニズムを支えるものと考察する。『紅色娘子軍』の「水浴び」もまた、革命叙事において同様の機能を果たすと考えられる。

（24）前掲師永剛、張凡『様板戯史記』、一八八頁。前掲袁慶豊「愛你没商量：『紅色娘子軍』」、六四頁にも同様の記述が見られる。

（25）井波律子『中国文学の愉しき世界』岩波書店、二〇〇二年、一一二頁を参照。

（26）前掲井波律子『中国文学の愉しき世界』、一〇七～一一五頁および井波律子『破壊の女神　中国史の女たち』光文社、二〇〇七年、一二五～一四八頁は、この物語が王朝を支える儒教的男尊女卑イデオロギーに対抗する論理をもつことを指摘する。

（27）前掲牧、松浦、川田『中国のプロパガンダ芸術』、一九二頁を参照。

（28）大塚秀高「西王母の娘たち―「遇仙」から「陣前比武招親」へ―」『日本アジア研究』第八号、二〇一一年は、女性が戦場で男性と武芸を競い、自分より強い者に嫁ぐという「楊家将演義」に見られる物語構造について、「自身が不老不死の存在であり続けるため」と指摘する。類似の観点から論じたものに、山田真美「孕みの力―『楊家将演義』における女将の姿―」『火輪』第一五号、二〇〇四年がある。

（29）中沢信三「革命現代京劇「沙家浜」の改訂について」『漢学研究』第一〇号、一九七三年、谷美喜子「『沙家浜』の改編」『火輪』第一六号、二〇〇四年、大野陽介「模範劇「沙家浜」の成立とその劇作術」『語学教育部ジャーナル』第五号、二〇〇九年を参照。
（30）北京京劇団集体改編『革命現代京劇 沙家浜』人民出版社、一九七〇年、八頁および二六頁による。
（31）武田雅哉「中国乳房文化論・序説―記憶の中の図像」『ゆれるおっぱい、ふくらむおっぱい 乳房の図像と記憶』岩波書店、二〇一八年、一〇五頁を参照。
（32）牧陽一「不是鉄、也不是花（鉄でもないし、花でもない）―文革から現代アートへの女性の視覚表象」『革命の実践と表象 中国の社会変化と再構築』風響社、二〇〇九年を参照。
（33）林白『致命的飛翔』長江文芸出版社、二〇〇一年。

終章　男旦とモダンガール

ふたたび、男旦はモダンガールをめざす

ここに一枚の写真がある（図1）。胸元をひらき、男に流し目を送っているのは、序章でも触れた欧《おう》陽《よう》予《よ》倩《せん》（一八八九〜一九六二）である。彼は中国の著名劇作家であり、かつては舞台にも立った男旦《ナンタン》であった。

欧陽予倩がこの写真を発表したのは、一九二八年のことだ。彼が演じているのは、自ら執筆した『潘《はん》金《きん》蓮《れん》』という作品である。潘金蓮は、西《せい》門《もん》慶《けい》と姦通したあげく夫の武大郎を毒殺したため、義弟の武《ぶ》松《しょう》に仇討ちされる。このタイトルロールを演じた彼は、古典小説『水滸伝』に登場する名高い悪女を、同時代のモダンガールの代弁者たらしめようと試みた。そして、同作への出演を最後に、男旦としての生活に終止符を打った。すでに生身の女性によって演じられる女性像が舞台にあらわれていた時期に、彼はなにを思って男の胸をさらけ出し、そして舞台を去ったのだろう。

終章では、ふたたび中華民国期の男旦に立ち返り、男旦と女優が交差した時点について考察する。舞

図1　欧陽予倩（右）扮する潘金蓮

台の上の女性像が、京劇の男旦から生身のモダンガールへと移り変わった過渡期において、その交代にはいかなる意味があったのかを見ていきたい。

一九一五年、上海の新劇の男旦であった欧陽予倩は、京劇の上演を始めた。「新劇」とは、京劇を「旧劇」と見なすことによって始まった新たな演劇のジャンルであるが、その形式は統一されていない。二〇世紀初頭に「新劇」と呼ばれた演劇は、せりふやしぐさを中心とするもののほかにも、京劇のうたや演説をはさむものなどがあり、京劇の新作と新劇の間で演目を共有することも行なわれていた。

これまでに見たように、二〇世紀を通して京劇の男旦の筆頭といえば、北京の梅蘭芳《メイランファン》（一八九四～一九六一）であった。欧陽予倩は、京劇とは異なる新しい演技術をめざしながらも、京劇と新劇の双方の舞台に立ち、一時期には梅蘭芳と並び称されるほど人気を博していた。そして一九二七年、欧陽予倩は新作の京劇『潘金蓮』において、伝統的な京劇の演目に描かれる女性像とは異なる、二〇世紀の「モダンガール」の姿を演じることを試みたのである。

同時期のモダンガールについて、いまいちど確認しておきたい。中国においては、五四新文化運動の後、旧来の儒教的規範からの解放をめざす「新女性」が出現する。この「新女性」が、女学生など高学歴をもつ知的階層を中心としていたのに対し、モダンガールはより階層の裾野を広げ、女工など労働者階層によっても模倣された。坂元ひろ子「漫画表象に見る上海モダンガール」（二〇一〇）は、次のように述べる。「モダンガールこそは経済的、社会的基盤の危うい存在でしかなく、表象における不安定さと見合ったものであったろう。教養や社交性、ダンス、モダンなファッションとモダンガールに期待された条件は多かったが、それを満たす、しかとした経済力を確保しえた女性は多くはなかった。家父長制の庇護からはずれると、娼婦にはならなくてもすむという保証もなくなるのである」[1]。

一九二〇年代後半の上海におけるモダンガールとは、新しい価値観をあらわす女性像であると同時に、イメージと現実のあいだでひきさかれる中国の近代青年の姿を映し出すものでもあった。やがて三〇年代にいたると、戦争を背景とした頽廃的な「色情文化」の隆盛により、モダンガールを性的に消費する傾向が強まる。「色情文化」とは、日本の作家・片岡鉄兵の作品名に由来し、新感覚派の作家・劉吶鷗《りゅうとつおう》により、一九二八年に翻訳紹介された日本の小説集の表題に用いられた言葉である。一九三〇年代には、都市文化と消費文化、それに映画の影響を受けた視覚文化とが結びつき、性的な視覚描写を都市の風景の一部として取り入れた文学や図像が流行した[2]。一九二〇年代後半から一九三〇年代にかけてのモダンガールは、ゆれ動く流動的な像であるがゆえに、反復して出現しながらも、社会状況とともに少しずつ形を変えていったのである。

欧陽予倩の『潘金蓮』では、男旦によって演じられた潘金蓮が、まさにこうした流動的な像としての

「モダンガール」を表現しようとしていたように思われる。同作は新劇の男旦が自ら脚本を執筆し、主演した京劇という点が特異であり、最初の上演も劇場ではなく大学で行なわれた、いわば実験的な作品である。残された脚本から欧陽予倩の意図した女性像を論じることもできるが、本章では、脚本が出版される前、京劇として上演された際にいかなる形でそれが演じられたのかという点に着目したい。また、新聞・雑誌に残された上演の記録を集めることで、一九二〇年代から一九三〇年代にかけての観客が、舞台の上の『潘金蓮』をいかに受け止めたのかという点についても、できる限り見ていきたい。とりわけ、同作は一九三六年以降に女優によって再演されているが、その際、男旦による女性像は、女優にどのように継承されたのだろう。その変遷を探ることが、男旦とモダンガールの関係を読み解く手がかりを与えてくれるはずである。

欧陽予倩の『潘金蓮』

欧陽予倩は、本名立袁、号を南傑と称し、芸名に蓮笙、蘭客、筆名に桃花不疑庵主などがある。湖南省瀏陽県出身で、祖父欧陽中鵠《おうようちゅうこく》は清末の学者であり、譚嗣同、唐才常ら変法運動による政治変革をめざした思想家に影響を与えた。欧陽予倩もまた、家塾で唐才常の手ほどきを受けている。

一九〇二年より、彼は日本の成城中学に留学し、一九〇六年に一時帰国し、結婚した後、同年日本に戻り、明治大学を経て早稲田大学に転入した。一九〇七年に清国留学生によって結成された文芸団体

「春柳社」に入り、東京で『黒奴籲天録《こくどゆてんろく》』の上演に参加、一九〇九年には、『トスカ』の翻案である『熱血』（『熱涙』）で、ヒロインのトスカを演じている。

その後、一九一〇年に帰国すると、一九一二年に上海で「新劇同志会」に参加し、一六年間にわたる俳優生活を始める。一九一三年、湖南で「文社」に参加、翌年には上海で「春柳劇場」などの新劇にたずさわり、一九一五年より京劇の上演を開始する。京劇では、『紅楼夢』に取材した「紅楼戯」で人気を博した。

一九一九年、欧陽予倩は政治家・教育家の張謇《ちょうけん》の招聘に応じて南通で「伶工学社」を創設し、近代的な俳優の養成をめざした。伶工学社は一九二六年まで存続したものの、欧陽予倩の試みは三年で潰《つい》える。

欧陽予倩は京劇の男旦を演じるかたわら、男女共演の新劇の上演にも協力した。一九二三年には、上海の「戯劇協社」に入り、男女がそれぞれの性別にしたがって配役された『終身大事』（胡適作）と、男優のみによる『潑婦《はっぷ》』（欧陽予倩作）の上演に関わった。二作は比較のために上演されたもので、前者を見た後、後者が上演されると、客席に笑いが起きたという(3)。翌年、あらためて男女共演の『潑婦』および『帰郷（回家以後）』（欧陽予倩作）を上演した。一九二五年からは民新影片公司の脚本と監督をつとめ、映画界に進出する。そして一九二七年に田漢《でんかん》（一八九八〜一九六八）の主宰する文芸団体「南国社」に参加すると、最後の自作自演の京劇『潘金蓮』を上演した(4)。

欧陽予倩の演劇活動は、日本から中国へ、そして新劇から京劇、映画へと、空間とジャンルを横断して行なわれている点が特徴的だ。『潘金蓮』上演にいたる一九一〇年代から一九二〇年代にかけては、中国において女優が登場し、「男女共演」なる新しい上演の形式が試みられた時期にあたる。そのような状況の中で、『潘金蓮』は、新劇ではなく京劇、女優ではなく男旦が、あえてモダンガールを演じる趣向の作品であった。欧陽予倩自身が、話劇の形式ではこの劇を上演しなかったところに、男旦としての矜持が感じられる。

『潘金蓮』の先行研究は、歌唱の入った京劇の脚本が残されていないという資料上の制約から、一九二八年に欧陽予倩が話劇として発表した脚本を分析する手法をとるものが多い。その代表的なものとして、たとえば、陳白塵、董健『中国現代戯劇史稿』（一九八九）は、『潘金蓮』にオスカー・ワイルドの『サロメ』および谷崎潤一郎の『無明と愛染』の影響が見られる点を指摘した上で、「青春の愛情と自我の解放の追求」を表現したものと述べている。[5] また、陳建軍『欧陽予倩与中国現代戯劇』（二〇一六）は、『潘金蓮』をニーチェに由来する「超人」主義がもっとも典型的に表現された作品であり、一九二九年に発表された『楊貴妃』とともに、「五四時期の破壊と創造精神」をあらわすと見なしている。[6]

それでは、京劇として上演された際、『潘金蓮』ははたしてそのような作品として表現されたのだろうか。京劇『潘金蓮』の上演の経緯については、藤野真子「欧陽予倩『潘金蓮』論――最後の自作自演京劇」（二〇一五）が詳細を明らかにしている。以下、それを参照しながら、新聞・雑誌に見られる資料を補足し、上演の背景をたどっておきたい。

『潘金蓮』上演の背景

一九二七年一二月[7]、京劇『潘金蓮』は、田漢の主宰する「南国社」が上海芸術大学で開催した「魚龍会」において上演された。配役は次の通り、京劇と新劇の俳優が共演する形式をとっていた。翌年一月七日には、上海にある天蟾《てんせん》舞台の「雲霓大劇会」で再演されている[8]。

【配役】潘金蓮（欧陽予倩）、武松（周信芳・京劇俳優）、西門慶（高百歳・京劇俳優）
　　王婆（周五宝・京劇俳優）、何九叔（唐槐秋・南国電影劇社）、鄆哥（唐叔明[9]）

配役のうち、周信芳《しゅうしんほう》（一八九五～一九七五）は本来「老生《ろうせい》（うたを主とする男役）」を専門とする京劇俳優だが、伝統的な京劇では「武生《ぶせい》（たちまわりを主とする男役）」の役柄である武松を演じた。したがって歌唱ではなく、せりふとしぐさ中心の演技であったと考えられる[10]。

なお、先に述べた通り、脚本は話劇として一九二八年に『新月』第一号第四期に発表された後、同年、単行本として出版された[11]。単行本には初出時になかった「自序」が加えられ、誤記の訂正など、わずかな加筆修正がほどこされているが、内容はほぼ同様である。以下、本章における『潘金蓮』の「脚本」

とは、この話劇版脚本を指す。

京劇『潘金蓮』について、田漢は一九二八年に発表した「新国劇運動第一声」という一文において、次のように述べている。

潘金蓮という人物を、われわれは『調叔』、『裁衣』、『獅子楼』において演じてきたが、潘金蓮がなにゆえ武二郎〔武松〕に言い寄り、西門慶とつきあい、武大郎を殺したかという心理の過程については、いかほども同情を示さなかった。全く旧式の男女観に支配されてきたのである。いま、われわれは公平な、より合理的な、新しい解釈を求めている。(12)

この文章からも、「南国社」における『潘金蓮』上演の意図が、「旧式の男女観」の再考や、「新しい解釈」の提起にあったことがわかる。欧陽予倩自身、一九二八年に出版した単行本の「自序」において、抑制した筆致ではあるが、「私がこの劇を書いたのは、彼女の犯罪の由来を分析したにすぎない(13)」という表現で、古典の新解釈を行なったことを認めている。また、そのつづきでは、「男性は一歩また一歩と女性に罪を犯すことを強い、あるいは女性に堕落を迫るが、いざとなると彼らは責任を負わないばかりか、横から冷ややかに嘲笑し、熱心に罵っては得意顔である。なぜ世間の人は少しも異を唱えないのだろう?(14)」と、女性の視点から潘金蓮の人物像を造型したと見なせる内容がつづられている。

京劇『潘金蓮』の上演された一九二七年に、欧陽予倩は「談二黄戲」という一文を発表している。その中で、水滸伝に材を取った京劇『烏龍院《うりゅういん》』、『殺惜』の脚本について、次のように言及している。

二人の人物が舞台上にあれほど長くいても、少しもくどくなく、そこに作者の力量があらわれている。〔中略〕宋江は『坐楼』の一場で、苛立った際に「三十両の銀でおまえを購い……」と言って真情をあらわにする。『殺惜』の一場で、閻氏が宋江に離縁状を書くよう迫るのは、この言葉に対してである。彼女はさらに踏みこんで、宋江に妻の閻惜嬌《えんせききょう》を離縁すると書かせようとし、妾を離縁すると書かせず、多忙なさなかに妻の一字をめぐって争うが、閻氏が宋江の慰みものとなることに少しも甘んじない様子が見てとれ、これこそ作者一流の描写であろう(15)。

『殺惜』は、宋江の妾である閻惜嬌が、宋江が梁山泊のならず者集団と通じていることを知り、証拠の手紙をかたに宋江を脅して離縁状を書かせようとした挙句、殺されるという筋である。ここで欧陽予倩は、伝統演目の人物の演技に心理の動きを読みとるという手法で作品の解釈を行なっている。同じく水滸伝に取材した『潘金蓮』の脚本を構想する上で、同様の手法を通して新たな人物造型が行なわれた可能性も、この一文からうかがえるのではないだろうか(16)。

さらに、同じ文章のつづきにおいて、欧陽予倩は次のように述べる。

写実派の眼で中国の旧劇を見る人もいくらかいるが、それは間違っているのであり、旧劇の符号化された動作を象徴派だと言う人もいるが、それは格別に可笑しい。もし新しい歌舞劇を創造するなら、新しい構造を生み出さねばならず、旧式の公式は完全に捨て去り、ただ様々な長所の精神を部分的に基礎とするのみでよかろう。[17]

欧陽予倩は、まず「旧劇」すなわち京劇にはその拠りどころとなる演技の型があり、新作を作る場合もその「公式」を用いるべきだと主張する。その上で、京劇に話劇のような写実的な演技術をもちこむことを否定し、新しい歌舞劇には「新しい構造」を生み出す必要があると述べている。新作の京劇『潘金蓮』は、そのような持論の実践として構想された可能性が指摘できるだろう。

次に、欧陽予倩が『潘金蓮』において構想した「新しい構造」の内容を、残された脚本から分析し、上演の記録と照らし合わせることで、その実態を見ていきたい。

『潘金蓮』の脚本の構造

本章末尾の表は、欧陽予倩の『潘金蓮』脚本と、潘金蓮の物語を描く崑曲『義俠記』、および中華民国時期に流通した京劇『獅子楼（武松殺嫂）』、中華人民共和国成立後に改編された京劇『武松（獅子楼）』の脚本の構造を対照したものである。

まず、欧陽予倩の『潘金蓮』は、崑曲や京劇の脚本には見られない分幕制を採用している。これは、田漢が一九三〇年に発表した「われわれの自己批判（我們的自己批判）」で、「われわれの作り上げる中国の新歌劇はおおかた旧式の歌劇を基礎とせざるを得なかった。当時このことに従事していた欧陽予倩氏などは、その作品『荊軻』、『潘金蓮』で京劇の形式を採用し、これに近代劇の分幕制を加えていた[18]」と述べる通りである。

また、『潘金蓮』の第一幕、第二幕は新たに創作された場面であり、脇役による滑稽なせりふのやりとりが中心となっている。それに対し、第三幕、第四幕、第五幕は、原作の小説『水滸伝』あるいは崑曲、京劇の換骨奪胎といえるプロットが展開される。

では、内容面において、『潘金蓮』の新しさはどこにあったのだろう。先に述べた通り、この作品は発表された時代においても、また先行研究においても、潘金蓮を「旧式の男女観」によらない女性として解釈した点が評価されてきた。たしかに、第二幕に挿入された潘金蓮と王婆、物乞いとのやりとりでは、潘金蓮の自立心が強調されている。たとえば、潘金蓮が女性について「男の手中に収められて慰みものになるだけだ！[19]」と述べたり、人の情けにすがって生きる物乞いを罵倒する一方、物乞いが目と足の不自由なふりをしていたと知ると、その生存のための悪知恵には感嘆したりする点があげられよう。

しかし、第二幕の幕切れでは、「これらの言葉は甘くしとやかにささやかれ、言い終わると怒っているような、いないような目つきで西門慶に流し目を送る[20]」とのト書きがある。このト書きが示すように、死んでも人に養われるようなまねはしない、と啖呵《たんか》を切っていた潘金蓮は、権力者である西門慶を誘う様子も見せる。ここには、家父長制の外側で自身の身体を主体的に行使しようとする一方、社会的基盤も自尊心も脆弱な女性像があらわされている。第二幕で潘金蓮は、西門慶との性の取引を「暇つぶし」にすぎないと話すが、それは彼女の身体をひととき望まぬ婚姻から解放するものであったとしても、自尊心は満たされない。潘金蓮の「モダンガール」性とは、実のところこうした両義的な面にあるように思われる。

また、前述したように、欧陽予倩は脚本の「自序」において、この劇は潘金蓮の「犯罪の由来を分析した」ものだと述べている。こうした叙述からは、潘金蓮の殺人を社会の病理によって引き起こされたものと見なし、その原因を探偵のごとく究明していくという着想がうかがえる。したがって、崑曲や京劇の脚本に見られるような、殺された武大の霊魂が真相を伝えるといった描写は、『潘金蓮』では当然排除されている。

この改編は、中華人民共和国建国後の脚本にも引き継がれた。建国後には、「鬼戯」といわれる霊魂を描く演目が政策として禁止されたため、霊による託宣を描くことが不可能になる。『潘金蓮』は、一九二〇年代後半という早い時期に、伝統演目で演じられてきた霊による託宣の場面を描かず、近代的解釈による改編の先鞭をつけたといえるだろう。

『潘金蓮』の第三幕、第四幕では、原作の小説や先行する崑曲の叙述の順番を意図的に入れ替えている。

そして、第四幕においては、武松に殺人事件の謎を究明する「形式的な探偵」の役割を与えている。しかし、つづく第五幕では、崑曲や京劇で親しまれている設定を大幅に書き換え、潘金蓮に内面を吐露させることにより、彼女自身に犯罪の動機を分析させ、「真の探偵」の役割を与える。その一方、全編を通して武松の内面は崑曲や京劇の人物像から変化していないため、彼には潘金蓮の心情を理解することができない。

武松が潘金蓮に愛を告白された後、「愛しい？　おれが……おれは……」[21]とつぶやき、自らが斬った潘金蓮の亡骸を見つめたまま言葉を失う幕切れは、両者の決定的なディスコミュニケーションの瞬間を描く。このように、武松が言葉を失う姿は、それまでゆらぐことのなかった彼の倫理観がゆらぐ瞬間を描こうとした、重要な場面だといえるだろう。

『潘金蓮』の人物造型

先に述べた潘金蓮の「両義的な女性像」については、『潘金蓮』上演から一〇年後に書かれた次の劇評が参考になる。これは、一九三六年、欧陽予倩の『潘金蓮』を引き継いで上演した「蹦蹦戯《ボンボンシー》（のちの評劇）」の女優、白玉霜《はくぎょくそう》（一九〇七～四二）の演技について書かれた記録である。

〔引用者注：崑曲『義俠記』について〕潘金蓮という役は、崑曲の旦〔女役〕に正、五、六、刺殺の別があるため、五旦〔若くしとやかな娘役〕が『戯叔』、『別兄』を演じ、六旦〔活発で怜悧な女性役〕が『挑簾』、『裁衣』を演じ、その後は刺殺旦〔淫蕩で殺される女性役〕の役どころである。〔中略〕この数折に、潘金蓮の個性はうまく配置されており、『戯叔』、『別兄』で五旦を用いるのは、潘金蓮が武松に求愛することによる。〔中略〕潘が意志強固な武松の態度に出くわしてしまったこと、これこそ潘金蓮の不幸であり、だから五旦を用いるのだ。『挑簾』、『裁衣』では、もはやよそに性の煩悶の解決を求める事態にいたっており、『衣珠記』の荷珠と同様、六旦であるべきだ。その後の潘金蓮は、すでに魂の抜け殻で、だから刺殺旦を用いる。崑曲の「武十回」から平劇〔京劇〕にいたると、筋は同様であるものの、こうした意図はなく、潘金蓮を淫らで悪辣な女性の類としており、平劇の崑曲におよばぬところはまさにこの点である。欧陽予倩の演じる潘金劇《ママ》は、平劇の脚本をあらため、潘金蓮を主体とし、潘が西門慶と結ばれた理由を、失恋により放埒にふるまったと述べた。『殺嫂』では潘金蓮の魂はとうに武松にもって行かれたため、肉体はなおのこと惜しむに足らずと表現し、以前の平劇にあったような潘金蓮を淫婦とする見方を完全に覆し、潘金蓮を愛のための犠牲者とした。白玉霜は潘金蓮の蹦蹦戯を作り、欧陽の脚本の最後のせりふを数句盗み、欧陽の脚本であることを売り物としたが、劇の前半は必ずしも欧陽の脚本ではない。だが白玉霜はこのために一時の名声を得たのである。[22]

ここで指摘されるように、崑曲の潘金蓮像は、本来京劇の「淫らで悪辣な女性」という類型にはおさまらないものである。そして、ある人物を場面ごとに別の役柄であらわすという崑曲の手法は、欧陽予倩の『潘金蓮』において、潘金蓮が引き裂かれた自我をもつという解釈に接続されているのではないだろうか。欧陽予倩の描く潘金蓮は、不自由な婚姻から逃れ、西門慶と性の取引をする一方、満たされない自尊心を抱える両義的な女性像として造型されている。その背景には、崑曲において複数の役柄で演じられた潘金蓮像があり、そうした多面的な人物像を一人の近代女性として統合する手つづきがとられた可能性があることを、この文章は示唆している。

ただし、引用文を読む限り、そのような欧陽予倩の作劇上の意図は、評劇の女優による再演の際には継承されなかったと考えられる。この点について論じる前に、まずは欧陽予倩自身が演じた京劇の実態はいかなるものだったのか、上演時の記録を確認しておきたい。

脚本と上演の相違

一九二七年一二月、上海芸術大学で「魚龍会」が京劇『潘金蓮』を上演した際の記録には、次のような記述が見られる。

『潘金蓮』の劇において、武松と西門慶の双方に十分な同情を与えているという点は、私は全体のうち最良の点だと思う。潘金蓮は自分について語る言葉が多すぎ、かえって見る者に彼女の人となりをつかみにくくさせている。そこがこの劇の瑕疵《かし》であろう。(23)

この『申報』掲載の劇評からは、「魚龍会」での最初の上演の際、欧陽予倩の作劇上の意図は必ずしも観客に伝わっておらず、むしろ京劇俳優の演じた武松と西門慶の演技が深い印象を残したことがうかがえる。

一方、翌年一月に天蟾舞台の「雲霓大劇会」で再演された際の様子を伝えるのが、次の劇評である。

西門慶が潘氏の家にきたとき、潘氏はつい武松のほうを愛していると口にし、西門慶に満面の嫉妬心をあらわにさせる。識者に言わせれば、これこそ武松が潘氏を殺そうとするとき、潘氏が「愛している」と述べることとの伏線であり、ある人は劇中の潘金蓮は「超人主義」であると言うが、それがここにあらわれているのだろう。欧陽氏が挿入したこの伏線は、実に施耐庵〔『水滸伝』の原作者とされる人物〕の夢想だにしないもので、この劇の尊さは偽りではない。また武松が潘金蓮を殺そうとするとき、潘氏が「愛している」と述べると、武松は答えて「お前がおれを愛しているなら、おれは兄貴を愛している」と言う。武松に「人道主義」があるというのは、思うにここにあらわれており、この劇が淫を奨めるものだと謗《そし》る見方については、筆者の弁明することではない。仁者は仁を見るのだから、もとよりあえて人に同調することもなかろう。[24]

この劇評の書き手は、欧陽予倩の作劇上の意図を読み解き、読者に対し伏線の解説を行なっている。また、結末の演出において、脚本にはない武松のせりふ「お前がおれを愛しているなら、おれは兄貴を愛している」がつけ加えられていたことがわかる。一九三〇年に発表された『潘金蓮』の日本語訳でも、最後の武松のせりふは「お前は俺を……俺は……俺は兄貴を……」と訳されている。「俺は兄貴を……」の部分は欧陽予倩の原文にはないが、当時の上演を知る訳者がつけ加えた可能性が高い。[25]

この結末では、脚本に描かれた「両者の決定的なディスコミュニケーションの瞬間」が、勧善懲悪式の「悪女の成敗」に回収されている。したがって、脚本の結末のト書き「刀が振り下ろされ、金蓮が倒れる、武松は亡骸を見つめたまま、一同もみな呆然としたまま」[26]が示すような、武松の心理の動揺が表現されたとは考えにくい。

潘金蓮を成敗して微塵もゆらがない武松像や、勧善懲悪式の終わり方は、京劇の慣習には則ったものである。当時の新劇は、「幕表」という幕ごとの登場人物と筋のみを記したものにもとづいて上演し、細かな演技は俳優の裁量に任せるのが一般的であった。そのため、おそらく京劇『潘金蓮』も同様の方法で上演されたと考えられる。しかし、上演を経たのち、脚本を出版する際には、欧陽予倩は京劇版の結末を採用しなかったのだろう。

これらの記録は、京劇『潘金蓮』が上演された時点では、必ずしも脚本の意図や女性像の新しさが効果的に伝わっていたとは限らないこと、また結末の演出も脚本とは異なっていたことを示している。欧陽予倩が『潘金蓮』において構想した「新しい構造」は、京劇の形式では実現が困難だったのである。

潘金蓮の白い胸

欧陽予倩の『潘金蓮』には、従来、「金蓮（纏足の美称）」という名が示す通り、蠱惑《こわく》的な纏足《てんそく》のもち主と見なされてきた潘金蓮が、白い胸元をあらわにすることによって武松に愛を告白する場面がある。第五幕のクライマックスでもあるこの場面を、脚本は次のように描く。

金蓮：ねえあんた、あたしの首がほしい、それとも心がほしい？
武松：きさまの心臓をえぐりとってやる！
金蓮：ああ、あたしの心がほしいの、うれしい。あたしの心はとっくにあんたのもの、ここにあるのに、まだもっていかないの。ねえ、見て。（自らの服をはだける）雪のように白いこの胸、中には真っ赤な、熱い、本物の心がある、さあもっていって！(27)

本章の冒頭に掲げた写真（図1）で演じられているのは、まさにこの場面である。写真は『潘金蓮』

の単行本に収録されており、京劇俳優の周信芳の扮する武松が、欧陽予倩の扮する潘金蓮の胸元に、刀をつきたてんとする姿を写したものである。おそらく、京劇として上演した際にも、同様の場面が演じられたのだろう。

ここで問題にしたいのは、この潘金蓮を演じる欧陽予倩が男旦であり、男性の身体をさらけ出しているということだ。伝統的には、京劇の男旦が女性らしさを表現する部位は指先か足先であり、とくに後者は「蹺《きょう》」という義足を用いて纏足をあらわすことが長く行なわれてきた。(28) しかし新劇の男旦である欧陽予倩は、むろん旧式の纏足ではなく、かといって上海京劇の男旦・小楊月楼《しょうようげつろう》（一九〇〇〜四七）が、一九二〇年代後半から一九三〇年代にかけて演じてみせたように、男性の「天足」をむき出しにすることもしなかった。かわりに、白い胸元をあらわにするという演出によって、潘金蓮を一九二〇年代のモダンガールとして描こうとしたのである。

序章で述べたように、京劇の男旦が舞台上で男性の身体をさらけ出す数少ない事例として、清代に演じられた『西遊記』の一場面『盤糸洞《ばんしどう》』があげられる。だが、中華民国以降も『盤糸洞』は上演されつづけたものの、民国期に活躍した男旦がこの演目を上演する際、「肌脱ぎ」になるという演出は一般的ではなかった。

一九二六年には、梅蘭芳が新作の京劇『太真外伝』を上海で上演している。楊貴妃を主人公とするこの演目には、楊貴妃が離宮で湯浴みする有名な場面があるが、梅蘭芳は薄絹を身にまとった姿で、舞踊

図2　梅蘭芳の『太真外伝』

によって入浴の場面を表現している[29]（図2）。

欧陽予倩が『潘金蓮』を上演した一九二七年には、『盤糸洞』は上海影戯公司、但杜宇監督によって映画化され、女優殷明《いんめい》珠《しゅ》（一九〇四～八九）が湯浴みする蜘蛛の精に扮した。中国電影資料館編『盤糸洞 1927』（二〇一四）所収の図版からは、彼女が胸当て一枚の姿になったことが確認でき、「裸腹袒背（腹をあらわにし背を見せる）」、「脱衣裳派」などと評されたという（図3）[30]。

映画『盤糸洞』は「古装」が売り物の一つであり、女優の殷明珠が肌をあらわにする姿が話題となった作品である。同じく「古装」の潘金蓮を造型する際、男旦であるにもかかわらず、白い胸元を見せるという演出を加えた欧陽予倩の構想には、このような映画の女性像がその背景にあったことも考えられるのではないだろうか。

『潘金蓮』とサロメ

欧陽予倩の演じた潘金蓮の白い胸には、日本を経由して受容されたサロメの痕跡も見いだせる。京劇『潘金蓮』上演の前年、一九二六年一月から二月にかけて、欧陽予倩は上海を訪れた谷崎潤一郎と出会い、年越しの夜に自宅に招くなど、親密な交流をもった。[31]一九二八年に出版された『潘金蓮』には、谷崎の脚本『無明と愛染』の翻案劇『空与色』が同時収録されている。『潘金蓮』と『空与色』の二作は、同時期の欧陽予倩がワイルドや谷崎から耽美主義、マゾヒズムの影響を受けていたことを示すものであり、この点は先行研究にもつとに指摘されている。[32]

『潘金蓮』の上演に「南国社」主宰として関わり、やはり谷崎と親しく交際した田漢は、一九二〇年一一月に『サロメ』の翻訳を脱稿し、翌年『少年中国』誌上で発表、一九二三年に単行本を出版している。一九二九年には、「南国社」の女優・兪珊《ゆさん》がサロメを演じているが、それに先立ち、欧陽予倩が『潘金蓮』を「中国のサロメ」として描こうとしたことは、おそらく間違いないだろう。

図3　殷明珠扮する蜘蛛の精

オスカー・ワイルドの『サロメ』は、不貞の女であるヘロディアの娘サロメと、キリストの先駆者としての役割を与えられた預言者ヨカナーンとの、相互理解の不可能な「ずれ」が極限に達するさまを描いた脚本である。[33]このサロメとヨカナーンという二人の人物の関係は、谷崎潤一郎の『無明と愛染』における遊女の愛染と高野の上人の関係とも類似しており、欧陽予倩は『潘金蓮』の潘金蓮と武松を、これらの人物像を下敷きにして造型したと考えられる。潘金蓮が白い胸をあらわにするという演技もまた、サロメの踊りの情景がその着想の源にあるのではないだろうか。

ただし、欧陽予倩の『潘金蓮』には、先に述べたように、原作の『水滸伝』や崑曲、京劇の脚本から引用されている部分も多い。とくに武松の人物造型はほとんど原作の引用、あるいは従来演じられてきた人物像の挿入といえる。それに対し、潘金蓮のせりふはほぼ創作であり、モダンガールの価値観を彼女が代弁するという、新劇によく見られる「現身説法」の作劇術が用いられている。そのため、欧陽予倩の描く潘金蓮は、武松への思慕と、望まぬ婚姻との間で引き裂かれ、なおかつ自分の身体を自身の思い通りに行使する欲望をもったモダンガールとして造型されている。

たとえば、第三幕には、潘金蓮と武松の次のようなやりとりが描かれる。

武松：ふん、ねえさんは、賢くておできになる人です、やりたいようにやって、兄さんがいたときだって、ねえさんを思い通りにできたことがありましたか。

金蓮：ああ、兄さんには本当に苦労させられたんだよ！　賢いって言うけど、べつに賢くなんてありゃしない、ただあたしだってばかじゃあない。できるって言うけど、できる人間にはなれっこない、ただあたしだってぼんやりじゃあない。けどね、池の魚は遠くに泳げず、籠の鳥は高くは飛べない、あたしにいったいどうしろって言うの？……ふん、まだあたしの気もちがわからないの！[34]

この「あたしにいったいどうしろって言うの？」というせりふこそ、西洋と中国、近代と前近代の価値観の交錯する時期にあった、一九二〇年代のモダンガールを代弁するものではないだろうか。また、第五幕では、潘金蓮は西門慶との姦通について、それこそが自身の身体を自らの手に取り戻す行為であったことを、次のような言葉で説明する。「（激昂する）望んであいつのおもちゃになったんだ！あたしの一生、西門慶に出会わなきゃ、人のおもちゃになる運だってありゃしない！」[35]。

こうした潘金蓮の言葉の端々に、ワイルドや谷崎の女性像とはまた異なる、欧陽予倩独自の女性像があらわされていることも指摘しておきたい。

女優の演じた潘金蓮

次に、欧陽予倩から潘金蓮役を引き継いだ、評劇の女優たちの演技について見ていきたい。この劇が男旦から女優へと継承された際、舞台の上ではどのような潘金蓮像が演じられたのだろうか。

一九三六年一月、欧陽予倩の『潘金蓮』は蹦蹦戯の女優・白玉霜に継承され、上海の天蟾舞台において京劇と合同公演の形式で上演された。このときの配役は、潘金蓮を白玉霜が演じ、武松を京劇俳優の趙如泉《ちょうじょせん》が演じた[36]。同作は、同年二月から三月にかけて劇場や相手役を替えながら再演され、白玉霜は当時上海で人気のあったハリウッド女優になぞらえられ、「東洋のメイ・ウエスト」の異名をとったという（図4）[37]。

図4　白玉霜

白玉霜の演じた『潘金蓮』については、次のような記録が残されている。これは第七章でも一部を引用した、周信芳の『明末遺恨』と白玉霜の『潘金蓮』が、一九三六年の上海においてなぜ人気を博したのかについて述べた記事である。

われわれは、一般の人びとが『潘金蓮』――白玉霜の『潘金蓮』を見るのは、白玉霜が潘金蓮の婚姻の苦悶を吐き出し、潘金蓮にかわってぬれぎぬを晴らしてくれるからだと、くれぐれも信じてはならない。決してそんなことはないのだ。本当のことをいえば、白玉霜が「受けて」いるのは、完全に彼女の「淫蕩」のためだ。その人を惑わせる眼、誘いかける声、淫蕩なせりふ、みだらな動作こそ、上海人を熱狂させるのだ！〔中略〕白玉霜が一般の人びとに歓迎されるのは、つまり「われわれの苦悶を吐露できないなら、われわれを麻痺させてくれ！」という理由によるのだと知らねばなるまい(38)。

ここで述べられるように、一九三〇年代の上海では、胸元を見せる潘金蓮像や煽情的なせりふなど、欧陽予倩の『潘金蓮』に含まれる通俗的な要素が大きく取り上げられた。その背景として、戦時期にさしかかった上海では、頽廃的な都市文化が隆盛したことがあげられる。白玉霜が蹦蹦戯という地方劇の女優であったことも、観客の通俗的な要素への興味をかきたてただろう。

白玉霜による再演の後、一九三八年一〇月には、華新影業公司により『武松と潘金蓮（武松与潘金蓮）』という映画が作られている。張善琨監制、呉村脚本・監督、金焰《きんえん》、劉瓊《りゅうけい》、顧蘭君《こらんくん》主演の『武松と潘金蓮』は、潘金蓮が胸元をひらき、白い胸をあらわにして武松に愛を告白する結末があり、筋書が欧陽予倩の脚本と酷似している。(39) 日本軍による占領におびやかされ、「孤島」になぞらえられた時期の上海においては、抑圧された人びとの「われわれを麻痺させてくれ！」との欲求に応じるかのように、女優の演じる潘金蓮が熱狂的現象を巻き起こしていたことがうかがえる。

図５　新鳳霞

白玉霜の『潘金蓮』については、白と同じく評劇の女優であり、自らも潘金蓮を演じた新鳳霞《しんほうか》（一九二七～九八）が、「わたしの演じた潘金蓮（我演潘金蓮）」（一九八九）という一文において回想している（図５）。それによれば、新鳳霞は白玉霜の演じた『潘金蓮』を、「観客の低俗な趣味に迎合するため、潘金蓮の残忍さや淫蕩さを強調するものだった」と評している。

中華人民共和国成立後、新鳳霞は白玉霜と共演した璧月《へきげつ》珠《しゅ》に『潘金蓮』を学び、さらに欧陽予倩を招いて人物を分析したと述べており、欧陽予倩の『潘金蓮』は白玉霜を経て、新鳳霞へと継承された。

新鳳霞の文章は、『戯叔』と『殺場』の二つの場面の演技について詳述する。しかし、このうち潘金蓮が武松を挑発する『戯叔』の場面は、欧陽予倩の脚本にはない。『殺場』の結末も、潘金蓮に愛を告白された武松が言葉を失って幕となる脚本とは一致せず、次のように演じられたという。

> 潘金蓮は全身白をまとい、白い胸当てをあらわにしている。潘金蓮はつづけてこう言う。「ここに真っ赤な、熱い心がある、さあもっていって！　ねえ、あんた、あんたは賢くて勇ましいけど薄情なひと、あたしを殺すんだね。あんたを愛してるのに！」武松は言う。「おれを愛するだと、おれは兄貴を愛しているのだ！」そこで潘金蓮を殺す[40]。

末尾の武松のせりふから、評劇における『潘金蓮』は、欧陽予倩の演じた京劇の結末を踏襲していると考えられる。同じく評劇の女優である喜彩蓮《きさいれん》による潘金蓮の演技を記録した別の一文にも、同様の武松のせりふが紹介されていることから[41]、おそらく評劇では、基本的に京劇の演出にしたがって上演が行なわれたのだろう。

また、女優による再演の際には、欧陽予倩が生身の身体をあらわにしたのとは異なり、胸当てをつけて演じられたことがわかる。このことについて、新鳳霞の回想では「白い胸当てをあらわにしている」と述べられ、喜彩蓮の劇評には赤い胸当て（紅馥馥的兜胸）が着用されたと記録されている。[42]

そもそも、清代の男旦であっても、「白くつややかな肌」でなければ女性の生身の身体を表現しきれないと見なされていた「肌脱ぎ」の演技は、男旦の虚構性と現実の身体の境界線上に成立するものであったといえるだろう。欧陽予倩は、一九二七年の『潘金蓮』上演において、同時代的なモダンガールの理想の愛情と現実の欲望、その両面が交錯する絶頂を表現する方法として、京劇としては破格の白い胸をあらわにする演技を考案したのではないだろうか。

しかし、現実の女性の身体をもち、モダンガールのイメージと実体を兼ねそなえた女優にこの演目が継承された一九三六年以降は、男旦の虚構性という部分が失われ、実在の身体のみが残った。そして、女優による『潘金蓮』には、モダンガールを性的に消費しようとする人びとの欲求にこたえるものとして表現された側面もあった。その結果、『潘金蓮』の描く両義的な女性像もまた、雲散霧消してしまったかのように見える。

一九三〇年代後半は、上海におけるモダンガールのイメージがメディアから退潮し、ナショナリズムの面からも、ジェンダーの面からも、消極的な意義を与えられた時期にあたる。それにかわってメディアにあらわれたのは、戦時期における「男性役割」の強調であった。「男旦の虚構性」も、モダンガールも、こうした情勢のもとで存在する余地はなかったといえるだろう。[43]

「肌脱ぎ」の場面をもつ『潘金蓮』が、男旦から女優へいかに継承され、上演されたかをたどってみると、結局のところ、欧陽予倩の脚本の意図を再現するような『潘金蓮』の舞台は、はたして存在したのかという疑問が浮かび上がる。欧陽予倩『潘金蓮』は、儒教的規範から解放され、主体的に生きることを志向する一方、社会的・経済的な基盤の不安定な女性像という、一九二〇年代後半から一九三〇年代にかけてのモダンガールを脚本の上では描き得たにもかかわらず、舞台上でそれが達成されることのなかった作品なのではないだろうか。さらには、男旦の演じるモダンガールが舞台上に像としてあらわれることがなかったという事実そのものが、一九二〇年代から一九三〇年代にかけての中国のジェンダー観を映し出しているともいえるだろう。

【表】『潘金蓮』関連脚本対照表

	欧陽予倩『潘金蓮』	崑曲『義侠記』(『六十種曲』)	京劇『獅子楼(武松殺嫂)』(『戯考』)	京劇『武松(獅子楼)』(『京劇叢刊』)
【第一幕】 張大戸 妾たち 何九 (検死役人) 王婆(媒婆)	張大戸の客間。張と妾たちが、潘金蓮の噂話。潘金蓮は張の妾となることを拒み、醜い武大に嫁がされたが、武大を殺したという。張は何九を呼び、金蓮が武大を殺害した件で、西門慶からいくら賄賂			

高升（張の従僕）	をもらったか、亡骸は病死か横死かを問う。何九は検死の際、癲癇の発作で倒れたため、亡骸を見ていないと述べる。張は何九に、三日間でこの件を調査せよと命じる。王婆が呼ばれ、張は西門慶と潘金蓮を姦通させ、武大を殺害させたのではと王婆に問う。王婆は知らないと答える。張は、金蓮を自分の元に連れ戻したいと仲介をもちかけるが、王婆に諫められ、機嫌を損ねて退場。王婆は張の従僕高升と会話を交わし、西門慶の肩をもつ。
【第二幕】 潘金蓮 王婆 物乞い 高升 西門慶	武大の家の裏口。潘金蓮と王婆の会話。金蓮は、女は男の手中に集められて慰みものになるだけだと嘆く。王婆が物乞いに金をやるのを見て、金蓮は自分なら死んでも人に養われるようなまねはしないと話す。物乞いが、目と足の不自由なふりをしているだけだと言い返すと、金蓮はその悪知恵に免じ

て金をやる。王婆は人を騙すやつに金をやるなんて、と首をかしげるが、金蓮は憐れみを受けるより、憎まれるほうがましと答える。張大戸の誘いに対する潘金蓮の返事を高升が聞きにくる。金蓮は殴りかかり、そこに西門慶がやってきて、高升を追い返す。天下無敵を誇る西門慶に、金蓮は武松に心惹かれながらも西門慶に憐れみをかけたのだと明かす。怒り心頭の西門慶だが、王婆の手引きと金蓮の誘うような風情により、二人はまた部屋の中に消えていく。

【第三幕】

武松
潘金蓮
兵士

武大の家の狭い客間。机の上には位牌があり、武松は通夜に付き添おうとする金蓮を拒絶する。武大のような弱い人間は死んだほうがましだと述べる金蓮に疑念を抱く武松は、武大の家で一夜を過ごすことを取りやめ、兵士を連れて夜中に出発する。

【第十七齣「悼亡」(前半)】武松(生)が武大を訪ねる。机の上には位牌があり、潘金蓮(小旦)は赤い服を脱いで喪服に着替える。武松が潘金蓮に武大の死因を尋ねると、王婆(丑)が出て

武松(生)が兵士を連れて武大を訪ねる。机の上には位牌があり、潘金蓮(旦)が赤い服を着ているので武松は疑念を抱く。武松は通夜に付き添おうとする金蓮を拒絶する。武大の仲間の王祥(丑)

【第一場】武松(生)が兵士を連れて武大を訪ねる。机の上には位牌があり、潘金蓮(旦)が赤い服を着ているので武松は疑念を抱く。武松は通夜に付き添おうとする金蓮を拒絶する。朝になり、兵士が呼び

	【第四幕】 給仕甲乙 武松 何九 鄆哥 （行商の少年）
	酒場。給仕たちが潘金蓮の噂話をしているところへ、武松と何九がくる。武松が何九に武大の検死について問いただすと、何九は西門慶から渡された賄賂の銀塊と武大の遺骨を見せ、武大の死因が毒殺であったと話す。間男の相手をつきとめるため、二人は通りすがりの鄆哥を呼び、武大と鄆哥が示し合わせて王婆の家に押し入り、潘金蓮と西門慶の姦通の現場を押さえた際の話を聞く。何九と鄆哥は武松に連れられ役所に訴えに行く。
きてとりなす。武松は兵士（小生）に酒を買いに行かせ、通夜をしていると、夜中に武大の霊魂（小丑）があらわれ苦しみを訴える。武松は横死を確信し、朝になると潘金蓮に遺体の埋葬者を尋ね、何九（末）のところへ行く。	【第十七齣「悼亡」（後半）】 何九（末）は武松（生）に武大の遺骨と西門慶から渡された賄賂の銀塊を見せ、武大の死因が毒殺であったと話す。間男の相手をつきとめるため、二人は鄆哥（小丑）を訪ねる。鄆哥は西門慶であると告げる。 【第十六齣「中傷」】 武大（小丑）が鄆哥と、
が弔いにきて、武大の霊魂を見る。武松は霊魂が七竅から血を流すのを見て横死を確信し、役所に出勤する。	
にきて、武松は役所に出勤する。	

	【第五幕】 武松 王婆 潘金蓮 近所の人 （趙仲銘・胡正卿・姚文卿・張老）
	武大の家の狭い客間。登場人物が一堂に会し、武松の酒宴に出席している。武松は胡正卿に筆記を依頼した上で、潘金蓮を尋問する。金蓮は武大を殺したのは張大戸と、武松であると言う。金蓮は張によって醜い武大に嫁がされた恨みと、かつて武松に誘いをかけたのに冷たくあしらわれた恨みを述べ、絶望から西門慶と姦通し、夫に裁かれ
潘金蓮（小旦）と西門慶（浄）の姦通の現場を押さえようと見張っている。潘金蓮と西門慶は手を取り合い王婆の茶店に入る。鄆哥の合図で武大が押し入ると、西門慶に蹴り倒される。潘金蓮が武大を助け起こし、武大は退場。王婆（丑）は潘金蓮に、西門慶の商う薬で武大を毒殺することを勧める。	【第十八齣「雪恨」】王婆（丑）は潘金蓮（小旦）に武松（生）の訴えが認められなかったと告げる。武松は刀を隠しもって近所の人びとに酒をふるまい、皆の前で王婆の罪を暴き、潘金蓮を尋問する。潘金蓮はすべて王婆にそ
	王婆（老旦）を武松が酒宴に誘う。武松は何九を訪ね、王婆が西門慶を手引きし金蓮と姦通させた上、毒殺したと聞かされる。何九は近所の大公・英哥を誘い、皆で武松の酒宴に行く。武松は近所の人びとに酒をふるまい、皆の前
	【第二場】王婆（老旦）を武松が酒宴に誘う。武松は何九を訪ね、王婆が西門慶を手引きし金蓮と姦通させた上、毒殺したと聞かされる。何九は近所の張大公・鄆哥を誘い、皆で武松の酒宴に行く。武松は近所の人びとに

	るのが嫌で武大を殺害したと吐露する。成敗しようとする武松に対し、潘金蓮は「心を持って行って」と胸元を開き、武松の手にかかるなら本望だと愛を告白し、来世で牛や蚕に生まれ変わってもそばにいることを誓う。武松は金蓮を斬るが、言葉を失う。	そのかされたと白状し、武松は潘金蓮を殺す。兵士（老旦小丑）と近所の人びと（外末小生）が王婆を縛る。西門慶の首をもった武松が戻ってきて、潘金蓮の首とともに武大の位牌の前に捧げる。王婆は役所に連れて行かれる。	で王婆の罪を暴き、大公が王婆を縛る。西門慶のいる酒場に武松がきて、霊魂とともに西門慶を殺す。その首をもった武松は、近所の人びとの前で金蓮を殺す。	酒をふるまい、皆の前で王婆の罪を暴き、張大公・鄆哥が王婆を縛る。【第三場】西門慶のいる酒場に武松がきて、西門慶を殺す。【第四場】武松が近所の人びとの前で潘金蓮を殺し、武松と張大公・鄆哥が王婆を連れて行く。

【注】

（1）坂元ひろ子「漫画表象に見る上海モダンガール」『モダンガールと植民地的近代―東アジアにおける帝国・資本・ジェンダー―』岩波書店、二〇一〇年、一二八頁。

（2）史書美著、何恬訳『現代的誘惑：書写半殖民地中国的現代主義（1917-1937）』江蘇人民出版社、二〇〇七年（原書は Shu-mei Shih, *The Lure of the Modern:Writing Modernism in Semicolonial China,1917-1937*, University of California Press ,2001）、第九章を参照。

（3）洪深「我的打鼓時期已経過了麼」『洪深文集』第四巻、中国戯劇出版社、一九五九年、五三四頁。

（4）蘇関鑫編『欧陽予倩研究資料』中国文学史資料全編・現代巻、知識産権出版社、二〇〇九年、松浦恆雄「欧陽予倩と伝統劇の改革—五四から南通伶工学社まで—」『人文研究』第四〇巻第六分冊、一九八八年を参照。

（5）陳白塵、董健編『中国現代戯劇史稿』中国戯劇出版社、一九八九年、一二八頁。

（6）陳建軍『欧陽予倩与中国現代戯劇』人民出版社、二〇一六年、一二三〜一二五頁。

（7）「上海芸術魚龍会消息」『申報』一九二七年一二月一八日（増刊四）による。

（8）『申報』一九二八年一月七日広告（増刊三）による。

（9）田漢「我們的自己批判」『田漢文集』第一四巻、中国戯劇出版社、一九八七年、二八三頁、陳白塵「従魚龍会到南国芸術学院」『中国話劇運動五十年史料集』第二輯、中国戯劇出版社、一九八五年、一三頁を参照。

（10）藤野真子「欧陽予倩『潘金蓮』論—最後の自作自演京劇」『上海の京劇—メディアと改革』中国文庫、二〇〇四頁を参照。

（11）欧陽予倩『潘金蓮　附空与色』新東方書店、一九二八年。

（12）田漢「新国劇運動第一声」『田漢文集』第一四巻、中国戯劇出版社、一九八七年、一八四頁。

（13）前掲欧陽予倩『潘金蓮　附空与色』、四頁。

（14）同右。

（15）欧陽予倩「談二黄戯」『小説月報』第一七巻号外、中国文学研究（下）、一九二七年、一三頁。

（16）引用文に見られるように、京劇の「近代的解釈」が『潘金蓮』に応用されていることについては、前掲松浦恆雄「欧陽予倩と伝統劇の改革」を参照。また、こうした京劇の人物造型に対する近代的な解釈は、『潘金蓮』において欧陽予倩の共演者であった京劇俳優周信芳にも影響を与えたと考えられる。第七章で述べた通り、周信芳は、「士楚」の署名で発表した一文「談譚劇」（『梨園公報』一九二八年九月二〇日）において、譚鑫培演じる『斬馬謖』に対し同様の解釈を行なっている。

(17) 前掲欧陽予倩「談二黄戯」、一四頁。
(18) 田漢「南国社史略」『中国話劇運動五十年史料集』第一輯、中国戯劇出版社、一九八五年（初出は「我們的自己批判」『南国』第二巻第一期、一九三〇年）、一一八頁。
(19) 前掲欧陽予倩『潘金蓮　附空与色』、二二頁。
(20) 同右、三四頁。
(21) 同右、六九頁。
(22) 大引「潘金蓮走了紅運　▲由崐曲説到蹦蹦戯　▲欧陽予倩替她伸冤」『戯海』一九三七年第一期、二五頁。
(23) 楼金声「魚龍会帰来後」『申報』一九二七年一二月二五日（増刊五）。
(24) 卓君「追記天蟾之雲霓劇会」『申報』一九二八年一月一〇日（増刊二）。
(25) 欧陽予倩著、胡児訳「潘金蓮」『新興演劇』第五号、一九三〇年六月。訳者の胡児は、一九二四年に上海で雑誌『支那劇研究』を創刊した日本人京劇愛好者の組織「支那劇研究会」の一員である。同会では欧陽予倩を講師とする「支那劇講話」という活動を数回にわたり行なうなど、欧陽予倩と親交があった。内山完造編『支那劇研究』第一輯、支那劇研究会、一九二四年九月一日による。邦訳は中塚亮氏にご提供いただいた。記して感謝申し上げたい。
(26) 前掲欧陽予倩『潘金蓮　附空与色』、六九頁。
(27) 同右、六七〜六八頁。
(28) 「蹺」については、黄育馥『京劇・蹺和中国的性別関係　1902〜1937』生活・読書・新知三聯書店、一九九八年に詳しい。
(29) 斉崧『談梅蘭芳』黄山書社、二〇〇八年、一三三〜一三四頁による。
(30) 映画『盤糸洞』については、薛峰「現代報刊与『盤糸洞』的文化想像」および李鎮「別有「洞」天：1927年神怪片『盤糸洞』的歴史及解読」、いずれも中国電影資料館編『盤糸洞 1927』世界図書出版公司北京公司、二〇一四年所収を参照。
(31) 谷崎潤一郎著、千葉俊二編『谷崎潤一郎　上海交遊記』みすず書房、二〇〇四年、一七九頁を参照。
(32) 「空与色」については、尹永順「中国における谷崎潤一郎の戯曲『無明と愛染』の受容 ― 翻案劇『空与色』の上演をめぐって―」『国際文化学』第二六号、二〇一三年に詳しい。
(33) 田中裕介「解説　オスカー・ワイルドの〈遅れ〉と〈優しさ〉」『サロメ』光文社古典新訳文庫、二〇一二年を参照。
(34) 前掲欧陽予倩『潘金蓮　附空与色』、三九～四〇頁。
(35) 同右、六七頁。
(36) 『申報』一九三六年一月七日（増刊六）から一〇日（増刊一〇）にかけての天蟾舞台広告による。
(37) 森平崇文「上海における評劇（1935-1937）」大阪市立大学大学院文学研究科都市文化研究センター『第二回日中伝統芸能研究交流会報告書　都市のメディア空間と伝統芸能』二〇一二年、六九頁を参照。
(38) 達生「劇壇：『明末遺恨』和『潘金蓮』」『新人週刊』第一巻第二期、一九三六年、五六〇～五六一頁。
(39) 胡来「潘金蓮」『立言画刊』一九三九年第一八期による。
(40) 新鳳霞「我演潘金蓮」『中国戯劇』一九八九年第三期、五八頁。
(41) 寒翠「潘金蓮？ 喜彩蓮？ 一顆紅熱的心　什麼叫『愛情』?!」『立言画刊』一九三九年第一八期による。
(42) 同右、また景孤血「孤血劇談　由潘金蓮説到喜彩蓮」『立言画刊』一九三九年第三二～三四期も参照。
(43) 石川照子、須藤瑞代「近代中国の女子学生―図像と回想による考察―」『中国のメディア・表象とジェンダー』研文出版、二〇一六年、および前掲坂元ひろ子「漫画表象に見る上海モダンガール」を参照。

おわりに

本書を締めくくるにあたり、男旦《ナンタン》（おんながた）から女優へという女役の交代現象を示す欧陽予倩《おうようよせん》の『潘金蓮《はんきんれん》』を、これまでに論じてきた演劇史の流れの中に位置づけてみたい。

終章では、『潘金蓮』の上演史を明らかにするとともに、男旦から女優へと交代した舞台の上の女役の変遷と、中国における女性の身体観の移り変わりを論じてきた。欧陽予倩の『潘金蓮』は、男旦がモダンガールを表現しようと試みたことのほかにも、京劇と新劇の融合や、アドリブの演技を許容していた「幕表」から固定された脚本への書き換えなど、二〇世紀の京劇がめざした現代化の要素をいくつも指摘することのできる作品である。

たとえば、『潘金蓮』の脚本には、道化役としての脇役が複数登場するという特徴がある。そして、彼らと男性主人公である武松《ぶしょう》、女性主人公である潘金蓮のそれぞれが、さながら中国演劇史を凝縮させたかのように幕ごとに位相を変えて対話を繰り広げ、観客のさまざまなレベルの要求にこたえながらクライマックスに向かう。こうした周到な構成をもつ脚本からは、欧陽予倩が日本留学時に触れた新派劇の影響も取り入れながら、『潘金蓮』において従来の中国演劇を解体し、新たな演劇の構造を生み出そうと試みた可能性が考えられる。

本書では、演じられた女性像の変遷を主軸とする一方、演劇とジャーナリズムの関係、舞台装置の革新、京劇と日本との接触など、京劇を取り巻く外部環境も視野に入れながら、二〇世紀中国における京劇の現代化の諸相を眺めてきた。

清末から中華民国初期にかけての京劇は、北京と上海という上演や観劇の習慣の異なる二つの地域において、相互に影響を与えあいながら現代化が進められた。京劇における女優の登場は、租界があり、首都に比べ開放的な上演環境があった上海や天津が北京にさきがけた。欧陽予倩の『潘金蓮』が、一九二七年の上海において上演されたことは、偶然ではないだろう。『潘金蓮』が初演された一九二七年には、すでに話劇《わげき》において男女がそれぞれの性別にしたがって役を演じる男女共演が成功をおさめていた。第一章で述べた通り、新劇や話劇によってもたらされた審美観の変化は、京劇の観客の女役を見るまなざしにも影響をおよぼした。そして新劇および京劇の男旦であった欧陽予倩自身も、話劇の男女共演に携わったのち、『潘金蓮』を最後に男旦として舞台に立つことはなかった。

一九二〇年代後半には、二〇世紀初頭にあらわれた西洋式劇場や新式舞台装置は、十分に発達を遂げていた。同じく二〇世紀初頭に確立され始めていた「劇評家」というアイデンティティや、演劇とジャーナリズムの間の密接なつながりも、一九二〇年代後半にはすでに成熟したものになっていた。とりわけ、新式舞台装置が発展する過程において、劇評の中で、京劇の伝統と革新についての思考が深められていった現象は興味深い。

やがて一九二〇年代末から一九四〇年代にかけては、「機関佈景《ジーグワンブージン》」が登場する。一九二〇年代末には、京劇の特殊効果を映画と比較して論じる視点も劇評にあらわれ、京劇における「写実」とはなにかということが問われるようになっていった。

京劇における虚構性と写実的な視覚体験をめぐる議論は、舞台の上の女性像をどう演じるかという問題とも結びつく。第五章で論じたように、京劇の虚構性とは、その演技形式によって支えられたものである。したがって、一九一〇年代に、現実の女性の模倣をする「時装戯《じそうぎ》」を経て、「古装戯《こそうぎ》」を創出した梅蘭芳《メイランファン》は、男旦の演技術を新たにすることで、女優の生身の身体に対抗しうる「幻の女」を演じることができたといえるだろう。

一方、序章で述べた通り、一九三〇年代後半になると、小楊月楼《しょうようげつろう》のセミヌードはもはや、女のまがいものと見なされるようになっていた。両者の例は対照的ではあるが、いずれも二〇世紀の女性を演じようとした男旦の試みの軌跡といえる。そして、欧陽予倩の『潘金蓮』は、そのはざまの時代に生まれた作品なのである。

その後、戦時期および中華人民共和国期に、男旦にかわり女性役を演じるようになった女優の身体が、父権制社会の均衡を崩すことなく、弱体化する男性アイデンティティを補う役割を果たしたことについては、第七章と第八章で述べた通りである。

本書のタイトルにもなっている男旦とモダンガールは、いずれも「虚構の女性像」を示すという共通点をもつ。そして、二〇世紀に生きた男旦たちは、同時期に出現したモダンガールなる新しい女性のイメージを、その演技術に取り入れようと試行錯誤を重ねた。

二〇世紀初頭に行なわれた改革の一つが、纏足をあらわす蹺《きょう》の廃止である。蹺をつけた小さな足で、軽やかに動き回る花旦《かたん》の演技術は、小翠花《しょうすいか》など少数の男旦によって、一九三〇年代ごろまではなお継承されていた。一九三六年に出版された京劇研究者の濱一衛《はまかずえ》による『北平の中国劇（北平的中国戯）』には、「「梅龍鎮」の鳳姐は帝に指ざ《ママ》された海棠のかざしの花を此の足尖で美事にけりあげる。梅蘭芳ですら馬鹿の大足で「梅龍鎮」を演じ此のくだりの媚めかしさは失つて居る[1]」と、小翠花の様子が描写されている。

ここで対比されているように、「四大名旦」といわれた梅蘭芳や荀慧生《じゅんけいせい》（白牡丹、一九〇〇～六八）などの男旦は、蹺を用いずに花旦を演じることを試みた。彼らが蹺を用いずに演じた花旦の演目はいずれも清純な少女の役であり、荀慧生の場合は、京劇において「毒婦」や「淫婦」とされる女性を演じる際には、やはり蹺をつけていた[2]。ただし、その蹺は改良されており、従来のものより大型であったという[3]。日本人京劇愛好者である濱らは、同書において花旦の蹺の廃止に批判的な視線を注いでいるが、梅蘭芳らがめざしたのは、まさにここでいう「媚めかしさ」を払拭することであったと思われる。

もう一つ、二〇世紀の京劇の女性像を見る上で重要な改革は、「花衫《かさん》」という新たな役柄の普及である。

その創始者は、一九二〇年代まで活躍した男旦の王瑶卿《おうようけい》（一八八一～一九五四）であり、のちに「四大名旦」に引き継がれた。花衫とは、うたとしぐさ、そしてたちまわりという、従来は役柄別に分けられていた演技の要素をすべて含む、総合的な女性像である。衣装においても、貴婦人のように長いすそのスカートを履くことも、小間使いのように短い上着にズボンを身につけることもできた。一九一〇年代から一九三〇年代にかけては、女性を主とする演目のうち、前世紀には存在しなかった花衫を主役とする演目が七割以上を占めるようになる。[4] そして、本書において述べてきたように、こうした京劇の男旦によって進められた新たな女性像の模索は、その背景に、生身の女性の身体をもつ女優の台頭と、それを見る観客や劇評家たちの視点の変化があったのである。

　このように、二〇世紀の京劇の男旦は、男の身体をもって女を演じる方法や役柄を改革することによって、虚像としての自らを、同じく虚構の女性像であるモダンガールに近づけようとした。しかし、女優の登場は、男旦とモダンガールの関係をより複雑なものに変えたといえる。実際のところ、女優たちが舞台の上で演じていたのも、虚構の女性像にすぎない。しかし、「現身説法《げんしんせっぽう》（もとの姿で役になりかわって諭す）」という演技術が示すように、彼女たちの生身の身体は、とりわけ現代物を演じる際、観客にさながら実物のモダンガールが舞台の上にあがっているかのような錯覚を抱かせたであろう。

　男旦たちは、女性の身体をもたないにもかかわらず、おのおののやり方で、二〇世紀のモダンガールを舞台で表現しようとした。蹺の演技術を用いずに、京劇において「毒婦」や「淫婦」とされてきた潘金蓮を演じようとした欧陽予倩の試みは、それが正確には舞台上で表現されなかったという事実も含め、二〇世紀の男旦とモダンガール、それぞれの虚構性を象徴するようなものであった。

『潘金蓮』は、舞台上の女性像を表現する身体が、男旦から女優へと移り変わる過渡期の変容を示す作品である。同作は、欧陽予倩自身にとっても、男旦の最後の作品として意義をもつものであったが、[5]中国文化史においてもまた、白い胸をあらわにする男旦の女性像が先駆的意義をもち得た、おそらくは最後の時期の作品といえるのではないだろうか。欧陽予倩『潘金蓮』の上演史は、男旦から女優へという中国演劇のヒロインの担い手と、中国における女性の身体観の移り変わりを示しているのである。

【注】

（1）濱一衛、中丸均卿『北平的中国戯』秋豊園、一九三六年、六一頁。

（2）黄郁馥『京劇・蹺和中国的性別関係　1902～1937』生活・読書・新知三聯書店、一九九八年、一〇八頁。

（3）前掲濱一衛・中丸均卿『北平的中国戯』、六一頁。

（4）前掲黄郁馥『京劇・蹺和中国的性別関係　1902～1937』、一一三頁。

（5）欧陽予倩「我自排自演的京戯」『一得餘抄　1951–1959年芸術論文選』作家出版社、一九五九年所収による。

■参考文献

［日本語文献］（著者名五十音順）

青木正児「聴花語るに足らず」『演劇・文学・芸術　新中国』一九五六・新春号（第二号）、一九五六年二月
芥川龍之介「北京日記抄」『支那游記』改造社、一九二五（大正一四）年一一月
芥川龍之介『上海游記・江南游記』講談社、二〇〇一年
アンダーソン、ベネディクト著、白石隆、白石さや訳『定本　想像の共同体―ナショナリズムの起源と流行』書籍工房早山、二〇〇七年
晏妮『戦時日中映画交渉史』岩波書店、二〇一〇年
石川照子、須藤瑞代「近代中国の女子学生―図像と回想による考察―」『中国のメディア・表象とジェンダー』研文出版、二〇一六年
伊藤熹朔『舞台装置の研究』小山書店、一九四一年
伊藤綽彦「一九一九年と一九二四年の梅蘭芳来日公演について」『中嶋敏先生古稀記念論集』下巻、汲古書院、一九八一年
伊藤るり、坂元ひろ子、タニ・E・バーロウ編『モダンガールと植民地的近代―東アジアにおける帝国・資本・ジェンダー』岩波書店、二〇一〇年
井波律子『中国文学の愉しき世界』岩波書店、二〇〇二年
井波律子『破壊の女神　中国史の女たち』光文社、二〇〇七年
井村君江『「サロメ」の変容―翻訳・舞台』新書館、一九九〇年

岩間一弘『上海近代のホワイトカラー―揺れる新中間層の形成』研文出版、二〇一一年
尹永順「中国における谷崎潤一郎の戯曲『無明と愛染』の受容―翻案劇『空与色』の上演をめぐって―」『国際文化学』第二六号、二〇一三年
江上幸子「中国の賢妻良母思想と「モダンガール」―一九三〇年代中期の「女は家に帰れ」論争から―」『東アジアの国民国家形成とジェンダー』青木書店、二〇〇七年
江上幸子「近代中国における主体的妓女の表象とその夭折―民国期の多様なメディアから―」『中国のメディア・表象とジェンダー』研文出版、二〇一六年
欧陽予倩著、胡児訳「潘金蓮」『新興演劇』第五号、一九三〇年六月
大塚秀高「西王母の娘たち―「遇仙」から「陣前比武招親」へ―」『日本アジア研究』第八号、二〇一一年
大野陽介「模範劇「沙家浜」の成立とその劇作術」『語学教育部ジャーナル』第五号、二〇〇九年
大野陽介「〝紅嫂〟作品の成立とその女性像」『野草』第八三号、二〇〇九年
大橋毅彦、関根真保、藤田拓之『上海租界の劇場文化　混淆・雑居する多言語空間』アジア遊学一八三、勉誠出版、二〇一五年
岡崎由美『漂泊のヒーロー―中国武侠小説への道』大修館書店、二〇〇二年
奥武則『大衆新聞と国民国家　人気投票・慈善・スキャンダル』平凡社、二〇〇〇年
蔭山雅博「江蘇教育改革と藤田豊八」『国立教育研究所紀要』第一一五集、一九八八（昭和六三）年三月
桂真「新派の〈海〉のイリュージョン」『文化継承学論集』第二号、二〇〇六年三月
神谷まり子「鴛鴦蝴蝶派と上海娯楽文化」『アジア遊学』第六二号、二〇〇四年
神谷まり子「都市訪問者の上海遊興物語―社会小説『海上繁華夢』について―」『野草』第七五号、二〇〇五年
神谷まり子「黒幕小説の女性像について―『中国黒幕大観』―」『野草』第八三号、二〇〇九年

菊池敏夫『民国期上海の百貨店と都市文化』研文出版、二〇一二年
吉川良和「民国初期の北京における坤劇の研究」『東洋文化研究所紀要』第八二冊、一九八〇年
吉川良和『北京における近代伝統演劇の曙光』創文社、二〇一二年
黒根祥作「想い出の戯迷先達（一）」『演劇・文学・芸術　新中国』一九五七・早春号（第三号）、一九五七年二月
坂本楨「教育家としても」『満蒙』第一三八号、一九三一年一〇月
坂本麻衣「山本芳翠と洋画背景の流行」『早稲田大学大学院文学研究科紀要』第四六輯第三分冊、二〇〇一年
坂本麻衣「白馬会の舞台背景画と『背景改良』論争」『演劇研究』第二六号、二〇〇二年
笹山敬輔『幻の近代アイドル史　明治・大正・昭和の大衆芸能盛衰記』彩流社、二〇一四年
周閲「辻聴花の中国劇研究」『大手前大学比較文化研究叢書七　一九二〇年代東アジアの文化交流Ⅱ』思文閣出版、二〇一一年
白井啓介「モダンの風が吹く前に―上海モダンと中国映画の黎明期―」『アジア遊学』第六二号、二〇〇四年四月
清潭生「清国俳優夏月潤と語る」『演芸画報』第三年一二、一三号、一九〇九年
菅原英「題目正名」『支那劇研究』第一輯、支那劇研究会、一九二四年九月
杉山太郎『中国の芝居の見方』好文出版、二〇〇四年
瀬戸宏『中国話劇成立史研究』東方書店、二〇〇五年
瀬戸宏『中国の現代演劇　中国話劇史概況』東方書店、二〇一八年
相田洋「芥川龍之介を驚嘆させた稀代の戯迷《シーミー》（京劇狂）・辻聴花」『シナに魅せられた人々―シナ通列伝―』研文出版、二〇一四年
武田雅哉『よいこの文化大革命　紅小兵の世界』廣済堂出版、二〇〇三年
武田雅哉『楊貴妃になりたかった男たち〈衣服の妖怪〉の文化誌』講談社、二〇〇七年

武田雅哉「中国乳房文化論・序説―記憶の中の図像」『ゆれるおっぱい、ふくらむおっぱい　乳房の図像と記憶』岩波書店、二〇一八年
田中裕介「解説　オスカー・ワイルドの〈遅れ〉と〈優しさ〉」『サロメ』光文社古典新訳文庫、二〇一二年
谷美喜子「『沙家浜』の改編」『火輪』第一六号、二〇〇四年
谷崎潤一郎著、千葉俊二編『谷崎潤一郎　上海交遊記』みすず書房、二〇〇四年
田村容子「「孤島」期上海における劇種間の相互連関について―ふたつの『明末遺恨』と「改良」のスローガン」『漂泊の叙事　一九四〇年代東アジアにおける分裂と接触』勉誠出版、二〇一五年
戴錦華著、宮尾正樹監訳、舘かおる編『中国映画のジェンダー・ポリティクス―ポスト冷戦時代の文化政治』御茶の水書房、二〇〇六年
聴花「北京より啓上」『支那劇研究』第三輯、支那劇研究会、一九二五年五月
聴花生「支那芝居楽屋風呂」『満蒙』第六三、六六～六七、六九号、一九二五年七月、一〇月～一一月、一九二六年一月
張小青「男装する愛国ヒロインの演出『ムーラン』と『花木蘭』における男装の発覚シーンをめぐって」『論叢クィア』第四号、二〇一一年
張雯「近代上海における坤劇と女優」『東洋史研究』第六八巻第二号、二〇〇九年
陳凌虹『日中演劇交流の諸相―中国近代演劇の成立―』思文閣出版、二〇一四年
辻武雄「支那劇及び脚本」『歌舞伎』第一二三号、一九一〇（明治四三）年九月
辻武雄『支那芝居』支那風物研究会、一九二三（大正一二）年
都路多景湖「欧陽予倩印象記」『支那劇研究』第一輯、支那劇研究会、一九二四年九月
都路多景湖「狸、猫、小達子」『支那劇研究』第四輯、支那劇研究会、一九二五年一〇月
辻聴花「支那劇雑話」『満蒙之文化』第一七～二〇号、大正一一（一九二二）年一月～四月

辻聴花「支那芝居のいろいろ」『満蒙』第四二号、一九二四年一月
坪田虎太郎「背景の研究と朝鮮の風物（上）」『歌舞伎』第五四号、一九〇四年
坪田虎太郎「背景の研究と朝鮮の風物（下）」『歌舞伎』第五五号、一九〇四年
中沢信三「革命現代京劇「沙家浜」の改訂について」『漢学研究』第一〇号、一九七三年
中下正治『新聞にみる日中関係史―中国の日本人経営紙―』研文出版、一九九六年
中根齋「孤独貧困の生活から」『満蒙』第一三八号、一九三一年一〇月
中村忠行「中国劇評家としての辻聴花」『老朋友』創刊号、一九五五年五月、『演劇・文学・芸術　新中国』（『老朋友』改題）一九五六・新春号（第二号）、一九五六年二月、同一九五七・早春号（第三号）、一九五七年二月（のちに『アジア学叢書七七　支那芝居上・下』大空社、二〇〇〇年所収）
長井裕子「萌芽期における北京の芸能ジャーナリズム―穆儒丐『社会小説　梅蘭芳』をてがかりとして―」『文学テクストにおける近現代中国の旗人像の変遷』（平成一四年度～平成一六年度文部科学省科学研究費補助金基盤研究（C）（二）課題番号 14510482 研究成果報告書）、二〇〇五年三月
南部修太郎「郝寿臣と尚小雲」『騒人』第一巻六号、一九二六年九月
萩原憲雄「故辻聴花老の憶ひ出」『演劇・文学・芸術　新中国』一九五六・新春号（第二号）、一九五六年二月
波多野乾一『支那劇五百番』支那問題社、一九二七年
波多野眞矢「民国初期の北京における日本人京劇通―波多野乾一を中心として―」『人文研紀要』第六九号、二〇一〇年九月
濱一衛、中丸均卿『北平的中国戯』秋豊園、一九三六年
林京平「収蔵品こぼれ話（五）日中両国劇のスケッチ」『早稲田大学坪内博士記念演劇博物館』第四七号、一九八二年
菱沼透「三つの「紅色娘子軍」―映画から舞劇・京劇へ―」『中国古典研究』第二〇号、一九七五年

平林宣和「上海と「看戯」―京劇近代化の一側面」『早稲田大学文学研究科紀要』別冊二一集、文学・芸術編、一九九五年
平林宣和「一九〇四年の上海劇界―『警鐘日報』と戯曲改良運動萌芽期の上演状況―」『演劇研究』第一八号、一九九五年
平林宣和「茶園から舞台へ―新舞台開場と中国演劇の近代―」『演劇研究』第一九号、一九九六年
平林宣和「清末上海の改良新戯―その理念と実状―」『中国文学研究』第二三号、一九九七年
平林宣和「『天女散花』考―梅蘭芳古装新戯の再検討」『演劇博物館グローバルＣＯＥ紀要　演劇映像学』二〇一一年第二集
福地信世「支那の芝居の話」『中央公論』第三四年四月号、一九一九年
福地信世遺稿集『福地信世』一九四三年
福地信世追悼文集『香語録』一九四三年
藤野真子『上海の京劇―メディアと改革』中国文庫、二〇一五年
藤間静枝「藤蔭会の新舞踊」『演芸画報』第八年第二号、一九二一年二月
藤間静枝「『思凡』を舞台まで」『新演芸』第六巻第七号、一九二一年七月
藤間静枝「「思凡」に就いて」『演芸画報』第八年第八号、一九二一年八月
前田愛「開化のパノラマ」『都市空間のなかの文学』筑摩書房、一九八二年
牧陽一・川田進・松浦恆雄『中国のプロパガンダ芸術』岩波書店、二〇〇〇年
牧陽一「不是鉄、也不是花（鉄でもないし、花でもない）―文革から現代アートへの女性の視覚表象」『革命の実践と表象　中国の社会変化と再構築』風響社、二〇〇九年
松浦恆雄「欧陽予倩と伝統劇の改革―五四から南通伶工学社まで―」『人文研究』第四〇巻第六分冊、一九八八年
松浦恆雄「二〇世紀の京劇と梅蘭芳」『中国二〇世紀文学を学ぶ人のために』世界思想社、二〇〇三年
松浦恆雄「中国現代都市演劇における特刊の役割―民国初年の特刊を中心に―」『野草』第八五号、二〇一〇年

松浦恆雄「民国初年における『戯考』の文化的位置」『立命館文学』第六一五号、二〇一〇年
松浦恆雄「梅蘭芳訪蘇と中国話劇界」『野草』第九九号、二〇一七年
三須祐介「海派園林から屋頂花園へ―上海遊楽場史の一断面―」『早稲田大学大学院文学研究科紀要第三分冊日本文学演劇美術史日本語日本文化』第四四号、一九九八年
三須祐介「清末上海の遊興空間、夜花園―真夏の夜の楽園―」『野草』第六五号、二〇〇〇年
三須祐介「〈眺望〉という快楽～上海・楼外楼の成立をめぐって～」『學苑』第七三一号、二〇〇一年
三須祐介「上海の遊楽場」『アジア遊学』第八三号、二〇〇六年
三須祐介「曲から劇へ―上海滬劇社という経験―」『帝国主義と文学』研文出版、二〇一〇年
水田佳穂「藤蔭会の「思凡」について―背景を中心に」『演劇博物館グローバルCOE紀要　演劇映像学』二〇一〇年第一集
水調子「明治座三月興行の道具評」『美術新報』第六巻二四号、一九〇八年
村上正和『清代中国における演劇と社会』山川出版社、二〇一四年
毛沢東著、竹内好訳『文芸講話』岩波書店、一九五六年
森平崇文「上海における評劇（1935-1937）」『第二回日中伝統芸能研究交流会報告書　都市のメディア空間と伝統芸能』二〇一二年
森平崇文『社会主義的改造下の上海演劇』研文出版、二〇一五年
山田真美「孕みの力―『楊家将演義』における女将の姿―」『火輪』第一五号、二〇〇四年
吉川龍生「孫瑜映画の脚―脚の表象にみる一九三〇年代の孫瑜映画―」『慶應義塾大学日吉紀要：中国研究』第三号、二〇一〇年
吉田千鶴子『近代東アジア美術留学生の研究―東京美術学校留学生史料』ゆまに書房、二〇〇九年

吉田登志子「梅蘭芳の一九一九年、二四年来日公演報告─生誕九十周年によせて─」『日本演劇学会紀要』第二四号、一九八六年
吉田登志子「京劇来日公演の記録：大正八年（1919）より昭和三十一年（1956）まで」『京劇資料展』早稲田大学坪内博士記念演劇博物館、二〇〇五年
吉見俊哉『博覧会の政治学』中央公論社、一九九二年
吉見俊哉「近代空間としての百貨店」『都市の空間　都市の身体　二一世紀の都市社会学四』勁草書房、一九九六年
落葉庵「梅蘭芳劇を観て」『品梅記』彙文堂書店、一九一九年
劉文兵『映画のなかの上海─表象としての都市・女性・プロパガンダ』慶應義塾大学出版会、二〇〇四年
鷲谷花「花木蘭の転生─「大東亜共栄圏」をめぐる日中大衆文化の交錯」『大東亜共栄圏の文化建設』、人文書院、二〇〇七年
「演劇新潮談話会　第十回」『演劇新潮』一九二四年一二月号
「研究会記事」『支那劇研究』第一輯、支那劇研究会、一九二四年九月
「座談会　辻聴花廿五周忌」『中国戯劇通信』第二号、一九五五年一〇月
「支那俳優と語る」『歌舞伎』一一二号、一九〇九年一一月
「聴花辻武雄氏を悼む」『満蒙』第一三八号、一九三一年一〇月
「美術学校留学の外国人」『美術新報』一九〇五（明治三八）年一二月五日

［日本語新聞］
『東京朝日新聞』
『東京日日新聞』

『都新聞』

［中国語文献］（日本語読み著者名五十音順）
伊藤虎丸監修、小谷一郎、劉平編『田漢在日本』人民文学出版社、一九九七年
于伶「戯劇上海一九四〇年」『劇芸』一九四一年
袁英明『東瀛品梅：民国時期梅蘭芳訪日公演敘論』北京大学出版社、二〇一三年
袁慶豊「愛你没商量：『紅色娘子軍』―紅色風暴中的愛情伝奇和伝統禁忌」『渤海大学学報　哲学社会科学版』二〇〇七年第六期
王暁伝輯録『元明清三代禁毀小説戯曲史料』作家出版社、一九五八年
翁偶虹「我与金少山」『京劇談往録』北京出版社、一九八五年
欧陽予倩「談二黄戯」『小説月報』一七巻号外、中国文学研究（下）、一九二七年
欧陽予倩『潘金蓮　附空与色』新東方書店、一九二八年
欧陽予倩『一得餘抄　1951-1959年芸術論文選』作家出版社、一九五九年
欧陽予倩『自我演戯以来（1907-1928）』中国戯劇出版社、一九五九年
欧陽予倩「談文明戯」『欧陽予倩全集』第六巻、上海文芸出版社、一九九〇年
大野陽介「関於新中国成立後農村劇団的演出活動―以〝文革〟時期為中心」『梅蘭芳与京劇的伝播：第五届京劇学国際学術研討会論文集』文化芸術出版社、二〇一五年
大橋毅彦、趙怡、榎本泰子、井口淳子『上海租界与蘭心大戯院―東西芸術融合交匯的劇場空間』上海人民出版社、二〇一五年
華「轟動上海市民的一齣〔齣〕愛国史劇：明末遺恨」『良友』第一四九期、一九三九年

海上漱石生「上海戯園変遷志　二」『戯劇月刊』第一巻第二期、一九二八年
海上漱石生「梨園旧事鱗爪録　七」『戯劇月刊』第一巻第八期、一九二九年
海上漱石生「上海戯園変遷志　七」『戯劇月刊』第一巻第九期、一九二九年
夏衍「論『此時此地』的劇運　覆于伶」『劇場芸術』第一巻第七期、一九三九年
郭大有「機関・佈景・魔術」『中国京劇』一九九二年第三期
葛一虹主編『中国話劇通史』文化芸術出版社、一九九七年
葛飛『戯劇、革命与都市漩渦—一九三〇年代左翼劇運、劇人在上海』北京大学出版社、二〇〇八年
寒翠「潘金蓮？喜彩蓮？一顆紅熱的心　什麼叫『愛情』?!」『立言画刊』一九三九年第一八期
菊園「女新劇家誌」『俳優軼事』、『鞠部叢刊』民国叢書第二編六九、上海書店、一九九〇年
騎士「看了『明末遺恨』以後」『聯華画報』第九巻第一期、一九三七年
毀堂「歴史与現実」『戯劇雑誌』第三巻第五期、一九三九年
魏紹昌編『鴛鴦蝴蝶派研究資料』三聯書店香港分店、一九八〇年
魏如晦『新芸戯劇叢書之一：碧血花：一名「明末遺恨」又名「葛嫩娘」』国民書店、一九四〇年
許廑父「王鈍根」『中国文学史資料全編・現代巻　鴛鴦蝴蝶派文学資料（上）』知識産権出版社、二〇一〇年
姜進ほか『娯悦大衆：民国上海女性文化解読』上海辞書出版社、二〇一〇年
龔和徳「戯曲景物造型論」『舞台美術研究』中国戯劇出版社、一九八七年
龔和徳「『明末遺恨』」『中国京劇百科全書』上巻、中国大百科全書出版社、二〇一一年
景孤血「孤血劇談　由潘金蓮説到喜彩蓮」『立言画刊』一九三九年第三二〜三四期
賢驥清『民国時期上海舞台研究』上海人民出版社、二〇一六年
剣廬「話劇与皮黄的明末遺恨比較観」『戯劇雑誌』第三巻第五期、一九三九年

胡思華『大人家』上海人民出版社、二〇〇七年
胡畳『上海孤島話劇研究』文化芸術出版社、二〇〇九年
胡来「潘金蓮」『立言画刊』一九三九年第一八期
洪煜『近代上海小報与市民文化研究（1897～1937）』上海書店出版社、二〇〇七年
黄郁馥『京劇・蹺和中国的性別関係　1902～1937』生活・読書・新知三聯書店、一九九八年
洪深「我的打鼓時期已経過了麼」『洪深文集』第四巻、中国戯劇出版社、一九五九年
耿徳華著、張泉訳『被冷落的繆斯—中国淪陥区文学史（1937-1945）』新星出版社、二〇〇六年
呉宛怡「近代劇評的発生—《順天時報》与辻聴花」『戯劇研究』第一〇期、二〇一二年七月
蔡祝青「舞台的隠喩：試論新舞台《二十世紀新茶花》的現身説法」『戯劇学刊』第九期、二〇〇九年
師永剛、張凡『様板戯史記』作家出版社、二〇〇九年
史書美著、何恬訳『現代的誘惑：書写半殖民地中国的現代主義（1917-1937）』江蘇人民出版社、二〇〇七年
施白蕪「戯劇的民族形式問題座談会：中会　田漢記録」『戯劇春秋』第一巻第四期、一九四一年
朱双雲『新劇史』新劇小説社、一九一四年
周貽白「皮黄戯為什麼要改良？」『劇場芸術』第一巻第八期、一九三九年
周閲「辻聴花的中国戯曲研究」『中国文化研究』二〇一〇年秋之巻
秋魂「新劇芻議」『民権素』第九集、一九一五年八月
周賜泉著、唐真、沈君白整理改訂「機関佈景大王周筱卿和更新舞台的《西遊記》」『上海戯曲史料薈萃』第三集、中国戯曲志上海巻編輯部、上海芸術研究所、一九八七年
徐珂「戯劇類　切末」『清稗類鈔』第三七冊、商務印書館、一九一八年
徐翔雲「当年上海共舞台之機関佈景」『上海戯曲史料薈萃』第五集、中国戯曲志上海巻編輯部、上海芸術研究所、一九八

八年九月
徐半梅『話劇創始期回憶録』中国戯劇出版社、一九五七年
徐慕雲『中国戯劇史』上海古籍出版社、二〇〇一年
小珊「劇壇：国防旧劇的実施」『戯劇週報』第一巻第八期、一九三六年一一月
筱汀居士「嘯廬論劇」『戯劇月刊』第一巻第二期、一九二八年
邵迎建『抗日戦争時期上海話劇人訪談録』秀威資訊科技、二〇一一年
邵迎建『上海抗戦時期的話劇』北京大学出版社、二〇一二年
邵茜萍「伶人写真」『戯劇週報』第一巻第七期、一九三六年
沈璟「義俠記」『六十種曲』第一〇冊、中華書局、一九五八年
沈鴻鑫、何国棟『京劇泰斗伝記書叢　周信芳伝』河北教育出版社、一九九六年
沈定廬「新舞台研究新論」『戯劇芸術』一九八九年第四期
沈定廬「清末上海的舞台灯彩」『中華戯曲』第九輯、一九九〇年
新鳳霞「我演潘金蓮」『中国戯劇』一九八九年第三期
斉如山『斉如山回憶録』中国戯劇出版社、一九九八年
斉崧『談梅蘭芳』黄山書社、二〇〇八年
石磊「工部局鴉片管理政策転変及其背景分析」『租界里的上海』上海社会科学院出版社、二〇〇三年
薛峰「現代報刊与『盤糸洞』的文化想像」『盤糸洞一九二七』世界図書出版公司北京公司、二〇一四年
蘇永莉「中西戯劇芸術的滲透与融合―試析欧陽予倩《潘金蓮》的独特芸術風貌」『芸術百家』二〇〇一年第二期
蘇関鑫編『欧陽予倩研究資料』中国文学史資料全編・現代巻、知識産権出版社、二〇〇九年
瘦記者「改良旧劇的貢献」『新東方劇刊』創刊号、一九三〇年九月三日

側帽客「海上有関於戯劇的一切」『戯迷伝』第二巻第四期、一九三九年
孫士生『《紅嫂》伝播研究』山東人民出版社、二〇一四年
孫柏「光緒元年的上海劇壇—従《申報》記載看近代演劇的商業化進程」『戯劇芸術』二〇〇九年第一期
達生「劇壇：『明末遺恨』和『潘金蓮』」『新人週刊』第一巻第二期、一九三六年
大引「潘金蓮走了紅運 ▲由崐曲説到蹦蹦戯 ▲欧陽予倩替她伸冤」『戯海』一九三七年第一期
段懐清『清末民初報人—小説家：海上漱石生研究』独立作家、二〇一三年
中国戯曲研究院『京劇叢刊』第二三集、新文芸出版社、一九五四年
中国戯曲志編輯委員会『中国戯曲志・上海巻』、『中国戯曲志・上海巻』編輯委員会、一九九六年一二月
趙海霞『近代報刊劇評研究：1872-1919』斉魯書社、二〇一七年
張向華編『田漢年譜』中国戯劇出版社、一九九二年
趙孝萱『〝鴛鴦蝴蝶派〟新論』蘭州大学出版社、二〇〇四年
張澤綱「《二十世紀大舞台》創刊始末」『上海戯曲史料薈萃』第三集、中国戯曲志上海巻編輯部、上海芸術研究所、一九八七年
趙丹「周信芳的性格化表演」『周信芳芸術評論集』中国戯劇出版社、一九八二年
趙苕狂「張舎我伝」『中国文学史資料全編・現代巻　鴛鴦蝴蝶派文学資料（上）』知識産権出版社、二〇一〇年
趙婷婷「『申報』劇評家立場的転変」『戯劇芸術』二〇〇八年第一期
趙婷婷「『申報』京劇評論家的自我建構」『京劇与現代中国社会—第三届京劇学国際学術研討会論文集（下）』文化芸術出版社、二〇一〇年
陳吉徳「電影『紅色娘子軍』創作人員考」『南京師範大学文学院学報』二〇一一年第二期
陳建軍『欧陽予倩与中国現代戯劇』人民出版社、二〇一六年

陳白塵「従魚龍会到南国芸術学院」『中国話劇運動五十年史料集』第二輯、中国戯劇出版社、一九八五年
陳白塵、董健主編『中国現代戯劇史稿』中国戯劇出版社、一九八九年
辻武雄『中国劇』順天時報社、一九二〇年
辻聴花『菊譜翻新調　百年前日本人眼中的中国戯曲』浙江古籍出版社、二〇一一年
程季華主編『中国電影発展史』中国電影出版社、一九六三年
梯公「劇壇：談国防戯劇：請舞台主人少賺洋銭 顧梨園同志激発良知」『戯劇週報』創刊号、一九三六年一〇月
程樹仁主幹『中華影業年鑑　民国十六年』中華影業年鑑社、一九二七年一月
田漢「南国社史略」『中国話劇運動五十年史料集』第一輯、中国戯劇出版社、一九八五年
田漢「我們的自己批判」『田漢文集』第一四巻、中国戯劇出版社、一九八七年
田漢「新国劇運動第一声」『田漢文集』第一四巻、中国戯劇出版社、一九八七年
田漢「重接周信芳先生的芸術」『田漢文集』第一四巻、中国戯劇出版社、一九八七年
田漢「薔薇之路」『田漢全集』第二〇巻、花山文芸出版社、二〇〇〇年
杜宣「田漢同志和『戯劇春秋』」『戯劇芸術』Z1期、一九七九年
鄧怡康「上海先施公司創建人黄煥南」『科技智嚢』一九九七年第九期
仝婉澄「辻聴花和波多野乾一：日本的中国戯曲研究者」『広州大学学報（社会科学版）』第一四巻第六期、二〇一五年六月
白雪「劇壇：改良旧劇　発刊辞」『戯劇週報』創刊号、一九三六年一〇月
梅紹武主編『梅蘭芳』北京出版社、一九九七年
梅蘭芳「戯劇界参加辛亥革命的幾件事」『戯劇報』第一七、一八期、一九六一年
梅蘭芳述、許姫伝、許源来記『舞台生活四十年』中国戯劇出版社、一九八七年
梅蘭芳「漫談戯曲画」『梅蘭芳全集第三巻　梅蘭芳戯劇散論』河北教育出版社、二〇〇一年

馬二先生「旧戯不宜用背景説」『鞠部叢刊』民国叢書第二編六九、上海書店、一九九〇年
馬二先生「男女合演」『品菊余話』『鞠部叢刊』民国叢書第二編六九、上海書店、一九九〇年
波多野眞矢「民国初期在北京的〝日本京劇通〟」『清末民初新潮演劇研究』広東人民出版社、二〇一一年
范伯群『中国現代通俗文学史（挿図本）』北京大学出版社、二〇〇七年
范伯群主編『中国近現代通俗文学史』上巻、江蘇教育出版社、二〇一〇年
范伯群主編『中国近現代通俗文学史』下巻、江蘇教育出版社、二〇一〇年
傅謹『新中国戯劇史：1949〜2000』湖南美術出版社、二〇〇二年
傅湘源『大世界史話』上海大学出版社、一九九九年
傅葆石著、劉輝訳『双城故事―中国早期電影的文化政治』北京大学出版社、二〇〇八年
北京京劇団集体改編『革命現代京劇　沙家浜』人民出版社、一九七〇年
北京市芸術研究所、上海芸術研究所組織編著『中国京劇史』上巻、中国戯劇出版社、一九九〇年
鮑世遠「不能譲〝機関佈景〟喧賓奪主」『戯劇報』一九五八年三月
鳳毛「麒麟訊」『戯劇週報』第一巻第五期、一九三六年一一月
彭麗君著、李祖喬訳『複製的芸術：文革期間的文化生産及実践』香港中文大学出版社、二〇一七年
民哀「南北梨園略史」『歌台新史』『鞠部叢刊』民国叢書第二編六九、上海書店、一九九〇年
孟兆臣『中国近代小報史』社会科学文献出版社、二〇〇五年
門外客「明末遺恨哭麒麟」『語林』第一巻第一期、一九四四年
幺書儀『晩清戯曲的変革』人民文学出版社、二〇〇六年
羅癭公「菊部叢譚」『清代燕都梨園史料』下巻、中国戯劇出版社、一九八八年
羅長青「〝紅色娘子軍〟創作素材之史実考証」『南方文壇』二〇一〇年第四期

羅長青「〝紅色娘子軍〟的文芸叙述史」『新文学史料』二〇一〇年第四期
李玉茹「鋭意改革旧制的戯曲教育家」『禦霜実録―回憶程硯秋先生』文史資料出版社、一九八二年
李松「〝様板戯〟観衆的角色認同」『芸術学界』二〇一一年第一期
李松『「様板戯」編年史・前篇―1963～1966年』秀威資訊科技、二〇一一年
李松『「様板戯」編年史・後篇―1967～1976年』秀威資訊科技、二〇一二年
李宗紹「一年来孤島劇運的回顧」『戯劇与文学』第一巻第一期、一九四〇年
李鎮「別有「洞」天：1927年神怪片『盤糸洞』的歴史及解読」『盤糸洞1927』世界図書出版公司北京公司、二〇一四年
李涛『大衆文化語境下的上海職業話劇:1937～1945』上海書店出版社、二〇一一年
李楠『晩清、民国時期上海小報研究』人民文学出版社、二〇〇五年
李莉薇「一九二〇年代上海的支那劇研究会与日本人的京劇研究」『中国比較文学』二〇一三年第四期
李莉薇「〝戯劇通〟福地信世与京劇戯像画」『年報非文字資料研究』第九号、二〇一三年
李莉薇「辻聴花対京劇的研究与伝播」『中国戯曲学院学報』第三五巻第三期、二〇一四年八月
李莉薇「一九二〇年代梅蘭芳訪日公演後京劇與日本戯劇的交流」『中国戯曲学院学報』第三六巻第三期、二〇一五年
李莉薇『近代日本対京劇的接受与研究』広東高等教育出版社、二〇一八年
劉強「阿英与《碧血花》」『戯劇報』第一一期、一九八六年
梁信「紅色娘子軍」『中国電影劇本選集（七）』中国電影出版社、一九七九年
林白『致命的飛翔』長江文芸出版社、二〇〇一年
林白『一個人的戦争』作家出版社、二〇〇九年
連玲玲「日常生活的権力場域：以民国上海百貨公司店職員為例」『中央研究院近代史研究所集刊』第五五期、二〇〇七年
連玲玲「従零售革命到消費革命：以近代上海百貨公司為中心」『歴史研究』二〇〇八年第五期

連玲玲「出版也是娯楽事業：民国上海的遊戯場報」『万象小報：近代中国城市的文化、社会与政治』中央研究院近代史研究所、二〇一三年
連玲玲『打造消費天堂：百貨公司与近代上海城市文化』中央研究院近代史研究所、二〇一七年
楼嘉軍『上海城市娯楽研究（1930～1939）』文匯出版社、二〇〇八年
『河北戯曲資料彙編』第一三輯、河北省文化庁、河北省民族事務委員会、中国戯劇家協会河北分会、一九八六年
『旧京老戯単』中国文聯出版社、二〇〇四年
『戯考大全』上海書店、一九九〇年
『上海京劇志』上海文化出版社、一九九九年
「上海劇芸社演出之「明末遺恨」：編劇者魏如晦：導演呉永剛」『劇場芸術』第二巻一期、一九四〇年
『上海租界志』上海社会科学院出版社、二〇〇一年
『上海通志』第五冊、上海社会科学院出版社、二〇〇五年
『中国文学史資料全編・現代巻　鴛鴦蝴蝶派文学資料（下）』知識産権出版社、二〇一〇年

［中国語新聞］
『先施楽園日報』
『申報』
『順天時報』
『文匯報』
『梨園公報』

[英語文献]

Edward M. Gunn, *Unwelcome Muse: Chinese Literature in Shanghai and Peking, 1937-1945*, New York: Columbia University Press, 1980

Laikwan Pang, *The Art of Cloning: Creative Production During China's Cultural Revolution*, London and New York: Verso, 2017

Shu- mei Shih, *The Lure of the Modern: Writing Modernism in Semicolonial China,1917-1937*, Berkeley and Los Angeles, California: University of California Press, 2001

■図版出典

◇カバー　早稲田大学坪内博士記念演劇博物館所蔵（13234-001～004「福地信世画　支那劇スケッチ貼込帳」）

◇序　章

図1　辻武雄『中国劇』順天時報社、一九二〇年

図2　周伝家主編『中国京劇図史』上巻、北京出版集団公司、北京十月文芸出版社、二〇一三年

図3　梅蘭芳紀念館編『梅蘭芳的私家相簿』和平図書有限公司、二〇〇四年

図4　梅蘭芳紀念館編『梅蘭芳的私家相簿』和平図書有限公司、二〇〇四年

図5　『中国京劇百科全書』下巻、中国大百科全書出版社、二〇一一年

図6　『時代漫画』第一期、一九三四年（浙江人民美術出版社、二〇一四年による）

図7　『中国京劇百科全書』下巻、中国大百科全書出版社、二〇一一年

◇第一章

口絵1　早稲田大学坪内博士記念演劇博物館所蔵（13234-001～004「福地信世画　支那劇スケッチ貼込帳」）

図2　辻武雄『中国劇』順天時報社、一九二〇年

図3　梅蘭芳紀念館編『梅蘭芳的私家相簿』和平図書有限公司、二〇〇四年

◇第二章

図1、2　辻武雄『中国劇』順天時報社、一九二〇年

図3　『順天時報』一九一七年一一月五日（五）

◇第三章

図1、2、5、6　辻武雄『中国劇』順天時報社、一九二〇年
図3　「丁未菊榜定期宣布之先声」『順天時報』一九〇七年一〇月三一日（五）
図4　「菊部選挙啓事」『順天時報』一九一五年一月六日（五）
◇第四章
図1　周伝家主編『中国京劇図史』上巻、北京出版集団公司、北京十月文芸出版社、二〇一三年
図2　『申報』一九一八年八月一九日（八）
図3　『先施楽園日報』一九一八年八月二一日（一）
図4　『先施楽園日報』一九一九年二月五日（一）
図5　『先施楽園日報』一九一九年八月八日（一）
◇第五章
口絵2〜5　早稲田大学坪内博士記念演劇博物館所蔵（13234-001〜004「福地信世画　支那劇スケッチ貼込帳」）
図1　『図画日報』第一三号、一九〇九年（上海古籍出版社、一九九九年による）
図2　東京藝術大学所蔵（坪田虎太郎「自画像」学生制作品（美術）-1205）
図3　『中国京劇百科全書』上巻、中国大百科全書出版社、二〇一一年
◇第六章
口絵6〜10　早稲田大学坪内博士記念演劇博物館所蔵（13234-001〜004「福地信世画　支那劇スケッチ貼込帳」）
図1　梅紹武主編『梅蘭芳』北京出版社、一九九七年
図2　早稲田大学坪内博士記念演劇博物館所蔵（F32-05178「天女散花」）
図3　早稲田大学坪内博士記念演劇博物館所蔵（00539-131　C13「田中良舞台装置図『思凡』」）
◇第七章

図1　周伝家主編『中国京劇図史』上巻、北京出版集団公司、北京十月文芸出版社、二〇一三年
図2、3『良友』第一四九期、一九三九年
図4『木蘭従軍』DVDより
◇第八章
図1〜3、5〜6、10：張雅心編『様板戯劇照―張雅心撮影作品』人民美術出版社、二〇〇九年
図4、7：師永剛、張凡『様板戯史記』作家出版社、二〇〇九年
図8：映画『紅色娘子軍』北京電影製片廠、一九七一年
図9：ジン・メイション（金梅生）《ローラースケートをする二人の女性》一九二〇〜三〇年代、福岡アジア美術館所蔵
図11：映画『沂蒙頌』八一電影製片廠、一九七五年
◇終　章
図1『中国京劇百科全書』下巻、中国大百科全書出版社、二〇一一年
図2　梅蘭芳紀念館編『梅蘭芳的私家相簿』和平図書有限公司、二〇〇四年
図3　中国電影資料館編『盤糸洞1927』世界図書出版公司北京公司、二〇一四年
図4『北洋画報』第二八巻第一三五六期、一九三六年
図5　新鳳霞『我当小演員的時候』生活・読書・新知三聯書店、一九八五年

初出一覧（本書収録にあたり、いずれも加筆修正を行なった）

序　章　「男旦（おんながた）が脱ぐとき――纏足・柳腰・幻の乳房」
『ゆれるおっぱい、ふくらむおっぱい　乳房の図像と記憶』岩波書店、二〇一八年

第一章　「清末民初の上海における坤劇」
愛知大学現代中国学会『中国21』第二〇号、二〇〇四年

第二章　「港からきた女優――民国初期の北京における坤劇」
神戸大学文学部海港都市研究センター『海港都市研究』創刊号、二〇〇六年

第三章　「『順天時報』と劇評家辻聴花初探」
大阪市立大学文学研究科都市文化研究センター『第二回日中伝統芸能研究交流会報告書　都市のメディア空間と伝統芸能』、二〇一二年
「一九一五年北京的坤劇与劇評家辻聴花」
『梅蘭芳与京劇的伝播　第五届京劇学国際学術研討会論文集』文化芸術出版社、二〇一五年

第四章　「「鴛鴦蝴蝶派」と上海の劇場空間――『先施楽園日報』に見る共同体の変容」
北海道大学中国人文学会『饕餮』第一八号、二〇一〇年

第五章　「機械仕掛けの舞台――『梨園公報』に見る京劇の舞台装置について」
早稲田大学坪内博士記念演劇博物館『演劇研究』第三一号、二〇〇八年
「従新舞台到更新舞台：《申報》《梨園公報》中窺見的京劇新式佈景」

第六章　『京劇与現代中国社会　第三届京劇学国際学術研討会論文集』文化芸術出版社、二〇一〇年
「福地信世「支那の芝居スケッチ帖」――梅蘭芳のスケッチを中心に」
早稲田大学坪内博士記念演劇博物館『演劇研究』第三〇号、二〇〇七年
第七章　「「孤島」時期上海跨劇種的互動関係――両種《明末遺恨》及「改良」之口号」
国立台北芸術大学戯劇学院『戯劇学刊』第一九期、二〇一四年
第八章　「革命叙事と女性兵士――中国のプロパガンダ芸術における戦闘する女性像」
京都大学地域研究統合情報センター『地域研究』第一四巻第二号、二〇一四年
終　章　「男旦とモダンガール――欧陽予倩『潘金蓮』の白い胸」
『野草』百号記念号編集委員会『中華文藝の饗宴　『野草』第百号』研文出版、二〇一八年

謝　辞

本書は、二〇一八年に神戸大学大学院人文学研究科に提出した博士論文「男旦（おんながた）とモダンガール　二〇世紀中国における京劇の現代化」にもとづいている。この博士論文を執筆する過程で、いくつかのＪＳＰＳ科研費の助成を受けた。

まず、田村が研究代表者をつとめた研究課題は、次の通りである。

・JP18820032「二十世紀中国演劇における伝統劇の新作について」
・JP20720098「中華民国期京劇の舞台装置に関する研究」
・JP23720076「中華民国期上海における演劇とジャーナリズムの相互連関について」
・JP26370405「２０世紀中国プロパガンダ芸術の多角的研究――ポスター・連環画・様板戯」
・JP18H00660「社会主義文化と身体のイメージ：ユーラシアにおける英雄・女性・死者の表象比較研究」

また、研究分担者として参加した研究課題は、次の通りである。

・JP19520319「申報掲載文明戯劇評の研究」（研究代表者・瀬戸宏氏）

・JP24520412「二〇世紀中国演劇における「記録」とメディアの多角的研究――劇評・新聞・図像を中心に」（藤野真子氏）
・JP25284065「「乳房」の図像と記憶――中国・ロシア・日本の表象比較研究」（武田雅哉氏）
・JP25283001「社会主義文化における戦争のメモリー・スケープ研究――旧ソ連・中国・ベトナム」（越野剛氏）
・JP15K02447「二〇世紀中国演劇上演実態の「記録」に関する研究――メディアとの影響関係を中心に」（藤野真子氏）
・JP16K02579「連環画の総合的研究」（武田雅哉氏）
・JP16H03405「濱文庫所蔵戯単・レコードのデータベース化と保存法の改善」（中里見敬氏）
・JP16H03403「現代中国語圏文化における逸脱の表象」（濱田麻矢氏）

それぞれの研究代表者および共同研究でお世話になったみなさまに、記して感謝を申し上げる。

本書を刊行するにあたり、金城学院大学父母会特別研究助成費を受給した。博士論文執筆期間中に勤務した早稲田大学、福井大学および現在の勤務先である金城学院大学の研究支援にも感謝を申し上げる。

本書に収録した図版については、早稲田大学坪内博士記念演劇博物館、東京藝術大学、福岡アジア美術館より使用の許諾を与えていただいた。

博士論文については、神戸大学大学院人文学研究科の釜谷武志先生、濱田麻矢先生、緒形康先生、樋口大祐先生、そして大阪市立大学大学院文学研究科の松浦恆雄先生より、ご指導とご批正を賜った。

博士論文に加筆するにあたっては、北海道大学大学院文学研究科の加部勇一郎氏にもご助言を賜った。本書の編集を担当してくださった中国文庫株式会社の舩越國昭氏、佐藤健二郎氏には、刊行まで導いていただいた。

一九九三年の夏、神戸学院大学人文学部の伊藤茂先生、中山文先生に、上海の劇場に連れて行っていただいたことが、中国演劇との出会いである。このとき、上海崑劇団の女優・王芝泉《おうしせん》（一九四一〜）の演じる崑劇『上霊山』を見た。『西遊記』を題材とするこの新編崑劇は、京劇よりも古い伝統をもつ崑劇が、「海派《かいは》」らしい派手な舞台装置と演出に挑戦した実験的作品であり、強烈な視覚体験として記憶に残っている。また、いまは亡き杉山太郎先生にも、中国各地の劇場で、さまざまな中国演劇のおもしろさを教えていただいた。

そのほか、北京留学中にお世話になった先生がたや友人たち、国内外の研究会や学会、あるいは劇場や稽古場などの場で、研究に資するご教示を賜ったかたがたや、講義やゼミで有意義な意見を述べてくれた受講生たちに、心よりお礼を申し上げたい。

二〇一九年三月

田村　容子

【事項索引】

本索引は本文中の主要事項を 50 音順に配列した。数字はページ数を示す。

ほ

め

も

や

ゆ

よ

ら

り

れ

ろ

【人名索引】

本索引は本文中の主要人物を 50 音順に配列した。数字はページ数を示す。

[著者紹介]
田村容子（たむら　ようこ）
1975年生まれ。現在、金城学院大学文学部教授。博士（文学）。専攻は中国文学・演劇。
著書に『ゆれるおっぱい、ふくらむおっぱい　乳房の図像と記憶』（共著、岩波書店）、『中国文化55のキーワード』（共編著、ミネルヴァ書房）、共訳書に『中国現代文学傑作セレクション　1910-40年代のモダン・通俗・戦争』（勉誠出版）、『日本80後劇作家選』（台北：書林出版有限公司）などがある。

男旦《ナンタン》(おんながた)とモダンガール
——二〇《にじっ》世紀《せいき》中国《ちゅうごく》における京劇《きょうげき》の現代化《げんだいか》

NDC924　406ページ　19cm

2019年3月25日　初版第1刷発行

著　者　田村容子
発行者　佐藤健二郎
発行所　中国文庫株式会社
〒167-0022　東京都杉並区下井草2-36-3
電話 03-6913-6708
E-mail:info@c-books.co.jp
装丁者　近藤桂一
印刷／製本　壮光舎印刷

ISBN978-4-9906357-8-7 Printed in Japan